Christoph Storck
Elmar Wortmann

Pädagogik

POCKET TEACHER ABI

Cornelsen
SCRIPTOR

Die Autoren
Dr. Christoph Storck ist Studiendirektor an einem Gymnasium und zugleich Lehrbeauftragter an verschiedenen Universitäten in Nordrhein-Westfalen. Er ist Schulbuchautor und hat verschiedene Beiträge zum Pädagogikunterricht geschrieben.
Dr. Elmar Wortmann ist Haupt- und Fachseminarleiter am Studienseminar Dortmund und Lehrbeauftragter an den Universitäten Dortmund und Münster. Er hat bereits zahlreiche Veröffentlichungen zur Pädagogik verfasst.

Bibliografische Information der Deutschen Nationalbibliothek
Die Deutsche Nationalbibliothek verzeichnet diese Publikation in der Deutschen Nationalbibliografie; detaillierte bibliografische Daten sind im Internet über http://dnb.d-nb.de abrufbar.

2. Auflage

D C B A
Bibliographisches Institut GmbH
Dudenstraße 6, 68167 Mannheim

Projektleitung: Anja Sokoll, Heike Krüger-Beer
Redaktion: Anja Sokoll
Reihengestaltung: Magdalene Krumbeck, Wuppertal
Satz und Layout: Rainer J. Fischer, Berlin, Torsten Lemme, Berlin
Sachzeichnungen: Rainer J. Fischer, Berlin
Umschlaggestaltung: glas AG, Seeheim-Jugenheim
Druck und Bindung: CPI books GmbH, Leck
Printed in Germany

ISBN 978-3-411-86300-6

Inhalt

Vorwort

Liebe Leserin, lieber Leser!

Der POCKET TEACHER ABI Pädagogik dient Ihnen als Wegbegleiter durch die gesamte Oberstufe bis zum Abitur. Sie werden nicht nur in die zentralen Themenfelder im Fach Pädagogik/Erziehungswissenschaft eingeführt, sondern zugleich unterstützt, die jeweiligen Themen und Inhalte unter einer pädagogischen Perspektive betrachten zu können.
Aus diesem Grunde finden Sie zu Beginn des Bandes einen ausführlichen Teil, in welchem die „pädagogische Perspektive" entfaltet wird. Auf dieser Basis werden Sie mit den verschiedenen Schwerpunkten im Fach Pädagogik/Erziehungswissenschaft vertraut gemacht:

- Lernen
- Entwicklung und Sozialisation
- Entwicklungs- und Sozialisationskrisen
- Pädagogik, Gesellschaft und Politik
- Pädagogische Institutionen
- Subjektwerdung (Personalisation)

Die verschiedenen Theorien werden in diesem Band in einer Weise vorgestellt, dass Sie mit Bezug zu konkreten Theorien exemplarisch einüben können, „pädagogisch" über z. B. Lernen oder Entwicklung nachzudenken. Sie lernen so nicht nur psychologisches oder soziologisches Theoriewissen zu reproduzieren, sondern dieses Wissen auch im Hinblick auf die Aufgaben von Erziehung und Bildung konstruktiv zu nutzen und zu erörtern. Auf diese Weise können Sie die Fähigkeit ausbilden, Theoriewissen, das dieser Band nicht enthält, selbstständig, kompe-

tent und kritisch zu erarbeiten. In diesem Sinne soll Ihnen der Band helfen, Texte und Materialien, die Sie in Ihren Lehrbüchern vorfinden, in den Blick nehmen und diskutieren zu können.
So können Sie nicht nur ihr pädagogisches bzw. erziehungswissenschaftliches Wissen, sondern auch ihre entsprechenden Kompetenzen erweitern. Auf diese Weise schaffen Sie eine fundierte Grundlage dafür, im Abitur unbekannte und neue Inhalte in einer differenzierten pädagogischen Sichtweise betrachten und bearbeiten zu können.

1 Die pädagogische Perspektive

1.1 Die Herausbildung der neuzeitlichen Pädagogik

Erziehung und Bildung in vormodernen und modernen Gesellschaften

Die Herausbildung der Pädagogik ist die Folge von gesellschaftlichen Entwicklungen in der sog. Neuzeit. Gemeint ist die moderne, bürgerliche Gesellschaft, die sich seit dem 18. Jahrhundert in einigen westlichen Staaten immer mehr durchsetzt. Zwar besteht Pädagogik als systematisches Nachdenken über Erziehung und Bildung schon in der griechischen Antike, und auch in späteren Jahrhunderten werden pädagogische Überlegungen oder auch Postulate formuliert. Diese Überlegungen betreffen aber immer nur einen kleinen Anteil der Bevölkerung.

Erst in der Neuzeit entsteht eine Pädagogik, die mit Blick auf alle Menschen der jeweils nachwachsenden Generationen entwickelt wird. Das ist kein Zufall. Denn mit der Neuzeit werden Erziehung und Bildung der kommenden Generationen zu besonderen gesellschaftlichen Aufgaben.

Im Gegensatz dazu sind vormoderne Gesellschaften wenig differenzierte Agrargesellschaften mit einer geburtsständischen sozialen Ordnung. Der Weg eines Menschen ist in der Regel mit seiner Geburt vorbestimmt und nicht durch seine individuellen Fähigkeiten. Die jeweils nachwachsenden Generationen müssen lernen, so wie die Generationen ihrer Eltern und Großeltern zu leben. Dieses Lernen findet meist im alltäglichen Miteinander durch Mittun oder auch durch Nachahmung statt. Dieses Lernen bedarf nicht besonderer oder bewusst reflektierter und geplanter pädagogischer Bemühungen.

Drei Ereignisse bzw. Entdeckungen leiten die Neuzeit ein und beschleunigen sie:

- Galilei, Kopernikus, Kepler und Newton legen überzeugend dar, dass die Erde nicht der Mittelpunkt des Weltalls ist, sondern nur einer unter vielen Planeten innerhalb eines gewaltigen Sonnensystems. Wenn aber die Erde nicht mehr Mittelpunkt des Universums ist, stellt sich die Frage nach einer „göttlichen Ordnung" neu.
- Martin Luther widersetzt sich der kirchlichen Autorität und verweigert dem Papst Gehorsam. Damit beginnt ein Prozess, in dem die Legitimität gesellschaftlicher Autoritäten zunehmend hinterfragt und bezweifelt wird.
- Gutenberg erfindet den Buchdruck. Damit können Wissen und Informationen weit verbreitet werden.

Wenn die „Ordnung der Welt" nicht mehr als vorgegeben betrachtet werden muss, können Menschen beginnen, die Welt nicht nur neu zu sehen, sondern auch neu zu erforschen oder zu verändern. Wenn die Legitimität von Autoritäten nicht mehr voraussetzungslos gilt, dann können Menschen beginnen, sich selbst Ziele zu setzen, diese zu verfolgen und für ihre eigene Entwicklung zu arbeiten. Über Schriften und Bücher können die Menschen sich informieren und bilden und sich Wissen aneignen, sodass sie ihr Leben überdenken und verändern können.
In der Neuzeit verändert sich die Gesellschaft von einer Ständegesellschaft zu einer bürgerlichen Gesellschaft, in der Menschen selbst Einfluss auf ihren Lebensweg gewinnen. Nicht zuletzt die Pädagogik hat mit dazu beigetragen, dass Menschen lernen konnten, sich anders als ihre Eltern zu entwickeln und ihr Leben entsprechend zu gestalten.
Tatsächlich ändern sich die Menschen erst über Jahrzehnte und Jahrhunderte. Lange Zeit bleiben sie abhängig von ihren Landesherren. Gesellschaftliches Wissen und gesellschaftliche Fähigkeiten bleiben ihnen lange vorenthalten. Das hat auch politische Gründe: Die jeweiligen Landesherren fürchten, dass die gel-

tende Ständeordnung in Frage gestellt werden könnte. Indes müssen Menschen sich nicht nur ändern wollen, die Lebensumstände müssen es ihnen auch gestatten. Schriften und Bücher zu erschließen setzt voraus, dass Menschen sie lesen können. Lesen und Schreiben kann man aber nicht einfach durch Nachahmen lernen, es bedarf eines systematischen Unterrichts. Einen solchen Unterricht können die Eltern der Kinder nicht leisten. Dies führt zur Forderung, Schulen einzurichten.

Comenius: Die Notwendigkeit schulischer Bildung

Johann Amos Comenius (1592–1670) war der Begründer der ersten großen Didaktik (Theorie des Lehrens und Lernens). Er führt sich die zunehmende Arbeitsteilung seiner Zeit vor Augen, wovon viele Menschen profitieren würden. In diesem Sinne sei es für die Menschen von großem Vorteil, wenn Lehrer in Schulen Jugendliche auf besondere Weise unterweisen würden: „Da wir zur Unterweisung der Erwachsenen im Glauben Kirchen für Rechtshändel streitender Parteien und für Volksversammlung und -informationen Gerichtshöfe und Rathäuser haben – warum nicht auch Schulen für die Jugend?“ (Comenius, 61 f.). Bald begreifen auch die Landesherren, dass schulische Bildung viele Vorteile für Staat und Gesellschaft in Aussicht stellen kann. So etwa lässt eine schulische Bildung erwarten, dass die Menschen in ihren unterschiedlichen Berufsfeldern erfolgreicher und effektiver arbeiten und wirtschaften können.

Rochow: Pädagogik der Aufklärung

Diese Einsicht veranlasst Friedrich Eberhard von Rochow (1734–1805), Besitzer mehrerer Rittergüter, eine schulische Bildung insbesondere für die Kinder der untersten Schichten zu realisieren.

Rochow begreift, dass schulische Bildung möglichst vieler Kinder auch im Interesse des Landesherren sei, damit seine Untertanen effektiv arbeiten und wirtschaften könnten. Er selbst schreibt eine Anweisung für Lehrer und darüber hinaus das Lesebuch „Der Kinderfreund“ (1772). Die Themenüberschriften dieses Lesebuches lassen erkennen, welches Wissen und welche Fähigkeiten er allen Kindern der nächsten Generation auf jeden Fall vermitteln wollte:

> *„Wie gut es ist, wenn man was Nützliches gelernt hat. Ursach und Wirkung. Vom Nutzen des Lesens und Schreibens (...). Vom Wachstum der Pflanzen. Die künstliche Erdkugel oder der Globus (...) Vom Nutzen des richtigen Denkens bei der Viehzucht. Gesundheit und Krankheit. Von Nahrungsmitteln ...“ (Rochow, zit. nach Günther, 182)*

Erst 1763 wird mit dem Preußischen Landschulreglement der Schulbesuch zum ersten Mal gesetzlich vorgeschrieben.

Sextro: Die Industrieschule als pädagogischer Weg, Armut zu bekämpfen und wirtschaftlichen Fortschritt möglich zu machen

Mit der Einführung der Schule findet nicht nur ein Nachdenken darüber statt, was in der Schule vermittelt werden müsste, sondern auch darüber, auf welche Weise Wissen und Fähigkeiten vermittelt werden sollten. Sextro kennt die tatsächlichen Probleme und Bedingungen seiner Zeit, er weiß z. B., dass ein Lehrer sich Schülerzahlen von 60 bis zu 300 Schülerinnen und Schülern gegenüber sieht, welche wiederum unterschiedlichen Alters sind. Er weiß auch, wie schwierig es ist, in solch großen Gruppen auch nur annähernd eine Atmosphäre zu schaffen, in der die Kinder tatsächlich lernen können. Sextros Idee ist einfach und erscheint darüber hinaus konstruktiv in mehrfacher Hinsicht.
Denn nach Sextro sollen die Kinder in der Schule nicht nur in Lesen, Schreiben, Rechnen oder Religionslehre unterrichtet werden, sie sollen zugleich auch schon praktisch und effektiv arbeiten. So könnten, glaubt Sextro, zum Beispiel unterschiedliche Schülergruppen einer Schule zu unterschiedlichen Zeiten unterrichtet werden, ohne dass die jeweils gerade nicht unterrichteten Schülerinnen und Schüler auf „Thorheiten, Streiche“ oder auch

„Verstellung und Betrug gegen den Lehrer" nur allzubald kommen müssten. (Sextro, 69f.) Wenn Kinder in solchen Zeiten praktisch und produktiv arbeiteten, so sei nicht nur das Problem der Schuldisziplin gelöst. Darüber hinaus würden „die Trägheit und Sitte der Eltern, die ihre Kinder selbst durch angemessene Beschäftigungen nicht zu bilden verstehen", nicht nur mit Blick auf die Kinder selbst kompensiert und ausgeglichen; denn diese Bildung der Kinder wirke letztlich wohl auch auf ihre Eltern zurück. (Vgl. Sextro, 72, 89)

Nicht zuletzt ließen sich die schulisch angefertigten Produkte verwenden und sogar verkaufen. Auch wenn die Schule damit nicht unbedingt selbstständig wirtschaften könne, lernten die Kinder neben vielen Arbeitstugenden wie Nähen, Knöppeln, Flechten, Spinnen noch „Erwerb- und Spargeist", sodass die „Kosten, die darauf verwandt werden, hundertfältige Zinsen" bringen würden. (Vgl. Sextro, 83, 86)

Mit einer Konkurrenz unter seinen Schülerinnen und Schülern will Sextro diese Lernprozesse noch mehr verstärken: Platzierungen im Raum „nach Maßgabe des Fleißes und der Geschicklichkeit" sollen das genauso dokumentieren wie die Ernennung von besonders „fleißigen und geübten" Schülerinnen und Schülern zu „Helfern und Helferinnen". (Vgl. Sextro, 78ff.)

Allerdings strebt Sextro eine Veränderung auch der Ordnung der Ständegesellschaft nicht an, er begreift die ständische Gesellschaft als natürliche und von Gott gewollte Ordnung. Sextro führt sich so nicht vor Augen, dass aufgrund der höheren Qualifizierung, die die Menschen in der Schule erfahren, sie nicht nur effektiver arbeiten und wirtschaften lernen, sondern sie so auch beginnen, eigene Wünsche zu entfalten oder auch nach eigenen Rechten zu fragen. Tatsächlich lassen sich Menschen kaum weitreichend qualifizieren, ohne dass sie beginnen, bestehende Ordnungen zu hinterfragen. Dies lässt sich in allen Kulturen beobachten.

Dessen ungeachtet gilt, dass Sextro einen eigenen schulpädagogischen Ansatz entwickelt. Er fragt nach den Aufgaben und Zielen der Schule, nach den zu vermittelnden schulischen Inhalten, er reflektiert mögliche Unterrichtsmethoden. Darüber hinaus formuliert er nicht nur sachlich-praktische Begründungen für seine schulischen Forderungen. Sextro will in der Schule nicht nur bilden, sondern zugleich aktiv erziehen.

Sextro führt sich die realen Ausgangsbedingungen im gesellschaftlichen und sozialen Alltag vor Augen. Er macht sich auch die Schwierigkeiten im alltäglichen Unterricht der Schulen bewusst. Insbesondere aber verbindet er mit einer Einrichtung der Schulen nach seinen Vorstellungen konkrete Zukunftshoffnungen: Sextro ist der Überzeugung, dass über schulische Erziehung und Bildung gesellschaftlicher Fortschritt eingeleitet werden kann. Diesen Fortschritt begreift er allerdings primär als ökonomischen Fortschritt.

Ohne Zweifel lässt sich Sextro als systematischer pädagogischer Denker begreifen. Sein pädagogisches Denken ist das Resultat einer Entwicklung, die pädagogische Antworten auf neue gesellschaftliche Entwicklungen erfordert.

In diesem Sinne lässt sich Sextro als Beispiel dafür begreifen, wie systematisches pädagogisches Denken – mit Blick auf *alle* Kinder und Jugendlichen einer Gesellschaft – sich nach und nach nahezu unvermeidbar herausgebildet hat.

Sextros und Rochows Ideen haben viele Anhänger gefunden. Andere Pädagogen entwickeln im 18. Jahrhundert ähnliche Vorstellungen. Öffentlich wird weitreichend über Pädagogik nachgedacht und der Blickwinkel erweitert sich bald von der Schule in die Familien.

1779 wird der erste Lehrstuhl für Pädagogik an einer deutschen Universität eingerichtet, womit die Pädagogik als „Wissenschaft" ihre Anerkennung findet.

Zugleich führt die zunehmende Qualifizierung der nachwachsenden Generationen zu wirtschaftlichen und technischen Fortschritten. Das wiederum hat zur Folge, dass sich das Spektrum der beruflichen Tätigkeiten erweitert. Dass die Söhne die beruflichen Tätigkeiten ihrer Väter ausüben werden, kann nicht mehr vorausgesetzt werden. Kinder und Jugendliche müssen also in der Schule in einer Weise Wissen und Fähigkeiten erwerben, dass sie auf unterschiedliche Anforderungen der beruflichen Welt später vorbereitet sind. Die schulische Bildung muss also zwangsläufig vielseitiger werden.

Rousseau und Condorcet: Die Idee, über Erziehung und Bildung den Menschen zu vervollkommnen

Das sich erweiternde pädagogische Nachdenken führt auch dazu, dass Entwürfe, wie Rochow oder Sextro sie entwickelt hatten, hinterfragt werden. Nicht zuletzt hat die immer größere Verbreitung von Bildung auch zur Folge, dass man die soziale und politische Wirklichkeit kritischer in den Blick nimmt. Die Privilegien der Aristokratie werden in Frage gestellt, während wirtschaftlich und technisch erfolgreiche Bürger auf ihre Leistungen verweisen. In diesem Zusammenhang wird die Berechtigung eines ständischen Schulwesens bezweifelt.

Während in den vielen deutschen Staaten diese Kritik zumeist nur bruchstückhaft ans Tageslicht kommt, radikalisiert sich die Gesellschaftskritik in Frankreich und führt mit der Französischen Revolution zur Errichtung eines republikanischen Staates. Mit der Einführung der Republik in Frankreich verbindet sich bald die Hoffnung auf eine neue Schule, die allen Bürgerinnen und Bürgern gerecht werden könne.

Einer der bedeutendsten Repräsentanten dieser Hoffnung war Condorcet (1743–1794). Er fordert ein nationales Unterrichtswesen, das die physischen, intellektuellen und moralischen Fähigkeiten aller fördert und so zum Wohl der Allgemeinheit beiträgt. (Vgl. Condorcet, 70)

Damit erweitert Condorcet die Erwartungen an pädagogisches Handeln in der Schule erheblich. Er sucht nicht nur den gesellschaftlichen oder staatlichen Fortschritt, sondern strebt an, über Erziehung und Bildung in der Schule zu „Vervollkommnung" des Menschengeschlechtes beizutragen. Indes stellt er den Ein-

zelnen nicht einfach in den Dienst der Gemeinschaft, sondern hebt die Rechte des Individuums besonders heraus, z. B. das Recht auf individuelles Glück.
Condorcet knüpft an Gedanken von Jean-Jacques Rousseau (1712–1778) an. Nach Rousseau ist der Mensch von Natur aus zunächst von Unwissenheit geprägt. Was einzelne Menschen lernen und wie weit sie sich entwickeln könnten, sei nicht voraussehbar. Rousseau fordert, dass jeder Mensch bestmöglich erzieherisch gefördert werden müsse, und zwar ohne Berücksichtigung seines Standes oder seiner Herkunft. Seine Einsicht in die unbestimmte menschliche Natur ist für das pädagogische Denken folgenreich. Wenn nämlich die Bestimmung des Menschen durch Natur und Gesellschaft nicht vorgegeben ist, muss er sie selbst vornehmen. Damit rückt die zentrale pädagogische Aufgabe immer klarer in den Blick.

Humboldt: Die Forderung einer Bildung des Menschen zum „Menschen"

Wilhelm von Humboldt (1767–1835) macht sich bewusst, dass gesellschaftlicher Fortschritt nicht allein politisch erreicht werden kann, sondern auch von wirtschaftlichen, moralischen, religiösen und pädagogischen Denk- und Handlungsweisen der Menschen abhängt. Humboldt strebt an, dass Menschen sich frei entfalten können. Der Politik und dem Staat schreibt er die Aufgabe zu, die Voraussetzungen für diese freie Entfaltung zu schaffen.
In diesem Zusammenhang erläutert Dietrich Benner, dass Pädagogik keineswegs auf eine „harmonische Menschenbildung" abziele, sondern vielmehr berücksichtige, dass diese in der Neuzeit nicht mehr möglich sein könne. Denn wenn nicht mehr Stand, Beruf oder Herkunft den individuellen Menschen bestimmten, so müsse jeder Mensch im Leben seine Bestimmung suchen, und zwar immer wieder neu. (Vgl. Benner 1990, 52)
Bildung und Erziehung müssen in diesem Sinne die Voraussetzung schaffen, dass Menschen in Freiheit „Originale" werden

können. Primäre Aufgabe allen pädagogischen Handelns wäre es dann, die Voraussetzungen zu schaffen, dass Menschen sich selbst zu individuellen und originalen Menschen bilden und erziehen können. Infolgedessen ist es nur konsequent, wenn Humboldt ein Schulsystem fordert, dass sich zunächst von unmittelbaren Anforderungen des gesellschaftlichen Alltags frei macht und nicht für Berufe direkt qualifizieren soll. Bildung soll in erster Linie zweckfrei sein.

Besonderen Stellenwert gewinnt bei Humboldt die Sprachbildung. Humboldt begreift Sprache als „Werkzeug" und „Maßstab" der Bildung zugleich. Sprache ist Mittel der Verständigung und in diesem Sinne Werkzeug, zugleich aber prägt die Art und Weise, wie wir sprechen, auch unser Denken und Wahrnehmen. Dennoch dominiert die Sprache nicht einfach unser Denken oder auch unsere Formen der Kommunikation, da wir als Menschen infolge unserer Erfahrungen in der Welt und mit Mitmenschen selbst wiederum Einfluss auf unsere Sprache nehmen und Sprache sich in diesem Kontext immer auch entwickelt und verändert. Indem wir nicht nur unsere eigene Sprache reflektieren, sondern auch fremde Sprachen kennenlernen und reflektieren, gewinnen wir die Fähigkeit, auch unser eigenes Denken und Wahrnehmen kritisch betrachten zu können. In diesem Zusammenhang glaubt Humboldt, dass insbesondere die alten Sprachen besonderen Bildungswert gewinnen können, indem sie zur Erkenntnis führen, was Sprache und Denken überhaupt sind. Ähnlich will Humboldt die reine Mathematik der angewandten Mathematik und die Mathematik wieder den einzelnen Naturwissenschaften in der Schule vorziehen.

Nach Humboldt ist Ziel des Schulunterrichts nicht die Vorbereitung auf spezifische (berufliche) Anforderungen, sondern er will junge Menschen befähigen, in der Welt „tätig" zu werden und sich so selbst zu entwickeln und zu entfalten. Er hofft, dass solchermaßen „gebildete" Menschen die Anforderungen des bürgerlichen Lebens sinnvoll und konstruktiv bewältigen können.

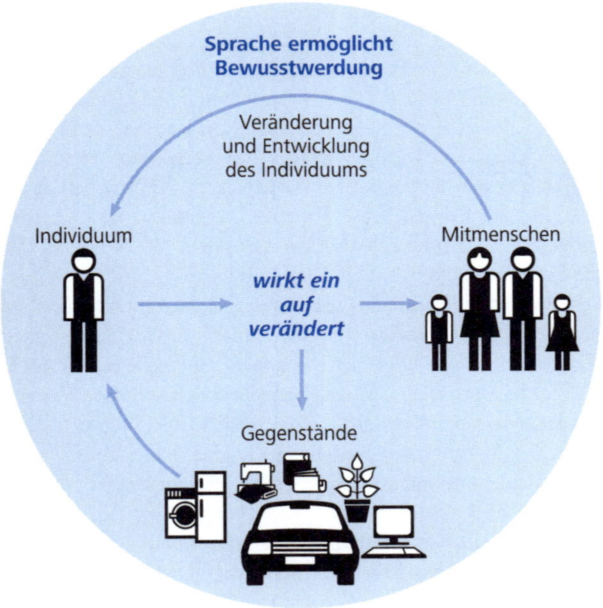

Auseinandersetzung des Individuums mit der Welt

Kant: Der Entwurf einer Pädagogik und die Bestimmung ihrer Aufgaben

Der erste große Entwurf einer Pädagogik, der auch diese Frage umfassend berücksichtigt, findet sich bei Immanuel Kant. In seiner Vorlesung „Über Pädagogik", die er gegen Ende des 18. Jahrhunderts wiederholt gehalten halt, hat er prinzipielle Orientierungen für pädagogisches Denken und Handeln entwickelt, die ihre Bedeutung bis heute nicht verloren haben.

Kant erklärt, der Mensch sei „das einzige Geschöpf, das erzogen werden muss". Während ein Tier „schon alles durch seinen Instinkt" sei, bedürfe der Mensch der „Vernunft", um sich „den Plan seines Verhaltens" zu machen. Da der Mensch aber zu-

nächst „roh“ auf die Welt komme, sei Erziehung unverzichtbar. Kant formuliert fundamentale Ziele pädagogischen Handelns und warnt vor verkürzten pädagogischen Ansprüchen.
Kant will eine Erziehung zu Vernunft und Aufklärung: „Der Mensch kann entweder bloß dressiert, abgerichtet, mechanisch unterwiesen, oder wirklich aufgeklärt werden.“ (Kant in Groothoff, 17) Kant will in diesem Sinne den „freien“ Menschen. Indes macht er sich bewusst, dass eine Erziehung ohne „Zwang“ nicht möglich sein könne: „Denn Zwang ist nötig. Wie kultiviere ich die Freiheit bei dem Zwange?“ (Kant in Groothoff, 20) Kant erkennt somit die Paradoxie des pädagogischen Handelns, Freiheit hervorbringen zu wollen und doch auf Zwang nicht verzichten zu können. Er bewältigt die so entstehende Problematik, indem er dem pädagogischen Zwang enge Grenzen setzt. Zwang verhindere, dass ein Kind sich selbst schade oder dass es andere Menschen in der Verfolgung ihrer Ziele behindere, und Zwang ermögliche eine solche Kultivierung, auf deren Fundament „Freiheit“ erst entstehen könne.
Kant beschreibt vier aufeinander folgende Stufen im Erziehungsprozess. „*Disziplinierung*“ „*Kultivierung*“, „*Zivilisierung*“ und zuletzt „*Moralisierung*“ (vgl. Kant in Groothoff, 16f.). Um moralisch handeln und denken zu können, muss ein Mensch sich beherrschen können, er muss seine Affekte kontrollieren können (= Disziplinierung), er muss bestimmte Fähigkeiten und Fertigkeiten erwerben, um überhaupt mit seinen Mitmenschen kommunizieren zu können oder mit ihnen oder für sie arbeiten und produzieren zu können (= Kultivierung), er muss darüber hinaus seine Fähigkeiten und Fertigkeiten weiterentwickeln und intelligent einsetzen können (= Zivilisierung). Diese Fähigkeiten bauen aufeinander auf: Erst mit einer gewissen Diszipliniertheit kann ich mich kultivieren, erst mit einer gewissen Kultiviertheit kann ich mich zivilisieren; und erst auf dieser Basis kann ich mich moralisieren. In diesem Sinne sagt Kant, dass die Reihenfolge in den Entwicklungsschritten nicht geändert werden kann. Dem kleinen Kind kann nicht erspart werden, sich einer Diszi-

plin zu unterwerfen und Disziplin einzuüben, damit es überhaupt kulturelles Handeln lernen kann: Um etwa mit Messer und Gabel mein Essen einnehmen zu können, muss ich mich in dem Sinne selbst beherrschen können, dass ich ruhig am Tisch sitzen bleiben kann. Und kulturelles Handeln muss wiederum vielfältig beherrscht werden, damit ein Mensch im zivilen Umgang so handelt, dass er seinen eigenen Vorteil auch tatsächlich wirksam und klug suchen kann. So muss er beispielsweise richtig abschätzen können, mit wem er in welcher Sprache (z. B. Wortwahl, Ausdrucksweise) reden muss, um Anerkennung zu finden oder sich beliebt machen zu können. Das aber setzt voraus, dass jemand zuvor überhaupt gelernt hat, verschiedene Sprechweisen und Ausdrucksweisen zu gebrauchen.

Letztes Ziel von erzieherischem Handeln ist „Moralisierung". Das Wort „Moralisierung" im Sinne Kants hat zunächst nichts zu tun mit dem Wort Moralisierung, wie wir es aus dem Alltagsgebrauch kennen. Moralisierung meint gerade nicht die strikte Einhaltung vorgegebener Normen oder Gesetze – sei es vom Staat, von der Kirche, von allgemeinen sittlichen Vorstellungen oder wovon auch immer. Vor allem meint Moralität gerade nicht, dass man kritiklos Autoritäten folgt. Wenn Moralisierung mit Gewissensbildung in Verbindung gebracht wird, so wäre damit gerade nicht das Gewissen im psychologischen Sinne gemeint („Über-Ich"): Gewissen meint hier die Instanz im Menschen, die selbstständig und mündig (autonom) nach moralischen Prinzipien fragt und sich auch an diesen orientiert.

Kant glaubt, dass Menschen „frei", d. h. aus eigenem Willen, die Entscheidung für moralisch gute Zwecke treffen könnten und sollten. Moralisches Handeln hat nach Kant seinen Ursprung in der Freiheit: Als einziges Wesen ist der Mensch nicht der Naturkausalität (den Gesetzen der Natur) unterworfen. Wer sich fremdbestimmt verhält, kann deshalb nicht moralisch handeln, auch wenn die Auswirkungen seiner Handlungen noch so nützlich sein mögen. Kant fragte auf der Basis dieser Einsichten, wie eine Erziehung zur Freiheit und zur Moralität gelingen könnte.

„Wie kultiviere ich Freiheit bei dem Zwange?", fragt er und legt einerseits Grenzen für disziplinierendes Eingreifen von Erwachsenen gegenüber Kindern fest, z. B. Vermeiden von Gefahren. Indem er andererseits aber auch den Anspruch der Moralisierung herausstellt, formuliert er eine paradoxe Herausforderung, der sich Erziehung von nun an gegenübersieht: Mündigkeit an Unmündige zu vermitteln, d. h., so auf diese einzuwirken, dass sie zu moralischer Selbstbestimmung fähig werden. Wie das konkret geschehen soll und kann, bleibt bei Kant im Dunkeln.

> *„Eines der größten Probleme der Erziehung ist, wie man die Unterwerfung unter den gesetzlichen Zwang mit der Fähigkeit, sich seiner Freiheit zu bedienen, vereinigen könne. Denn Zwang ist nötig! Wie kultiviere ich die Freiheit bei dem Zwange? Ich soll meinen Zögling gewöhnen, einen Zwang seiner Freiheit zu dulden, und soll ihn selbst zugleich anführen, seine Freiheit gut zu gebrauchen." (Kant in Groothoff, 20)*

Damit sind zwei Bedingungen genannt, die erfüllt sein müssen, wenn das Ziel der Moralisierung erreicht sein soll: Der zu Erziehende muss als vernünftiges Wesen selbst – aus eigenem Willen – die Entscheidung für moralische gute Zwecke treffen. Nicht jede selbstbestimmte Handlung ist schon moralisch. In einer der Formulierungen des „Kategorischen Imperativs" heißt es: „Handle nur nach derjenigen Maxime, durch die du zugleich wollen kannst, dass sie ein allgemeines Gesetz werde."

- **Schritt 1:**
  Zunächst geht es darum, die einer Handlung zugrundeliegende Maxime (Grundsatz) zu formulieren.
- **Schritt 2:**
  Ich verallgemeinere diese Maxime so, dass sie in Gestalt eines allgemeinen Gesetzes gefasst wird.
- **Schritt 3:**
  Dieses Gesetz unterziehe ich einer vernünftigen Prüfung. Ist diese Maxime bzw. dieses Gesetz so gefasst, dass sie bzw. es als ein allgemeines Gesetz Anerkennung finden könnte?

BEISPIEL Ich bin nach den langen Abiturvorbereitungen und harten Prüfungen urlaubsreif, muss mich dringend erholen, besitze aber nicht genug Geld für eine Ferienreise. Um an das Geld zu gelangen, stehle ich einigen alten Damen die Handtasche. Die brauchen das Geld ohnehin nicht so dringend wie ich!
Wieso ist das moralisch verwerflich?
In traditionalen Gesellschaften gebietet das z. B. ein göttliches Gebot: „Du sollst nicht stehlen!" Den kantischen Ansprüchen an Moralisierung genügt das aber nicht, denn wer einem solchen Gebot folgt, handelt fremdbestimmt. Er stiehlt nicht, weil das ein anderer (Gott) so will.
Bilden wir also mit Kant die Maxime, die der Handlung des Handtaschestehlens zugrunde liegt. „Wenn ich für Zwecke der eigenen Erholung Geld benötige, stehle ich es wehrlosen Menschen." (Schritt 1)
Machen wir daraus ein allgemeines Gesetz: „Menschen, die Erholung brauchen, haben das Recht, schwächere Menschen zu bestehlen, um das nötige Geld zu erhalten." (Schritt 2)
Ist das wünschenswert? Eine vernünftige Prüfung ergibt, dass die Gesellschaft, die ein solches Gesetz zulassen würde, schnell in Anarchie, Gewalt und Chaos versinken würde. Auch ich selbst müsste darauf gefasst sein, von Stärkeren bestohlen zu werden. Andere zu bestehlen, um meine Wünsche zu erfüllen, ist deshalb vernünftigerweise nicht wünschbar. (Schritt 3)
Pädagogisch gewendet bedeutet das: Auf den zu Erziehenden ist so einzuwirken, dass er selbst dazu fähig wird, diese Schlussfolgerung zu ziehen.

Kant hat damit ein formales Kriterium entwickelt, das bei konkreten, inhaltlichen Handlungsentscheidungen den Maßstab bereitstellen kann. Er nennt ihn „Kategorischen Imperativ", weil er bedingungslos, d. h. unter allen Umständen gilt. Ein „hypothetischer Imperativ" dagegen besagt nur, dass „die Handlung zu irgendeiner möglichen oder wirklichen Absicht gut sei" (Kant 1785, 414).

BEISPIELE für hypothetische Imperative sind: Wenn du abnehmen willst, musst du Sport treiben. Wenn du viel Geld verdienen willst, musst du den Menschen möglichst teure Autos verkaufen. Hypothetische Imperative können auch zu Handlungen führen, die moralisch verwerflich sind.

Kant hat, auch um Missverständnisse zu vermeiden, den „Kategorischen Imperativ" in mehreren Formulierungsvarianten vorgelegt, z. B.:

- „Handle so, dass du die Menschheit sowohl in deiner Person als auch in der Person eines jeden anderen jederzeit zugleich als Zweck, niemals nur als Mittel brauchst."
- „Handle nach einer Maxime der Zwecke, die zu haben für jedermann ein allgemeines Gesetz sein kann."

Stufen im Erziehungsprozess nach Immanuel Kant

Disziplinierung	Lernen, die eigenen Triebe und Bedürfnisse zu kontrollieren
Kultivierung	Erwerb fundamentaler Kulturtechniken
Zivilisierung	Lernen, flexibel und sicher in sozialen und kulturellen Kontexten aufzutreten
Moralisierung	Lernen, nach verallgemeinerbaren Grundsätzen im Sinne des Kategorischen Imperativs zu handeln

Nach Kant lassen sich Disziplinierung, Kultivierung und auch Zivilisierung pädagogisch nur dann legitimieren, wenn sie am Ende zur Moralisierung hinführen.

Kant kann als Begründer einer systematischen Pädagogik der Neuzeit betrachtet werden. Er reflektiert die pädagogische Aufgabe als besondere Aufgabe der Menschen bzw. der Menschheit und begründet die Notwendigkeit der Erziehung in der neuzeitlichen Gesellschaft. Er bedenkt fundamentale pädagogische Prinzipien. Will man diese fundamentalen Prinzipien in der Gegenwart missachten oder ignorieren, so müsste man begründet darlegen, warum andere pädagogische Prinzipien zugrundegelegt werden müssten oder sollten.

Herbart: Die Begründung der wissenschaftlichen Pädagogik

Kants grundsätzliche Überlegungen zur Pädagogik werden von Johann Friedrich Herbart weiterentwickelt und konkretisiert. Herbart begründet die Pädagogik als eigene wissenschaftliche Disziplin. Die Pädagogik gewinnt ihren Zweck aus der Erziehung selbst und nicht von Wirtschaft, Staat oder Kirche. Ohne eine solche pädagogische Perspektive könnte pädagogisches Denken nicht von psychologischen oder sozialisatorischen Überlegungen begründet unterschieden werden.

Wie Kant erkennt Herbart, dass ein Kind mit der Geburt noch keinen eigenständigen Willen haben kann, sondern dass das Kind von Trieben und „wildem Ungestüm" gelenkt wird. Insofern hält auch Herbart Gewalt des Erwachsenen in der Erziehung für unverzichtbar. Indes dürfe Gewalt niemals positive Zwecke für das Kind vorschreiben, sondern „nur Ordnung schaffen". Erzieherische Gewalt darf ein Kind disziplinieren, aber nicht inhaltliche Wünsche des Erwachsenen durchsetzen. Der Erzieher darf das Kind zwingen, nicht mit Fingern, sondern mit dem Löffel zu Essen. Er dürfte einen Jugendlichen aber nicht dazu zwingen, einen bestimmten Beruf zu ergreifen. Herbart erkennt darüber hinaus, dass ein Erzieher eigene Intentionen nicht durchsetzen darf, sondern auch nicht durchsetzen kann. In diesem Sinne macht sich Herbart eine zweite Paradoxie pädagogischen Handelns bewusst. Erzieher können auf Gewalt (indem sie etwas vorschreiben, etwas wegnehmen, etwas verbieten, drohen) nicht verzichten, wenn sie nicht Schaden für das Kind selbst oder für andere riskieren wollen. Und doch müssen sie immer auch riskieren, dass ein Kind sich ihren Forderungen widersetzt. Herbart sagt das mit den Worten aus, „dass Knaben und Jünglinge gewagt werden müssen". (Vgl. Benner 1986, 102 ff.)

Herbart weiß: Ein Kind handelt und reagiert individuell! Jedes Kind hat auch von Anfang an einen eigenen Willen. In diesem Sinne ist der Erzieher auch nicht für alle Folgen seines Handelns verantwortlich. Wenn ein Erzieher den Willen eines Kindes zeit-

weise unterdrücken, kontrollieren oder auch lenken darf oder muss, so sollte das immer mit dem Ziel erfolgen, dem Kind so bald wie möglich die Lenkung des eigenen Willens selbst zuzugestehen. Handeln oder lernen muss ein Kind letztlich immer selbst. (Insofern können wir letztlich nie sicher wissen, ob ein Kind überhaupt das gelernt hat, was es nach unserem Willen eigentlich lernen sollte.)
Zielt Erziehung auf den Erwerb von Einstellungen und Haltungen ab, so wird nach Herbart zugleich Bildung notwendig. Mit dem Begriff „Erziehender Unterricht“ fordert Herbart, Bildung und Erziehung immer zu verknüpfen. Das Elternhaus, der Freundeskreis, die politische Gemeinde sind gefordert, die Bildung in der Schule kritisch zu begleiten, umgekehrt soll die Schule auch immer das Leben des Kindes in seiner Familie, im Freundeskreis und in der politischen Gemeinde miteinbeziehen.

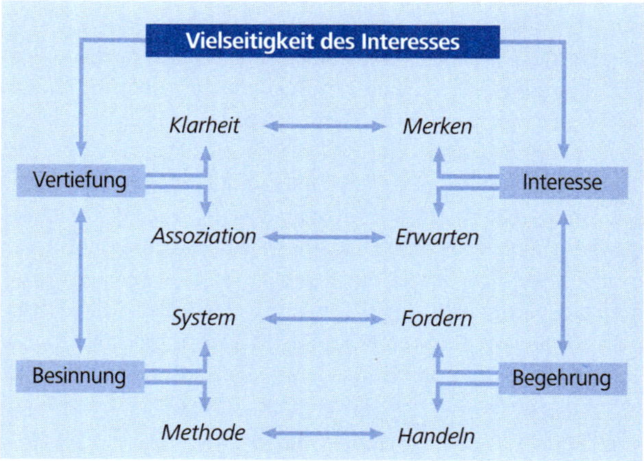

Für Herbart ist Lernen ein Prozess, der immer zugleich mit „Erkenntnis“ im Sinne von Denken und Begreifen und mit „Teilnahme“ im Sinne von Umgang und Handeln im gesellschaftlichen Leben verbunden ist. Erkenntnisse entstehen aus „Erfahrungen“ im Umgang mit Wissenschaft und Kunst, wobei Kunst für den subjektiven oder auch ästhetischen Zugang zur Welt steht. Teilnahme wiederum findet im alltäglichen Umgang in einer politischen oder religiösen Lebenswelt statt. Was und wie wir erkennen, hat Folgen für unsere Teilnahme am gesellschaftlichen Leben. Umgekehrt hat unser Leben und Erleben in der Gesellschaft Rückwirkungen auf unsere Erkenntnisprozesse. (Vgl. Benner 1986, 118 ff.) Vor dem Hintergrund dieser Einsicht hat Herbart den Prozess des Lernens beschrieben:

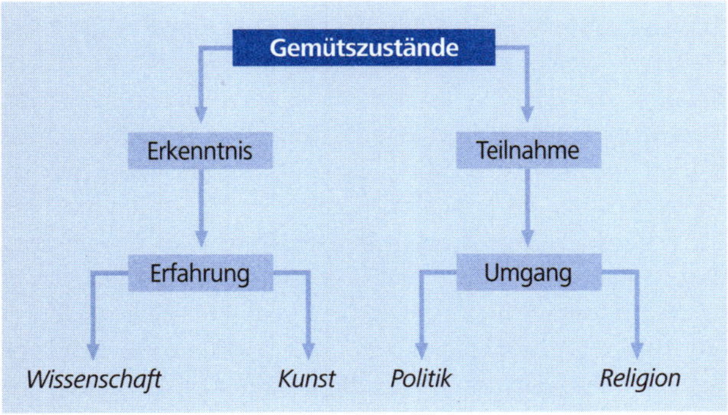

Wenn ein Mensch etwas gesehen oder kennengelernt habe, „merkt“ er sich dies. Indem er sich daran erinnert (Erwarten), dokumentiert er zugleich sein „Interesse“. Mit diesem Merken und Erinnern entwickelt er zugleich eine Vorstellung oder einen Begriff (Klarheit) dessen, was er kennengelernt hat, welchen er wiederum mit schon Bekanntem verknüpft (Assoziation). Aufgrund seines „Interesses“ vertieft er so seinen Gedankenhorizont. Seine Fähigkeit zu assoziieren kann er jetzt weiterentwickeln, er kann nun gedanklich systematischer und methodischer vorgehen und so begreifen, zu welchen gedanklichen Leistungen er fähig ist (Besinnung). Das alles entspringt seinem Willen (Fordern). Der Lernprozess ist erst dann befriedigend verlaufen, wenn ein Handeln im positiven Sinne daraus resultiert. (Handeln). „Begehren" heißt bei Herbart, verstehen und auch handeln wollen. Über den Weg des Interesses (Merken und Erwarten) und der Begehrung (Fordern und Handeln) finden Besinnung (Methode und System) und Vertiefung (Assoziation und Klarheit) statt, sowie umgekehrt über den Weg der Vertiefung und Besinnung Begehrung und Interesse entstehen.

Jedes Lehren, z.B. in der Schule, muss somit dem Lernen von Kindern und Jugendlichen gerecht werden. Herbart zieht aus seinen Einsichten zum Lernen methodische Folgerungen für das Lehren.

Lehren ist dann kein Verhältnis von Subjekt (Lehrer) zu Objekt (Schüler), sondern ein gegenseitiger Lernprozess. Das Wichtigste ist, das der Schüler sich zum Lernen aufgefordert sieht. Anschauliches Zeigen erweckt das Interesse des Schülers und lädt schon zur Vertiefung ein. Indem Gelerntes – vom Schüler wie vom Lehrer – verknüpft wird, entsteht eine Kontinuität. Eine Lehre für den Schüler wird dann daraus, wenn er erleben kann, dass sein Lernen ihn in seinen Erkenntnis- und Handlungsmöglichkeiten weiterführt (erhebend ist). Damit entsteht wiederum ein Begehren des Schülers nach Lernen. Mit diesem Begehren verbindet sich gleichzeitig auch eine Besinnung des Schülers. Hat er sich so nämlich weiterentwickelt, greift er auf qualitativ höherer Stufe in die Wirklichkeit ein und beteiligt sich am Prozess des Philosophierens über Lebenssinn, Lebensgestaltung, Lebensaufgaben. In diesem Sinne lernt der Schüler zwar mehr vom Lehrer als umgekehrt, von Anfang an aber zielt der Prozess auf ein gemeinsames Handeln und ein gemeinsames Philosophieren ab. Der Kreislauf von Interesse, Begehren, Besinnen und Vertiefen gilt somit gleichermaßen für die Lernenden und Lehrenden. (Vgl. Benner 1986, 112f.)

Bildung muss nach Herbart aus zwei Gründen „vielseitig" sein. Erstens ist in der neuzeitlichen Gesellschaft nicht mit der Geburt bestimmt, welchen Beruf ein Mensch später ausüben wird. Das entscheidet sich erst sehr viel später. Soll ein Mensch seinen Beruf wirklich frei und nach seiner eigenen Neigung wählen können, muss er vorher durch eine allseitige Bildung dafür die Voraussetzungen erlangen. Nur so könnte er von seinem Vermögen her (fast) alle Berufe ausüben. Zweitens muss gerade in einer Welt spezialisierter Berufe das gegenseitige „Verstehen" der Menschen besonders gesichert werden. Der Mensch in einem Beruf muss wissen und begreifen können, was der Mensch im anderen Beruf tut; vor allem aber müssen sie sich trotz ihrer unterschiedlichen Berufe immer noch über vieles verständigen, z .B. in der Politik, im Recht, in der Erziehung. (Vgl. Benner 1986, 111 f.)

Wäre ein entsprechendes Lehren und Lernen im positiven Sinne verwirklicht, wäre das allerdings keine Garantie dafür, dass die Menschen auch „gut" und verantwortungsbewusst miteinander umgingen. Denn grundsätzlich kann ein Mensch eine „Vielseitigkeit" seines Interesses auch ausbilden, ohne die Frage nach dem Glück oder Wohl anderer Menschen für sich wichtig nehmen zu müssen.

Herbart weiß, dass Erfahrungen oder Handlungen den Charakter eines Menschen prägen. Insofern sucht sich kein Mensch seinen eigenen Charakter aus (Objektiver Charakter). Dessen ungeachtet kann man sich zu seinem eigenen Charakter kritisch verhalten: Nutzt oder schadet mir mein Charakter? (wenn ich aggressiv bin, gutmütig bin, an wenigen Dingen interessiert bin) (Subjektiver Charakter). Herbart geht es aber um eine Charakterbildung, die durch eine „Wärme für das Gute" geprägt ist. Eine Beurteilung von Haltungen, Auffassungen, Handlungen fasst Herbart unter den Begriff „Positive Sittlichkeit" zusammen. Wird diese Beurteilung auf den eigenen Charakter bezogen, spricht Herbart von „Negativer Sittlichkeit".

Entscheidend ist, dass Herbart weiß, dass ein Mensch seinen Charakter auch dann nicht sofort verändern kann, wenn er ihn selbst als fehlerhaft oder defizitär einstuft. Das eigene Urteil und die eigene bisherige Haltung geraten in einen Widerstreit, es ist keineswegs von Anfang an entschieden, ob und inwieweit eine Charakteränderung gelingen kann.

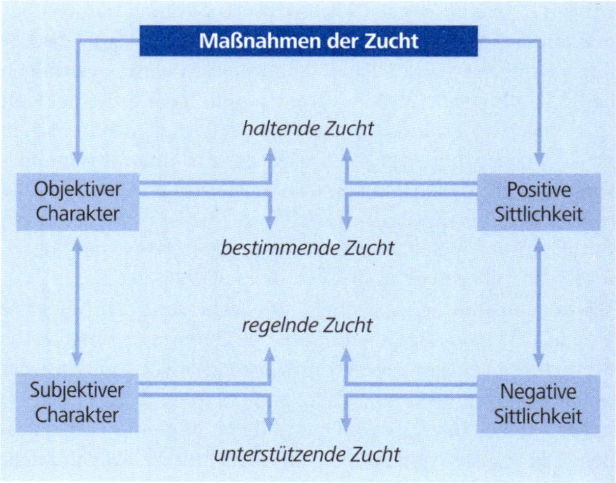

Mit den Maßnahmen der „Zucht“ will Herbart Lernprozesse unterstützen, mit der diese Schwierigkeit bewältigt werden kann. Die Stufen der Zucht stellen Schritte dar, um die eigene Einsicht kritisch zu entwickeln und ihr folgen zu können.

Herbart beschreibt vier Stufen der Zucht: Die „haltende Zucht“ erinnert ein Kind (einen Menschen) an seine früheren Taten und die Folgen dieser Taten. Die „bestimmende Zucht“ weist ihn auf mögliche Folgen zukünftiger Taten hin („Wenn du XY machst, wird wahrscheinlich Z passieren.“). Die „regelnde Zucht“ fordert auf, getane oder geplante Handlungen nach eigenen moralischen Grundsätzen zu beurteilen. Diesen drei Stufen der Zucht ist gemeinsam, dass sie ein Kind oder auch einen erwachsenen Menschen ggf. zwar am Handeln hindern, aber immer nur, um ihn mit sich selbst zu konfrontieren.

Die letzte Stufe der Zucht, die „unterstützende Zucht“, zielt darauf ab, dass Menschen sich gegenseitig ermuntern: Sie loben sich, wenn sie nach eigenen Einsichten handeln. Sie tadeln sich, wenn sie das tun, was sie selbst für falsch halten.

- **Haltende Zucht:**
  Der zu Erziehende wird am Handeln gehindert, um ihn mit früheren Handlungen und Erfahrungen zu konfrontieren und ihn so zum Nachdenken anzuregen.
- **Bestimmende Zucht:**
  Aufforderung des zu Erziehenden, eine Wahl für eine Handlung nach moralischen Maßstäben zu beurteilen; ggf. verbunden mit Hinweisen auf mögliche Folgen einer Handlung.
- **Regelnde Zucht:**
  Möglichkeit des Handelns nach sittlichen Grundsätzen wird zugestanden. Erzieherische Aufforderung, selber nach eigenen Grundsätzen über das eigene Handeln zu urteilen, erzieherisches Eingreifen nur bei grundsätzlicher Missachtung der Grundsätze.
- **Unterstützende Zucht:**
  Ermunterung zum Handeln gemäß eigener Einsicht (z. B. mit Lob und Tadel).

Die „Zucht" betrifft alle: Kinder, Jugendliche wie Erwachsene. Sie müssen miteinander reden, miteinander nachdenken, sich gegenseitig bestärken oder auch kritisieren. Der Vorsprung der Erwachsenen ist allenfalls ein Vorsprung der Erfahrung, keineswegs aber einer der moralischen Haltung. (Vgl. Benner 1986, 127–140)

„Vielseitiges Interesse" in einem „Erziehenden Unterricht" trägt insofern zur Zucht bei, als ein Mensch auf diese Weise lernen kann, Handeln differenziert zu erfassen und zu beurteilen.

Nach Herbart stellt die Förderung einer „Vielseitigkeit des Interesses" darüber hinaus eine pädagogisch legitime Form der Begabungsförderung dar.

Die Frage, ob und zu welchem Prozentanteil die Umwelt oder die Vererbung Begabung oder Intelligenz eines Menschen bestimmen (und wie entsprechend pädagogisch zu verfahren sei), würde Herbart als eine pädagogisch nicht akzeptable Frage zurückweisen.

Herbart weiß, dass ein Mensch, wenn er nicht in besonderer Weise behindert ist, im Grunde alle menschlichen Fähigkeiten oder Fertigkeiten erlernen oder erwerben kann. Nach Herbart sind die Anlagen der Menschen gleich, unterschiedlich ist der Grad der Möglichkeiten, die Anlagen zu entfalten. Jeder Mensch kann prinzipiell alles lernen, wenn auch nicht in gleicher Zeit und auf gleicher Weise. Welche Interessen ein Mensch in seinem Leben später in den Vordergrund stellen will, muss er später selbst entscheiden können. Das kann er aber nur, wenn er vieles, möglichst sogar alles zuvor kennengelernt oder auch gelernt hat. Die Erziehung muss – zumindest in der Schule – deshalb frühe einseitige Haltungen und Interessen der Schüler eher abblocken. Besondere Interessen sollen nach Herbart deshalb nur in der privaten Zeit besonders gepflegt werden.

So kann ein Mensch sich im späteren Leben auch noch umentscheiden, z. B. im Beruf, oder in verschiedenen Phasen seines Lebens verschiedene Schwerpunkte setzen.

Was ein Mensch lernen kann oder werden kann, stellt sich erst in seinem Leben heraus und ist von vielen Faktoren abhängig. Welche Begabungen er entfalten kann, ist immer auch Folge von pädagogischen Prozessen, die zunächst niemand prognostizieren kann. Nach Herbart findet sich pädagogisch kein Kriterium, die Förderung der Begabung eines Menschen einzustellen oder abzubrechen. Darum betrachtet Herbart Leistungskonkurrenz oder auch Selektion aus pädagogischer Sicht kritisch: „Der Pädagoge vergleicht einen Zögling nicht mit anderen, sondern mit sich selbst!“ Pädagogischer Maßstab ist nicht, wie jemand im Vergleich mit anderen abschneidet oder ob jemand Erwartungen von anderen hinreichend erfüllt. Maßstab ist, ob jemand die Möglichkeiten seines eigenen Lebens entdecken und entsprechend lernen und sich bilden kann. Herbart schützt den „Zögling“ auf diese Weise auch – gemäß des Kategorischen Imperativs Kants – vor falschen Nützlichkeitserwartungen.

Es geht nicht nur darum, dass einem Menschen viele Lebensmöglichkeiten offengehalten werden, es geht auch darum, dass heute jeder so weit gebildet sein muss, dass er über bedeutende Fragen des gesellschaftlichen Lebens mitreden kann. Das wiederum kann ein Mensch nur leisten, wenn er durch seine Erziehung und Bildung gelernt hat, sich auf verschiedene Weise Fragen und Problemen persönlich, beruflich, politisch zu stellen. (Vgl. Benner 1986, 140 ff.)

Herbart steht wie Kant der Staatsschule kritisch gegenüber. Seiner Einschätzung nach ist die Schule zu sehr daran orientiert, die Schüler auf ihr späteres Berufsleben vorzubereiten. Die Schule erziehe zur Leistungskonkurrenz, sie unterteile die Schüler schon früh im Hinblick auf spätere unterschiedliche Berufswege. Hinzu komme, dass die Schule ähnlich wie eine Fabrik organisiert sei: fester Zeittakt, in dem bestimmte Resultate erzielt werden müssten, eine Gruppe von Menschen, in der jeder das Geforderte erbringen müsse. Auf diese Weise werden nach Herbart Schüler viel zu wenig individuell gefördert.

Umgekehrt weiß aber Herbart auch, dass eine Familien- oder Hauslehrererziehung viele fragwürdige Seiten hat. Jede Familie ist weithin an ihrem Stand, an ihrer sozialen Schicht interessiert. Erziehung würde so schnell einseitig. Vieles würde man nicht kennenlernen, auch die Beurteilung vieler Dinge wäre mehr oder weniger unkritisch vorgegeben. Herbart sah zu seiner Zeit eine Lösung darin, dass ein Erzieher für Kinder unterschiedlicher Familien zuständig sein sollte. Dieser sollte zwischen Schulen und Familien vermitteln. So sollte individuelle Förderung trotz der Probleme der Schule gewährleistet werden. Umgekehrt sollte eine einseitige Erziehung vermieden werden. Abgesehen davon, dass weder Schulen noch Familien eine solche Lösung jemals gewollt hätten, wäre ein solcher Erzieher wohl hoffnungslos überfordert gewesen. In diesem Sinne hat Herbart Bildung und Erziehung in Familien wie in Schulen kritisch betrachtet, ohne selbst eine praktische Lösung der erkannten Probleme gefunden zu haben.

Über den „Erfolg“ pädagogischen Handelns befinden weder der zu Erziehende noch der Erzieher. Wenn Herbart sagt, Ziel aller Erziehung sei es, „dass der Mensch wird, was er wünscht geworden zu sein“, so führt er so vor Augen, dass erst der erwachsene Mensch am Ende seines Erziehungsprozesses seine eigene Erzie-

hung beurteilen und bewerten kann. Daraus lässt sich ableiten, dass der Erzieher sein Handeln gegenüber dem zu Erziehenden in dem Sinne verantworten müsste, dass er sich am Ende des Erziehungsprozesses dessen Urteil stellen müsste.
Herbarts „Allgemeine Pädagogik" bietet Kriterien zur Beurteilung und Bewertung pädagogischen Handelns und zeigt so Orientierungsmöglichkeiten für pädagogisches Handeln auf. Auf solche Kriterien könnte erst dann verzichtet werden, wenn andere Kriterien benannt werden, die eine überzeugendere Orientierung für pädagogisches Denken und Handeln liefern.
Sicherlich folgt auch Herbart Prämissen. In Anlehnung an Kant sieht sich Herbart einem Bild des Menschen verpflichtet, das eine Anerkennung jedes Menschen als „Selbstzweck" beinhaltet. „Moralität" ist für Herbart wie für Kant Bestandteil des Menschseins. Herbart spricht in diesem Sinne wiederholt von einer „Wärme für das Gute". Allerdings verzichtet er darauf „das Gute" vorzugeben.
Letztlich lässt sich keine systematische oder allgemeine Pädagogik ideologiefrei oder ohne anthropologische Prämissen entwickeln.
Setzt man die pädagogischen Grundsätze, die Rousseau, Kant, Humboldt und Herbart zur Zeit der Entstehung der modernen Gesellschaft entwickelt haben, konsequent um, so verändert sich das Verhältnis der Generationen. Die Älteren legen dann nicht mehr fest, wie die Zukunft der Jüngeren auszusehen hat. Vielmehr wirken sie auf die nachwachsende Generation ein, dass diese befähigt wird, ihre Bestimmung selbst zu finden.

Schleiermacher:
Begründung der Pädagogik im Generationenverhältnis

Friedrich Schleiermacher (1768–1834) hat das Generationenverhältnis in seinen Vorlesungen zur Erziehung aus dem Jahre 1826 ausgearbeitet. Er geht davon aus, dass das Verhältnis der Generationen zueinander die Grundlage für pädagogisches Handeln bildet:

> *„Es muss also eine Theorie geben, die von dem Verhältnisse der älteren Generation zur jüngeren ausgehend sich die Frage stellt: Was will denn eigentlich die ältere Generation mit der jüngeren? Wie wird die Tätigkeit dem Zweck, wie das Resultat der Tätigkeit entsprechen? Auf diese Grundlage des Verhältnisses der älteren zur jüngeren Generation, was der einen in Beziehung auf die andere obliegt, bauen wir alles, was in das Gebiet dieser Theorie fällt."* (Schleiermacher, 9)

Er lehnt entschieden Auffassungen ab, die im Sinne einer „Allmacht der Erziehung" eine Formung der jüngeren Generation nach dem Willen der älteren anstrebt. Dies ist z. B. der Fall, wenn der Erzieher auf die vorhandenen Anlagen des heranwachsenden Menschen so einwirkt, dass dieser keine Möglichkeit erhält, selbst an seiner Bestimmung mitzuarbeiten. Dies kann nach Schleiermacher auch schon deshalb nicht funktionieren, weil „der Mensch ein Lebendiges ist, also von Anfang an ihm eine Selbsttätigkeit einwohnt in Beziehung auf alles, was zur menschlichen Natur gehört." (Schleiermacher, 21). Der Erzieher hat im Unterschied zu solchen Auffassungen von der „Unentschiedenheit der anthropologischen Voraussetzungen" (Schleiermacher, 21) beim Zögling und von seiner selbsttätigen Mitwirkung bei der Entfaltung seiner Anlagen auszugehen. Die pädagogische Einwirkung nimmt dann „eine zweifache Gestalt" (Schleiermacher, 21) an: „Zuerst wäre immer die Selbsttätigkeit hervorzulocken, und sodann zu leiten. Erregend müsste sie auf jede Anlage wirken, und leitend, indem sie das in die Erscheinung Getretene weiter fördert." (Schleiermacher, 21) Diese Förderung soll ethisch orientiert sein. Der zu Erziehende soll lernen, selbsttätig das „Gute" tun zu wollen und zu können.

Das Ziel pädagogischen Handelns ist es, sich überflüssig zu machen. Dabei hat die ältere Generation nicht die Antworten für die jüngere. Unter mündigen Menschen gibt es keine Lehrer und Schüler, keine Erzieher und zu Erziehende mehr, sondern Gleichberechtigte, die beratend zusammenwirken.

Key: Die Anerkennung des Kindes in der Reformpädagogik

Im Jahre 1900 ruft Ellen Key (1849–1926) „Das Jahrhundert des Kindes" aus. Sie bringt damit den Anspruch zum Ausdruck, das Kind und die Rechte des Kindes gegen fragwürdige pädagogische Ansprüche zu verteidigen. Radikal formuliert Ellen Key: „Das Kind nicht in Frieden zu lassen, ist das größte Verbrechen der gegenwärtigen Erziehung gegen das Kind." (zit. nach Burkard/Weiß, 105) Key kritisiert besonders die Bildungs- und Erziehungspraxis der Schulen:

> *„Der Schule der Jetztzeit ist etwas gelungen, das nach den Naturgesetzen unmöglich sein soll: die Vernichtung eines einmal vorhanden gewesenen Stoffes. Der Kenntnisdrang, die Selbsttätigkeit und die Beobachtungsgabe, die die Kinder dorthin mitbringen, sind nach Schluss der Schulzeit in der Regel verschwunden, ohne sich in Kenntnisse oder Interessen umgesetzt zu haben." (Key, 144)*

Ellen Keys Kritik steht stellvertretend für die Kritik der sog. Reformpädagogik an der institutionalisierten Pädagogik. Die Reformpädagogik entwickelte sich in den ersten Jahrzehnten des letzten Jahrhunderts.

Die Reformpädagogik kritisiert, dass das Kind als Kind in der Pädagogik kaum Beachtung finde, und fordert eine radikale Umgestaltung aller pädagogischen Institutionen. Tatsächlich konnte die Reformpädagogik eine gewaltige pädagogische Bewegung in Europa auslösen. Landerziehungsheime, „Arbeitsschulen" und andere „alternative" Schulen wurden seit Beginn des Jahrhunderts vielerorts begründet. Bis heute bestehen in Europa in großer Zahl Waldorf- und Montessorischulen, auch Landerziehungsheime finden sich noch. Die Reformpädagogik erinnert zu Recht daran, dass das Kind nicht dem zukünftigen Erwachsenen geopfert werden darf. In diesem Sinne hat die Reformpädagogik fundamentale Bedeutung für ein systematisches pädagogisches Nachdenken gewonnen. Hingegen wurde und wird Vertretern der Reformpädagogik vorgeworfen, dass diese die Frage, was Kinder und Jugendliche unweigerlich lernen müssten, um ihre Zukunft später als Erwachsene bewältigen zu können, zu wenig reflektieren würden. Auch würden sie von einem idealisiertem Bild vom Kind ausgehen und so dem wirklichen Kind nicht gerecht werden.

Korczak:
Die Verteidigung von Kinderrechten gegenüber anderen gesellschaftlichen Ansprüchen

Anders als viele Reformpädagogen hat Janusz Korczak (1878–1942) sich zwar engagiert für die Rechte der Kinder eingesetzt, zugleich aber die Welt der Erwachsenen kritisch berücksichtigt. Darüber hinaus ist er nicht davon ausgegangen, dass alle Kinder von Natur aus gut sind. Korczaks kritischer und zugleich konstruktiver Umgang mit Ideen der Reformpädagogik hat wesentlich dazu beigetragen, dass die Frage nach den Rechten der Kinder auch innerhalb einer systematischen Pädagogik Berücksichtigung finden konnten.
Korczak wendet sich entschieden gegen die schulische Bildung seiner Zeit:

> *„Ist in dieser Situation ein Abwenden von alldem nicht bewusst gewollt und lügnerisch: die Aufgabe der Schule ist Bilden und nicht Erziehen, Lehren, wo es in Afrika Vulkane gibt und Vorgebirge in Amerika, und nicht – dass z. B. in den feuchten Kellerwohnungen die Läuse die Kinder von außen auffressen und die Tuberkulose von innen?" (Korczak 1979, 70)*

Korczaks Kritik an der Gesellschaft belegt, dass seine pädagogischen Überlegungen und Forderungen zwar auch in Auseinandersetzung mit reformpädagogischen Ideen entstehen, zugleich aber über diese hinausweisen. Darüber hinaus hinterfragt Korczak kritisch verschiedene Annahmen der Reformpädagogik.
So idyllisiert Korczak nicht das Kind als ein Wesen, das von Geburt an von Natur aus „gut" sei, sondern will „Achtung vor den

Geheimnissen und Schwankungen der schweren Arbeit des Wachsens" (Korczak 1970, 28) praktizieren. Er erkennt die Schwierigkeiten der Kinder, gut zu sein, ausdrücklich an und will sie unterstützen, sich schrittweise zu „bessern". Korczak glaubt nicht an vollkommene Kinder und nicht an vollkommene Menschen, aber daran, dass alle Menschen sich – auch moralisch – entwickeln können, wenn sie in ihren Bemühungen Unterstützung erfahren. Im Umgang mit Kindern fordert Korczak von Erziehern Verstehen und Nachsicht. Vor dem Hintergrund seiner Kritik der Erwachsenenwelt formuliert Korczak drei fundamentale Rechte des Kindes, die gerade in der Pädagogik Anerkennung finden müssten. (Vgl. Korczak 1983, 40)

1. **Das Recht des Kindes auf seinen Tod**
   „Aus Furcht, der Tod könnte uns das Kind entreißen, entziehen wir es dem Leben; um seinen Tod zu verhindern, lassen wir es nicht richtig leben (...) Das Bangen um das Leben des Kindes verbindet sich mit der Furcht, es könne sich verletzen. Und diese Furcht wiederum ist mit der Sorge um die zur Aufrechterhaltung der Gesundheit notwendige Sauberkeit verknüpft." (Korczak 1983, 44 f.)

2. **Das Recht des Kindes auf den heutigen Tag**
   „Wir sollten auch die gegenwärtige Stunde achten, den heutigen Tag. Wie soll es (das Kind) morgen leben können, wenn wir es heute nicht bewusst, verantwortungsvoll leben lassen?" (Korczak 1979, 28 f.)

3. **Das Recht des Kindes, so zu sein, wie es ist.**
   „Sie kommen mit Fehlern und Vorzügen; lasst uns die Voraussetzungen schaffen, dass sie bessere Menschen werden können (...). ‚Du bist jähzornig', sage ich zu einem Jungen. ‚Nun ja, dann schlag nur zu, aber nicht zu fest; brause nur auf, aber nur einmal am Tag.' Wenn ihr so wollt habe ich in diesem einem Satz meine ganze Erziehungsmethode zusammengefasst." Korczak 1970, 36 f.)

Korczak postuliert so fundamentale Rechte des Kindes, die nicht auf eine entfernte Zukunft, sondern mit Blick auf ihre Gegenwart gelten sollen. Er verteidigt so die Gegenwart der Kinder gegen zukunftsgerichtete Erwartungen – insbesondere auch gegen pädagogische Erwartungen.

Korczak verteidigt Kinder gegen einseitige Ansprüche. In systematischer pädagogischer Perspektive folgt aus den Einsichten und Postulaten Korczaks, dass pädagogisch nicht legitim sein kann, die Gegenwart von Kindern mit Blick auf eine (entfernte) Zukunft zu entwerten oder ihre Gegenwart einer noch unbekannten Zukunft zu opfern. Daraus kann allerdings umgekehrt nicht gefolgert wäre, dass es legitim wäre, die Zukunft der Kinder ihrer Gegenwart zu „opfern". Pädagogisch ergibt sich daraus die Aufgabe, sowohl den Rechten des gegenwärtigen Kindes als auch den Rechten des späteren Erwachsenen gerecht werden zu müssen.

1. 2 Erziehung und Bildung als pädagogische Grundbegriffe

Die in den großen pädagogischen Entwürfen zwischen 1760 und 1830 entwickelten Vorstellungen waren ihrer Zeit weit voraus. Nur langsam und mit vielen Rückschlägen verbunden verbreiteten sich die Ideen von Rousseau, Kant, Herbart, Humboldt und Schleiermacher. Dieser Prozess ist bis heute nicht abgeschlossen. Den pädagogischen Kerngedanken, den die Vordenker in den Jahrzehnten vor und nach 1800 formulierten, kann man so zusammenfassen:
In der vorneuzeitlichen Ständegesellschaft war z. B. für den Sohn eines Bauern festgelegt, dass auch er Bauer werden würde. Seine Erziehung war auf diese feststehende biographische Bestimmung ausgerichtet. Auch wurde unterstellt, dass Frauen von Natur aus auf eine Hausfrauen-, Mutter- und Ehefrauenrolle angelegt seien. Dies schlug sich in entsprechenden Erziehungspraktiken und Institutionen der „Mädchenbildung" nieder. In neuzeitlichen Gesellschaften setzt sich die Einsicht durch, dass der Mensch weder durch die Gesellschaft noch durch die Natur seine Bestimmung erfährt. Der Mensch muss nun selber seine Bestimmung hervorbringen. Die pädagogische Aufgabe erhält dadurch eine

neuartige Richtung: Es geht nun nicht mehr darum, die Heranwachsenden an die vorgegebenen Rollen, Normen und Werte anzupassen. Aufgabe pädagogischen Handelns ist es vielmehr, die Kinder und Jugendlichen dazu aufzufordern, sich selbst zu entwerfen und zu bestimmen. Dies soll „mündig" geschehen, und zwar im Sinne von Kants berühmter Definition, nach der Mündigkeit die Fähigkeit ist, „sich seines Verstandes ohne Leitung eines anderen zu bedienen" (Kant 1784).
Diese Idee ist auch heute noch ein nicht eingelöstes Versprechen und eine Herauforderung. Für sie gilt, was Immanuel Kant 1784 formulierte: „Wenn denn nun gefragt wird: Leben wir jetzt in einem aufgeklärten Zeitalter? So ist die Antwort: Nein, aber wohl in einem Zeitalter der Aufklärung."

Benners handlungstheoretischer Entwurf der pädagogischen Perspektive

Dietrich Benner (geb. 1941) hat in seinem Werk „Allgemeine Pädagogik" einen allgemeinen „pädagogischen Grundgedanken" entwickelt, der allen Teilbereichen der pädagogischen Praxis (z. B. Familie, Schule, Jugendhilfe) zugrunde liegt. Benners pädagogischer Grundgedanke ist geeignet, eine spezifisch pädagogische Perspektive auszubilden, um auf dieser Basis begründet „pädagogisch" Fragen, Aufgaben und Probleme von Entwicklung, Sozialisation, Lernen usw. bedenken und beurteilen zu können.

Praxis

Benner geht von der anthropologischen Voraussetzung aus, dass der Mensch im Unterschied zu Pflanze und Tier nicht auf eine bestimmte Welt hin angelegt ist. Er muss vielmehr seine „Welt" handelnd selbst gestalten. Dabei ist er nicht völlig frei, besitzt aber gewisse Spielräume. Die spezifisch menschliche Tätigkeit der Hervorbringung einer eigenen „Welt" nennt Benner „Praxis". „Praxis" bedeutet stets zweierlei: Einmal die Möglichkeit, tätig und handelnd, also willentlich, etwas hervorzubringen; dann aber auch die Notwendigkeit, auf welche die Praxis antwortet, indem sie eine vom Menschen erfahrene Not zu wenden sucht." (Benner 2005, 30)

BEISPIEL Die Menschen müssen ihre Nahrung der Natur abgewinnen. Das kann auf sehr unterschiedliche Weisen geschehen, wie ein Blick in die Geschichte der Arbeit im Umgang mit der Natur zeigt. Dabei müssen die Menschen immer auch zusammenwirken und ihr Zusammenleben regeln. Auch die politischen Verhältnisse gestalteten (und gestalten) die Menschen höchst verschiedenartig. Im Hinblick auf diese Bereiche der Arbeit und der Politik *müssen* die Menschen handeln, sie *können* es aber auch.

Dasselbe gilt für die Erziehung. Wenn Menschen auf die Welt kommen, können sie nicht ohne Hilfe überleben. Sie benötigen über eine lange Zeit Ältere, bis sie ihr Leben selbstständig führen können. Jede Gesellschaft muss damit umgehen, dass Menschenkinder in den ersten Lebensjahren hilfsbedürftig sind, dass sie sich entwickeln und dass sie selbstständig werden müssen, weil die älteren Generationen irgendwann nicht mehr da sind.

In modernen Gesellschaften entwickelt sich ein komplexes Gefüge ausdifferenzierter „Teilpraxen" (wie Politik, Pädagogik, Arbeit, Religion, Kunst), die als menschliche „Gesamtpraxis" in vielfältigen Bezügen zueinander stehen.
So kann jede Praxis in jeder anderen zum Thema werden: Religion in der Politik, Arbeit in der Kunst, Politik in der Ethik usw. Die Teilpraxis „Pädagogik" kann Thema der Politik, Kunst oder Religion werden, genauso wie umgekehrt in der Pädagogik Politik, Kunst oder Religion zum Inhalt des Lernens werden können. Es gibt also eine politische Perspektive auf die Kunst, Religion, Arbeit, Pädagogik usw., wie es eine pädagogische Perspektive auf die Politik, Religion usw. gibt. Die Prinzipien pädagogischen Denkens und Handelns entfalten diese pädago-

gische Perspektive, indem sie einen pädagogischen Grundgedanken formulieren, der allen pädagogischen Handlungsbereichen zugrunde liegt.

Grundbestimmungen menschlicher Existenz

Benner bezeichnet den Menschen als ein „imperfektes" Wesen. Dies ist nicht abwertend gemeint. Es charakterisiert vielmehr das besondere Merkmal des Menschen, seine Bestimmung durch eigene Praxis erarbeiten zu müssen und zu können – im Unterschied zu Pflanzen oder Tieren, die auf eine bestimmte Umwelt hin angelegt sind.
Er erweitert und präzisiert im nächsten Schritt die anthropologische Grundlegung der Pädagogik, indem er vier „Grundkategorien menschlichen Handelns" bzw. „Grundbestimmungen menschlicher Existenz" unterscheidet: Leiblichkeit, Freiheit, Geschichtlichkeit und Sprachlichkeit.

1. **Leiblichkeit:** Unsere menschliche Natur, und dazu gehört unser Körper, legt uns nicht vollständig fest. Wir können ihn in gewissem Umfang formen und manipulieren: durch Ernährung, durch Sport, durch Kleidung, Bemalung, Schmuck usw. Im Unterschied dazu gibt es eine für uns nicht verfügbare menschliche Natur: den „Leib". Wir *haben* einen Körper und *sind* Leib. „Der Mensch hat nicht nur einen Körper, zu dem er sich – innerhalb bestimmter Grenzen – wie dessen Besitzer verhalten kann, sondern er existiert leiblich in dem Sinne, dass er sich und anderes nur aufgrund seiner leiblichen Verfasstheit spüren, bemerken, wahrnehmen, vernehmen und verstehen kann." (Benner 2005, 37)

2. **Freiheit:** Als ein „imperfektes" Wesen kommt der Mensch nicht mit einer biologischen Ausstattung auf die Welt, die es ihm ermöglicht, z. B. seine Nahrung instinktgeleitet zu beschaffen, wie dies bei Tieren der Fall ist. Die Art und Weise der Nahrungsherstellung und -beschaffung muss er vielmehr handelnd ausgestalten. Das führt zu unterschiedlichen Prak-

tiken – wie ein Blick in die Geschichte, aber auch auf die Vielzahl der unterschiedlichen gegenwärtigen gesellschaftlichen und kulturellen Verhältnisse zeigt. Dies zeigt: Wir besitzen „praktische Freiheit". Sie ist nicht absolut, sondern reagiert auf die Nöte, die uns unsere Imperfektheit beschert.

3. **Geschichtlichkeit:** Wir leben in einer Gegenwart, die geschichtlich, d. h. veränderbar, ist. Die gegenwärtige Praxis ist aufgrund bestimmter Entwicklungen so geworden, wie sie ist. Wie andere Kulturen und Gesellschaften zeigen, können die Antworten auf die aus der Imperfektheit des Menschen resultierenden Nöte auch anders ausfallen. Diese Einsicht belegt, dass die Zukunft nicht die genaue Fortsetzung von Geschichte und Gegenwart sein muss. Sie kann immer auch anders sein! Auch hier zeigt sich wieder: Der Mensch ist nicht absolut frei, nicht der uneingeschränkte „Herr" der Geschichte, aber er ist auch nicht das Opfer der Geschichte. Vielmehr muss und kann er seine „Praxis" in gewissen Grenzen handelnd gestalten.

4. **Sprache:** Geschichte existiert nicht unabhängig von der sprachlichen Überlieferung. Wir besitzen sie nicht „an sich", so wie sie wirklich war, sondern als sprachlich vermittelte, als erinnerte Tradition. Sprache ist damit kein Instrument, das die Wirklichkeit abbildet oder neu erfindet. Sie ist Verständigung über Weltinhalte – nicht absolut frei, aber auch nicht vollständig determiniert.

Zusammenfassend lässt sich die anthropologische Grundlegung der Pädagogik durch Benner wie folgt darstellen:
Menschen besitzen nicht wie Pflanzen und Tiere eine biologische Ausstattung, die ihnen das Überleben in einer bestimmten Umwelt ermöglicht. Sie müssen vielmehr handelnd ihre Welt als „Praxis" gestalten. Sie sind dazu in der Lage, allerdings in bestimmen Grenzen. „Zusammengenommen kennzeichnen die weltoffene Leiblichkeit, die produktive Freiheit, Geschichtlichkeit

und Sprachlichkeit unserer Existenz den spezifischen Experimentcharakter der menschlichen Praxis.“ (Benner 2005, 43)
Eine letzte Bestimmung der Welt durch ein natürliches, geschichtliches oder göttliches Ziel kann nicht vorausgesetzt oder vorgegeben werden. Die Welt muss und kann gestaltet werden. Das ist deshalb ein Experiment, weil es immer anders und besser sein könnte, aber auch, weil es misslingen kann.
Das folgende Schaubild veranschaulicht diese Zusammenhänge. Zu beachten ist, dass für Benner die Praxisbereiche komplexer, moderner Gesellschaften nicht vollständig aufgeführt sind.

Schematische Darstellung der ausdifferenzierten Bereiche der menschlichen Gesamtpraxis

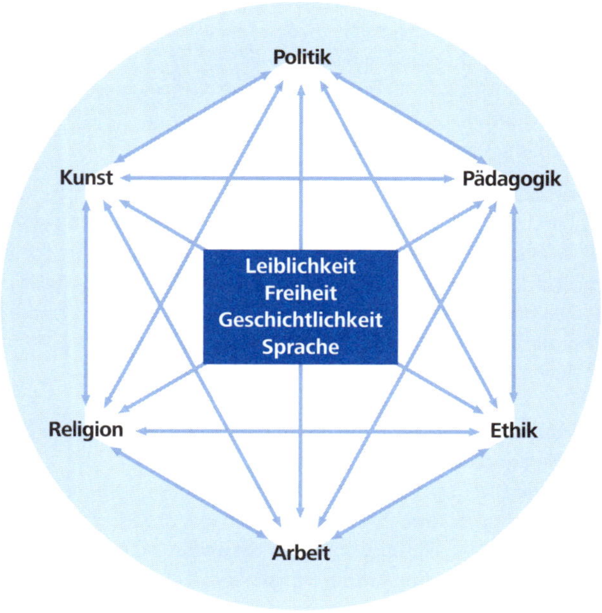

Praxisbereiche komplexer Gesellschaften

Die Verbindungslinien zwischen den Praxen zeigen an, dass sie zueinander in vielfältigen wechselseitigen Beziehungen stehen. Die vier Grundbestimmungen menschlicher Existenz, die in der Mitte von den Verbindungslinien durchkreuzt werden, kommen in jeder Einzelpraxis zur Geltung.

Pädagogisches Denken und Handeln kann nicht ausschließlich pädagogischen Gesichtspunkten folgen. Es findet immer in sozialen und gesellschaftlichen Kontexten statt. Was ein Mensch lernen muss oder wie ein Mensch lernen kann, ist immer auch von gesellschaftlichen Bedingungen abhängig.

Das Aufbrechen der Ständegesellschaft in der Neuzeit führte zu einer Ausdifferenzierung der menschlichen Lebenspraxen, die immer mehr eigenen Regeln folgen. Der Preis dieser Entwicklung ist der Verlust von „Einheit" und „Ganzheit".

Diese Ausdifferenzierung der Lebenspraxen schlägt sich bis in die Existenz jedes einzelnen Menschen nieder: Wer krank ist, wendet sich an den Arzt, der den Kranken nach medizinischen Kriterien behandelt; wer materiellen Gewinn erzielen will, muss sich den Regeln des Marktes beugen. Wer in Streitfällen sein Recht sucht, muss sich nach den Gesetzen der Justiz richten. Niemand kann mehr sein Leben allein bewältigen: Wir bedürfen des Arztes, des Rechtsanwalts oder Richters, ggf. des Arbeitgebers, der Banken oder auch des Lehrers. Auch die Politik, welche die gemeinsamen Angelegenheiten von Menschen eines Gemeinwesens betrifft, ist in der Welt der Neuzeit ohne professionelle Politiker nicht denkbar.

Aus pädagogischer Perspektive bedeutet dies, dass die Bedingungen und Verhältnisse in den anderen Praxisbereichen nicht geleugnet werden können, aber auch nicht kritiklos hingenommen werden dürfen. Sie sind nach pädagogischen Prinzipien zu bewerten und zu beurteilen. Das heißt: Es gibt eine pädagogische Gesellschaftskritik, umgekehrt aber auch eine Kritik der anderen gesellschaftlichen Praxen an der Pädagogik.

Grundsätzlich gilt, dass eine übergeordnete Instanz oberhalb aller menschlichen Einzelpraxen nicht mehr angenommen wer-

den kann. Wie ist dann das Verhältnis der Einzelpraxen zueinander zu gestalten?
Benner fordert, dass die Einzelpraxen in einem nicht-hierarchisches Verhältnis zueinander stehen müssten, wenn der Mensch die Möglichkeit erhalten soll, seine Bestimmung selbst zu finden. Keine Praxis darf über eine andere dominieren, dennoch müssen alle Praxen die Erfordernisse und Ansprüche der jeweils anderen anerkennen und berücksichtigen. Nur so kann gewährleistet werden, dass die pädagogische Praxis ihre Aufgabe erfüllen kann, nämlich Bildung als Selbstbestimmung zu fördern.
In Diktaturen ist das nicht möglich. Hier beherrscht die politische Praxis die anderen Teilpraxen. Die pädagogische Praxis wird gezwungen, die Heranwachsenden im Sinne der politischen Ideologien der Machthaber zu indoktrinieren und in die bestehende Ordnung kritiklos einzugewöhnen.

Prinzipien

Auf dieser antropologischen Basis entwickelt Benner den allgemeinen pädagogischen Grundgedanken, der als Wechselwirkung von vier Prinzipien entworfen wird. Zunächst werden die notwendigen individuellen Voraussetzungen für pädagogisches Denken und Handeln eingeführt: Bildsamkeit und Aufforderung zur Selbsttätigkeit.

1. **Bildsamkeit:** Dieses Prinzip sieht den Menschen im Sinne der oben dargelegten anthropologischen Voraussetzungen als ein Wesen, das unbestimmt lernfähig ist. Er ist weder von Natur, Geschichte oder Gott vorbestimmt, sondern muss und kann seine Bestimmung selbst erarbeiten.

2. **Aufforderung zur Selbsttätigkeit:** Lernen kann jeder Mensch nur selbst. Niemand kann für einen anderen stellvertretend lernen. Pädagogisches Handeln fordert zum Lernen auf. Benner hat hier ein breites Spektrum pädagogischer Einwirkungsmöglichkeiten auf Lernprozesse im Blick: arrangieren,

ermutigen, Aufgaben stellen, darstellen, zeigen usw. Man könnte deshalb auch von der Motivierung, Ermöglichung oder Unterstützung von selbsttätig zu vollziehenden Lernprozessen sprechen. Jemanden aufzufordern, etwas zu tun (hier: zu lernen), was er nur selbst leisten kann, ist eine Paradoxie (ein Widerspruch). Die Grundparadoxie der pädagogischen Praxis besagt, dass der zu Erziehende zur Selbsttätigkeit aufgefordert wird, weil er einerseits ohne eine solche Aufforderung noch nicht selbsttätig werden kann, andererseits nur durch seine eigene Mitwirkung selbsttätig wird.

Benner nennt die beiden Voraussetzungen „konstitutive Prinzipien". Sie sind unbedingt notwendig, wenn pädagogisches Denken und Handeln möglich sein soll.
Ihnen werden zwei weitere Prinzipien zugeordnet, die die gesellschaftliche Seite betreffen:

3. **Überführung (Transformation) gesellschaftlicher Anforderungen in pädagogische:** Wie oben gezeigt, steht die pädagogische Teilpraxis in zahlreichen Wechselwirkungen mit anderen Teilpraxen. Diese stellen Ansprüche und erheben Forderungen, die sich auf die Erziehung und Bildung der Heranwachsenden beziehen.
   So erwartet die Wirtschaft, dass die Schulabgänger bestimmte Qualifikationen aufweisen. Solche gesellschaftlichen Anforderungen werden nach dem Prinzip der pädagogischen Transformation nicht ignoriert, sondern nach den Kriterien der Bildsamkeit und Aufforderung zur Selbsttätigkeit umgeformt. Dabei entsteht ein Lernangebot, das pädagogisch verantwortet ist. Es legt die Heranwachsenden nicht auf die gesellschaftlichen Anforderungen kritiklos fest, sondern führt so in sie ein, dass sie erfasst und verstanden werden können, darüber hinaus aber auch kritisch geprüft werden. Das kann nur dann gelingen, wenn die anderen Teilpraxen nicht die Macht über die Pädagogik beanspruchen und ausüben. Dies ist z. B. in der Zeit der nationalsozialistischen Diktatur in

Deutschland der Fall gewesen. Hier wurden die verschiedenen Teilpraxen, und besonders die Pädagogik, von der Politik beherrscht.

4. **Nicht-hierarchischer Ordnungszusammenhang der menschlichen Gesamtpraxis:** Das zweite Prinzip formuliert als Forderung an die politische Ordnung der gesamtgesellschaftlichen Verhältnisse Folgendes: Die Teilpraxen sollen in einem nicht-hierarchischen Verhältnis zueinander stehen. Keine Praxis soll anderen gegenüber den grundsätzlichen Vorrang beanspruchen.

Benner bezeichnet die beiden Prinzipien der gesellschaftlichen Seite als „regulative Prinzipien". Regulative sind gedankliche Forderungen, die nicht in der Wirklichkeit bestehen. Die wirklichen Verhältnisse können aber an ihnen geprüft und gegebenenfalls kritisiert werden.

Benner ordnet die vier Prinzipien einander in einer schematischen Übersicht so zu:

	Konstitutive Prinzipien der individuellen Seite	Regulative Prinzipien der gesellschaftlichen Seite
A. Theorie der Erziehung (2./3.)	2. Aufforderung zur Selbsttätigkeit	3. Pädagogische Transformation gesellschaftlicher Einflüsse und Anforderungen
B. Theorie der Bildung (1./4.)	1. Bildsamkeit	4. Nicht-hierarchischer Ordnungszusammenhang der menschlichen Gesamtpraxis
	C. Theorie pädagogischer Institutionen und ihrer Reform (1./2.), (3./ 4.)	

Pädagogische Handlungstheorien

Aus dem Schaubild wird ersichtlich, dass Benner drei handlungstheoretische Fragestellungen der Pädagogik unterscheidet:

A) Die Theorie der Erziehung beschäftigt sich mit der Frage nach der richtigen Art und Weise der pädagogischen Interaktion.

B) Die Theorie der Bildung fragt nach den Aufgaben pädagogischen Handelns.

C) Die Theorie pädagogischer Institutionen geht der Frage nach, wie Orte pädagogischen Handelns so zu bestimmen sind, dass sie den erziehungs- und bildungstheoretisch formulierten Ansprüchen gerecht werden.

A) Theorie der Erziehung

In manchen Theorien werden die erzieherischen Einwirkungen in Analogie zu technischen Handlungen gesehen: Eine bestimmte Absicht soll eine bestimmte Wirkung hervorbringen. Ein Computer erhält über die Tastatur einen Befehl und zeigt präzise das gewünschte Bild. Intention und Wirkung stehen in einem kausalen Zusammenhang. Andere Erziehungstheorien gehen von der entgegengesetzten Annahme aus, nämlich dass sich Erziehung durch gesellschaftliche Wirkungen vollzieht. Danach übernehmen Heranwachsende gesellschaftliche Erwartungen, Rollen, Normen und Werte.

Beide theoretischen Sichtweisen übersehen, dass in pädagogischer Verantwortung Heranwachsende in Interaktionen zur Selbsttätigkeit aufgefordert werden sollen und gesellschaftliche Einflüsse in pädagogische überführt werden sollen. Wirkungen werden im Sinne dieses konstitutiven Prinzips (Aufforderung zur Selbsttätigkeit) nur indirekt erzielt – vermittelt über das selbsttätige Lernen der Adressaten. Gesellschaftliche Einflüsse sind im Sinne des zweiten regulativen Prinzips (Überführung gesellschaftlicher in pädagogische Wirkungen) pädagogisch zu brechen. Geschieht beides nicht, wird der Heranwachsende auf Ziele verpflichtet, die von außen gesetzt sind, d.h. vom Erzieher oder von gesellschaftlichen Interessen. Das wäre eine „affirmative" Erziehung, die den Heranwachsenden ohne kritische Prüfung auf Setzungen des Erziehers und der Gesellschaft verpflichtet. Dagegen beteiligt eine „nicht-affirmative" Erziehung den Heranwachsenden daran, seine Lebensführung selbst mitzubestimmen. Dazu nutzt sie die Erkenntnisse unterschiedlicher Erziehungs- und Sozialisationstheorien. Dies geschieht so, dass sie dem Heranwachsenden zu seiner Selbstaufklärung zur Verfügung gestellt werden: Wie wirken Computerspiele auf mich? Inwieweit beeinflussen diese Spiele meine psychische oder soziale Entwicklung? Welche Interessen stehen hinter solchen Angeboten? Wie weit will ich mich von ihnen beeinflussen lassen?

B) Theorie der Bildung

Auch die Theorie der Bildung ist durch ein Prinzip der individuellen Seite und ein Prinzip der gesellschaftlichen Seite pädagogischen Handelns bestimmt. Bildung ist nur dann möglich, wenn die Bildsamkeit des Heranwachsenden anerkannt wird und zugleich die dazu notwendige Voraussetzung einer offenen, demokratischen Gesellschaft besteht. Der mit Bildsamkeit gesetzte Anspruch ist, dass der Heranwachsende seine Bestimmung selbst finden muss. Das kann nur dann funktionieren, wenn die Gesellschaft ihm dazu den notwendigen Raum gibt. Sie lehrt ihn also nicht nur das, was er lernen muss, um gesellschaftlich bestehende Erwartungen erfüllen zu können. Er soll auch eigene Erwartungen und Interessen ausbilden können. Die Teilpraxen müssen dazu in einem nicht-hierarchischen Verhältnis zueinander stehen, wie dies in demokratischen Gesellschaften meist der Fall ist. Religiöse, ökonomische, soziale, ethische oder ästhetische Einsichten dürfen dem Heranwachsenden nicht als Fakten vorgegeben werden, sondern er muss im Lernprozess die Möglichkeit gewinnen, diese Einsichten nachvollziehen, beurteilen und bewerten zu können.

Eine der Aufgaben einer Bildungstheorie ist es, die konkreten Bedingungen einer Gesellschaft (oder auch der pädagogischen Institutionen in einer Gesellschaft) daraufhin zu prüfen, inwieweit sie Bildung als Selbstbestimmung ermöglichen oder behindern. Selbstbestimmung kann nur als permanenter Prozess, als ständige Auseinandersetzung des Menschen mit sich und der Welt funktionieren.

C) Theorie pädagogischer Institutionen

Institutionen werden zu Orten pädagogischen Handelns, wenn sie es möglich machen, die konstitutiven Prinzipien pädagogischen Denkens und Handelns (Bildsamkeit, Aufforderung zur Selbsttätigkeit) im Handeln wirksam werden zu lassen. Dazu müssen die entsprechenden Voraussetzungen geschaffen sein, für die die regulativen Prinzipien (pädagogische Transformation, nicht-hierarchisches Verhältnis der Teilpraxen) den Maßstab liefern. Nach den Lehrplänen für Schulen muss z. B. Wissen über das Funktionieren der Wirtschaft, der Politik oder auch der Wissenschaft vermittelt werden. Das darf hingegen nicht die Folge haben, dass die Schule ohne Rücksicht auf die Lernmöglichkeiten und Lerninteressen der Schüler dieses Wissen um jeden Preis einfordert. Darüber hinaus darf diese Wissensvermittlung nicht als vorbehaltlose, kritikfreie Bestätigung der herrschenden Praktiken der jeweiligen Handlungs- oder Forschungsfelder stattfinden, an die die Schülerinnen und Schüler wirkungsvoll anzupassen wären. Pädagogisch kann die Institution Schule nur arbeiten, wenn sie das kritische Urteilen über bestehende Verhältnisse fördert und den Schülerinnen und Schülern Lernprozesse ermöglicht, die sie in die Lage versetzen, sich in Distanz zum Bestehenden selbst zu bestimmen. Wenn Institutionen diesen Ansprüchen genügen, müssen sie sich ständig reformieren, um pädagogisch angemessen auf die veränderten gesellschaftlichen und individuellen Bedingungen eingehen zu können.

Die drei Handlungsdimensionen der pädagogischen Praxis

Benner unterscheidet drei „Dimensionen“ oder „Grundformen“ pädagogischen Handelns. Er orientiert sich dabei an Herbarts Gliederung: Kinderregierung – erziehender Unterricht – Zucht. Die Grundformen folgen zeitlich aufeinander und ergänzen sich wechselseitig. Sie sind auf das Ziel ausgerichtet, das pädagogische Handeln überflüssig zu machen. Es will den Heranwachsenden dazu befähigen, sein Leben selbst zu bestimmen, also ohne Hilfe von erzieherischen Einwirkungen zu führen.

1. **Pädagogisches Handeln als sich selbst negierendes Gewaltverhältnis über Unmündige**
   Das Prinzip der „Bildsamkeit“ verlangt vom Erzieher, so auf den zu Erziehenden einzuwirken, dass dieser an seiner Bestimmung mitwirken kann. Die Alltagserfahrung zeigt, dass das oft nicht gelingt. Kinder gehen aus Unwissenheit oft gefährliche Risiken ein, verhalten sich rücksichtslos gegen Mitmenschen, sind maß- und hemmungslos. Für Benner ist in solchen Fällen die Anwendung von Gewalt legitim, darin stimmt er mit Kant, Herbart, Schleiermacher überein. Aber er setzt solcher Gewaltanwendung Grenzen. Erzieher dürfen Gewalt nur so ausüben, dass das Ziel von Erziehung, Mündigkeit des zu Erziehenden zu erreichen, nicht behindert wird. Dies ist der Fall, wenn uneinsichtiges Verhalten verhindert und Gewalt nicht dazu eingesetzt wird, dem Heranwachsenden bestimmte Verhaltensweisen zu vermitteln, selbst wenn diese vom Erzieher als wertvoll eingeschätzt werden. Gewaltausübung, die in diesem Sinne erfolgt, bereitet die beiden folgenden Dimensionen pädagogischen Handelns vor. Mit ihnen beginnt das wahre pädagogische Handeln.

2. **Pädagogisches Handeln als Erziehung und Bildung durch Unterricht**
   „Unterricht“ findet nicht nur in der Schule statt. Der die zweite Handlungsdimension kennzeichnende Begriff „Unter-

richt" ist weiter gefasst. Er umfasst neben den in Schule stattfindenden Lehr-Lern-Prozessen auch außerschulische Prozesse, z. B. im privaten Bereich sich vollziehendes Lehren und Lernen. In jeder Form des Unterrichts geht es darum, sowohl Wissen über bestimmte Inhalte, Probleme oder Themenbereiche als auch Fähigkeiten und Fertigkeiten zu lehren bzw. zu lernen. Unterricht – in und außerhalb von Schule – kann, muss aber nicht erziehend und bildend sein. Diese Qualität kommt Unterricht dann zu, wenn die Lernenden dazu aufgefordert werden, sich ein kritisches Urteil zu bilden. Dies findet z. B. statt, wenn der Sinn des Gelernten im Unterricht reflektiert wird. Geschieht dies, wird das Verhältnis des Lernenden zum Lerngegenstand Teil des Unterrichts. Dazu müssen die Gegenstände des Lernens didaktisch so umgeformt werden, dass die Lernenden die Chance wahrnehmen können, ein reflektiertes Verhältnis sowohl zum eigenen Vorwissen als auch zum neu erlernten Wissen und Können aufzubauen. Das kritische Reflektieren wird besonders dann notwendig, wenn sich Lernende mit den Erkenntnissen der Wissenschaften auseinandersetzen. Das wissenschaftliche Wissen, das man z. B. im schulischen Unterricht erwirbt, erweitert den Horizont des Lernenden und geht über das Erfahrungswissen hinaus, das man sich im alltäglichen Umgang aneignet. Erziehender und bildender Unterricht wäre so anzulegen, dass die Erweiterung des eigenen Wissens und Könnens mit der Aufforderung verbunden wird, nicht nur das eigene Vorwissen, sondern auch das neu erworbene wissenschaftliche Wissen kritisch zu reflektieren.

3. Pädagogisches Handeln als Einführung in gesellschaftliche Handlungsfelder

Um zu verstehen, welche Aufgaben die dritte Dimension pädagogischen Handelns übernimmt, ist es notwenig, sich das Ziel allen pädagogischen Handelns in Erinnerung zu rufen: sich selbst überflüssig zu machen. Der Heranwachsende soll zu einem selbstverantwortlichem, selbstbestimmten Leben befähigt werden. Er soll immer mehr dazu in der Lage sein, mündig mit den Ansprüchen umzugehen, die an ihn gestellt werden. Er soll auch selbst anderen gegenüber solche Ansprüche stellen und begründen können. Dies ist für alle an Erziehung und Bildung Beteiligten insofern eine besondere Herausforderung, als Heranwachsende nicht mehr in vorgegebene Lebensformen, Lebenswege und Rollen eingepasst werden können und sollen. Sie müssen selbst herausfinden, wie sie leben möchten, welchen Beruf sie ausüben möchten, welche Art von Partnerschaft sie bevorzugen usw. Die Lebensmodelle der älteren Generation verlieren in modernen, offenen Gesellschaften ihre normierende Kraft für die nachwachsenden Kinder und Jugendlichen.

Rechtliche und pädagogische Mündigkeit fallen in modernen, offenen Gesellschaften nicht zusammen. Der Jugendliche wird mit Vollendung des 18. Lebensjahrs rechtlich mündig: Er bekommt das Recht zu wählen, den Führerschein zu erwerben oder bestimmte Geschäfte abzuschließen. Das heißt aber noch nicht, dass er auch im pädagogischen Sinne mündig ist. Gerade in komplexen Gesellschaften bedarf er weiterhin der pädagogischen Hilfe. Diese ist aber nur dann gerechtfertigt, wenn sie darauf abzielt, ihm zu Erfahrungen in gesellschaftlichen Handlungsfeldern zu verhelfen und zugleich seine Selbstreflexion über sein Handeln anzustoßen und zu begleiten. Selbstverständlich ist auch schon vor dem 18. Lebensjahr selbstverantwortetes Handeln in gesellschaftlichen Handlungsfeldern möglich, und zwar in bestimmten, individuell unterschiedlich weiten Rahmen.

BEISPIELE Praktika im Rahmen der Berufsfindung; ehrenamtliches Engagement in Vereinen, in Jugendgruppen der Kirchen, Parteien und Verbänden. Die pädagogische Einstellung verlangt, solche Erkundungen anzuerkennen, zu ermöglichen und so zu begleiten, dass der Heranwachende zu Einsicht und Urteil kommt.

Argumentationsebenen Allgemeiner Pädagogik
Zusammenfassend lassen sich die Ebenen der „Allgemeinen Pädagogik" in dieser Übersicht darstellen (Benner 2005, S. 305):

Ebene 1: Allgemeine Handlungstheorie	■ Leiblichkeit, ■ Freiheit, ■ Geschichtlichkeit und Sprachlichkeit der menschlichen Praxis	Unterscheidung zwischen Arbeit, Ethik, Pädagogik, Politik, Kunst und Religion als Formen und Bereiche ausdifferenzierter Humanität
Ebene 2: Grundbegriffe pädagogischen Denkens und Handelns	■ Bildsamkeit, Aufforderung zur Selbsttätigkeit ■ pädagogische Transformation, Nicht-hierarchische Ordnung	Individuelle Seite der pädagogischen Praxis Gesellschaftliche Seite pädagogischen Handelns
Ebene 3: Pädagogische Handlungstheorien	■ Aufforderung zur Selbsttätigkeit, pädagogische Transformation ■ Bildsamkeit, Nicht-hierarchische Ordnung ■ Verknüpfung der individuellen und gesellschaftlichen Seite pädagogischen Handelns	Theorie der Erziehung Theorie der Bildung Theorie pädagogischer Institutionen
Ebene 4: Theorien spezieller pädagogischer Handlungsformen und -dimensionen	■ Pädagogisches Handeln als sich selbst negierendes Gewaltverhältnis über Unmündige ■ Pädagogisches Handeln als Erziehung und Bildung durch Unterricht ■ Pädagogisches Handeln als Einführung in gesellschaftliche Handlungsfelder	Allgemeine Theorie regierender Maßnahmen Allgemeine Didaktik Allgemeine Gesellschaftspädagogik

Pädagogische Interaktion als argumentative Auseinandersetzung

Benners Forderung an eine nicht-affirmative Erziehung (Mitwirkung des Heranwachsenden an seiner Bestimmung), kann missverstanden werden. Man könnte das „Mitwirken an der eigenen Bestimmung" so auslegen, dass schon das Kind, erst recht der Jugendliche ein gleichberechtigter Partner ist. Und was ist, wenn die Selbstbestimmung an unmoralischen Werten ausgerichtet wird? Ein Jugendlicher kann z. B. auf die Idee kommen, mit dem Handel von Rauschgift möglichst schnell viel Geld zu verdienen. Im Hinblick auf die erste Handlungsdimension (pädagogisches Handeln als sich selbst negierendes Gewaltverhältnis über Unmündige) ist die Auffassung einer Gleichberechtigung nicht haltbar. Dies gilt aber auch für die beiden weiteren Dimensionen, die die eigentlichen Formen pädagogischen Handelns repräsentieren. Benner stellt klar: „Von der Verständigung im Handeln, wie sie unter Erwachsenen stattfindet, unterscheidet sich die pädagogische Verständigung, indem sie in methodischer Hinsicht ihre besondere Aufmerksamkeit der übers Handeln vermittelten Entwicklung des Motivationshorizontes widmet." (Benner 2005, 298) Dies geschieht dadurch, dass zu Erziehende zum Rückblick auf vergangene Handlungen und zum Vorblick auf künftiges Handeln und ihrer jeweiligen Folgen aufgefordert werden. Benner greift hier auf Herbarts Konzept der „Zucht" zurück, die auf die „Charakterstärke der Sittlichkeit" zielt. Die Aufgabe der pädagogischen Einwirkung ist danach u. a., dass erarbeitet und eingeübt werden kann, die Handlungsentwürfe „vor sich selbst und anderen nach Grundsätzen einer gegenseitigen Anerkennung der am Handeln beteiligten oder von ihm betroffenen Personen" (Benner 2005, 299) zu rechtfertigen. Dies verweist auf die Bezüge, die zwischen der pädagogischen und der ethischen Praxis bestehen.

Die „personalistische Pädagogik", die in entscheidenden Grundgedanken mit Benners Theorie übereinstimmt, hat dazu weitere, konkrete Überlegungen vorgelegt. Sie bestimmt pädagogische

Interaktion als „argumentative Auseinandersetzung“ bzw. „pädagogische Führung“. Für Alfred Petzelt (1886–1967), der an Kant anknüpft, und Marian Heitger (geb. 1927) ist Bildung als „Selbstbestimmung“ definiert und die „Selbstständigkeit“ des Heranwachsenden das Ziel pädagogischen Handelns. Die Selbstbestimmung ist nicht beliebig, sondern an sachlichen und ethischen Maßstäben zu orientieren. Pädagogisches Handeln übernimmt deshalb die Aufgabe, dem zu Erziehenden zu helfen, sowohl das sachlich „Richtige“ als auch das ethisch „Gute“ zu erkennen. Dies geschieht in argumentierender Auseinandersetzung im Dialog.

> *„Im Dialog hilft man sich gegenseitig, die jeweilige Bewusstseinslage zu erweitern. Man gewinnt Zugang zu neuen Argumenten, aber nicht in der Weise, dass man sie einfach übernimmt, quantitativ anhäuft, sondern indem man sie überprüft und abwägt. Das aber heißt Entfaltung der Urteilskraft, heißt Gewinnen intellektueller und sittlicher Mündigkeit“. (Heitger 1972, 74)*

Im so verstandenen Dialog gilt das bessere Argument. Das Argumentieren gewinnt damit eine zentrale Rolle für das pädagogische Handeln.

Volker Ladenthin erläutert in diesem Sinne:

> *„Anders als der Bericht will die Argumentation überzeugen, und anders als die Erzählung will die Argumentation durch Vernunftgründe etwas bewegen, nicht durch Emotionen. Anders als das Gespräch will die Argumentation einen Gedankenzusammenhang geschlossen darlegen und eine getroffene Entscheidung verstehbar machen. Wir haben einen gedanklichen Zusammenhang entdeckt, wir halten etwas für wahr, was nicht sichtbar ist, und wollen den anderen zur Einsicht bewegen.“ (Ladenthin 2008, 9)*

Das Argumentieren richtet sich zum einen auf das Erkennen und Verstehen von Dingen und Handlungen. Es geht darum, sie möglichst richtig zu erfassen. Es geht aber auch darum, welcher „Wert" Dingen und Handlungen zugesprochen wird und wie er begründet wird. Zu unterscheiden ist zwischen „außermoralischen" und „moralischen" Werten.

Moralische Werte sollen ein gerechtes Leben beschreiben. Außermoralische Werte – so lässt sich nun unterscheiden – betreffen die Lebensbedingungen, die Qualität der Lebensumstände. Sie wollen ein gutes Leben sichern.

Die pädagogische Aufgabe besteht darin, den Heranwachsenden zum Werten aufzufordern und ihn argumentativ so herauszufordern, dass er sein Werten ethisch begründen kann.

Ein Wert ist nicht etwas, was einem Ding oder einer Handlung anhaftet.

> *„Vielmehr bewerten wir eine Sache oder Handlung so, dass sie für uns ‚wertvoll' wird. Eine Zigarette z. B. hat für einen Nichtraucher keinen Wert. Für den Raucher aber sehr wohl. Eine Sache hat also keinen Wert – sondern wir verleihen einer Sache einen Wert. Um dies zu können, brauchen wir ein Kriterium. Bei außermoralischen Werten ist das Kriterium die Lebensqualität. (…) Bei moralischen Werten ist das Kriterium die Würde des Menschen. Gerecht ist, ein Wert ist, was die Würde des Menschen nicht verletzt."*
> *(Ladenthin 2008, 3)*

„Bildung" als „Selbstbestimmung" ist nicht beliebig, wenn sie nach diesen Grundsätzen an der Klärung der Sachen und der Begründung des Wertens arbeitet. Sie kommt an kein Ende, sondern ist ein dynamischer Prozess, der immer wieder herausgefordert wird, und zwar durch neue Situationen, Ansprüche anderer Menschen, durch gesellschaftliche und wissenschaftliche Veränderungen, durch kulturelle Umbrüche und die Begegnung mit anderen Menschen.

Dietrich Benner entwickelt in seiner eine pädagogische Perspektive von hoher Komplexität. In der wissenschaftlichen Diskussion hat sein Entwurf große Zustimmung gefunden. Allerdings wird Benners Antwort auf die Frage nach dem allgemeinen pädagogischen Kerngedanken nicht von allen Wissenschaftlern der Pädagogik geteilt. Ein Kritikpunkt ist, dass Benners Begriff von Erziehung eine bestimmte Wertung vornimmt. Der kulturelle und gesellschaftliche Hintergrund ist das Subjektverständnis, das sich in den Traditionen der griechischen Philosophie, der jüdischen und christlichen Religionen und europäischen Aufklärung entwickelt hat. Das damit korrespondierende Verständnis der politischen Ordnung ist das der westlichen Demokratien. Danach ist es dem Menschen aufgegeben, seine Bestimmung selbst zu finden. Eine demokratische Öffentlichkeit muss dazu den politischen Rahmen geben. Nun gibt es aber in Geschichte und Gegenwart zahlreiche Gesellschaften, in denen die Heranwachsenden im Sinne der Unterscheidung Benners affirmativ „erzogen" wurden bzw. werden, also auf Entscheidungen über ihr Leben festgelegt werden, die von anderen für sie getroffen wurden. Ist das keine „Erziehung"? Ist ein Begriff der Erziehung nicht zu eng gefasst, wenn er an eine bestimmte Wertorientierung gekoppelt wird?

Brezinkas weiter Erziehungsbegriff

Einen viel diskutierten erziehungswissenschaftlichen Entwurf, der bewusst mit einem weiten Erziehungsbegriff arbeitet, legte Wolfgang Brezinka (geb. 1928) vor. In seinem Buch „Grundbegriffe der Erziehungswissenschaft" definiert er den Erziehungsbegriff:

> *„Als Erziehung werden soziale Handlungen bezeichnet, durch die Menschen (unter Ausschluss der Anwendung von Instrumenten zur physiologischen Veränderung des Organismus) versuchen, das Gefüge der psychischen Dispositionen anderer Menschen in irgendeiner Hinsicht dauerhaft zu verbessern oder seine als wertvoll beurteilten Bestandteile zu erhalten."*
> *(Brezinka, 97)*

Erziehung ist danach eine soziale Handlung, d. h. mit Bewusstheit auf andere Menschen bezogen. Gemeint ist weiterhin ein längerfristiges Handlungsgefüge, keine kurz dauernde Einzelhandlung.
Erziehung will dauerhafte Wirkungen erzielen, nicht kurzfristig einzelne Verhaltensweisen des Adressaten ändern. Ob die beabsichtigten Wirkungen auch wirklich eintreten, ist nicht entscheidend. Brezinka entwickelt einen „Absichts"-Begriff der Erziehung. Gerade sein hoher Allgemeinheitsgrad macht diesen Erziehungsbegriff für Brezinka so effektiv für die Analyse konkreter Situationen.

Von zentraler Bedeutung für Brezinkas Erziehungsbegriff ist der Begriff der „Dispositionen".

> *„Es wird nicht an aktuelle seelische Erlebnisse oder Verhaltensweisen gedacht, die auftreten und wieder verschwinden, sondern an das Gefüge relativ dauerhafter psychischer Bereitschaften eines Menschen, die wir als seinem Erleben und Verhalten zugrundeliegend denken. Eine solche aus dem wahrnehmbaren Verhalten erschlossene Bereitschaft zum Vollzug bestimmter Erlebnisse oder Verhaltensweisen wird ‚psychische Disposition' genannt. Kenntnisse, Haltungen, Einstellungen, Handlungsbereitschaften, Gefühlsbereitschaften, Fähigkeiten, Fertigkeiten, Interessen usw. müssen als Dispositionen angesehen werden." (Brezinka, 80)*

Solche Disposition sollen durch Erziehung weiterentwickelt, ausdifferenziert, verstärkt oder hervorgebracht werden, wenn sie als wertvoll betrachtet werden. Werden sie hingegen als schädlich eingeschätzt, sollen sie durch Erziehung vermindert, geschwächt, abgebaut oder ausgeschaltet werden.
Zu bestimmen ist nun vor allem noch, was unter dem Definitionselement „Förderabsicht" zu verstehen ist. Hier spielen Wertvorstellungen eine Rolle. In Benners Erziehungsbegriff erfolgen hier starke Setzungen im Sinne des Begriffs der Bildsamkeit und

der Aufforderung zur Selbsttätigkeit. Brezinka will dagegen den Erziehungsbegriff zu einem Instrument der Beschreibung von allen vorliegenden Erziehungspraktiken und -konzeptionen nutzen.

Beyers Weiterentwicklung von Brezinkas Erziehungsbegriff

Der Erziehungswissenschaftler Klaus Beyer (geb. 1941) hat Brezinkas Erziehungsbegriff weiterentwickelt und zur Basis eines ausdifferenzierten fachdidaktischen Konzepts für den Pädagogikunterricht ausgebaut.

> *„Erzieherische Handlungen (…) sind solche Handlungen, mit deren Hilfe versucht wird, die Entwicklung (der Dispositionen) einer (anderen) Person in deren Interesse zu fördern."*
> *(Beyer 1997, 142)*

Beyer entwickelt den Erziehungsbegriff, indem er schrittweise Differenzierungen vornimmt.

- Er unterscheidet zunächst Handeln von Verhalten. Wer handelt, verfolgt mit bestimmten Mitteln Absichten. Das setzt ein Mindestmaß an Bewusstheit voraus. Verhalten umfasst somit alle menschlichen Äußerungen. Handeln umfasst einen bestimmten Teil von ihnen, also jene, die bewusst auf Ziele hin angelegt sind.
- Im nächsten Schritt unterscheidet Beyer verschiedene Arten von Handlungen. Handlungen können sich auf die Natur beziehen (technisches Handeln) oder auf Personen (soziales Handeln). Erziehung ist demnach eine Form sozialen Handelns.
- Soziales Handeln liegt z. B. auch vor, wenn Erwachsene mit anderen Erwachsenen Verkaufsgespräche führen. Was ist also das Besondere an Erziehung? Beyer antwortet: Erziehen ist soziales Handeln mit einer besonderen Absicht, nämlich:

> Erzieherische Handlungen sind solche, mit deren Hilfe versucht wird, die Entwicklung (der Dispositionen) einer (anderen) Person in deren Interesse zu fördern. Im Unterschied zu kurzzeitigen Verhaltensänderungen meinen Dispositionen relativ überdauernde Verhaltensbereitschaften und -fähigkeiten.

Beyer präzisiert die „Förderabsicht" in Abgrenzung von Brezinka durch das Merkmal „im Interesse des Edukanden".
Erzieherisches Handeln ist immer eingebettet in Bedingungen. Eine Familie lebt z. B. in einem bestimmten Wohnumfeld, hat bestimmte soziale Kontakte und finanzielle Möglichkeiten, besitzt bestimme Medien etc. Diese Bedingungen haben Einfluss darauf, ob die beabsichtigte Wirkung erzieherischen Handelns eintritt oder nicht. Jeder Erzieher macht die Erfahrung, dass die beabsichtigte Wirkung (sein Ziel) nicht mit der tatsächlichen Wirkung übereinstimmt. Er wird in solchen Fällen darüber nachdenken, ob er nicht ein falsches Erziehungsziel angestrebt hat, ob die gewählten Mittel angemessen waren oder ob er die Bedingungen richtig erkannt und eingeschätzt hat. Um ein Fehlverhalten abzustellen, kann z. B. das Erziehungsmittel der Ohrfeige höchst wirkungsvoll sein. Ist aber deshalb gerechtfertigt, körperliche Gewalt als Erziehungsmittel zuzulassen? Ohrfeigen sind vielleicht effektiv, aber nicht wünschenswert. Dass ein Junge, der andere Kinder schlägt, dies nicht mehr tut, ist wünschenswert. Aber ist eine solche Erwartung realistisch? Beyer unterscheidet deshalb zwei Ebenen, auf denen erzieherisches Handeln geplant und geprüft werden sollte:

> *Erzieherisches Handeln lässt sich unter technologischen Gesichtspunkten (Ist das Handeln erfolgversprechend?) und axiologischen Aspekten (Ist das Handeln bzw. das Ziel des Handelns „wertvoll"?) beurteilen. (Vgl. Beyer, 146 f.)*

Zusammengefasst zeigen sich die Elemente erzieherischen Handelns in folgender Übersicht:

	Handlungsdimension		Bedingungs-dimension	Wirkungs-dimension
	Zweck zu prüfende Erziehungsziele	*Mittel* zu prüfende erzieherische Handlungsmöglichkeiten	*Bedingungsfeld* erkennbare Bedingungen erzieherischen Handelns	*Wirkungshypothesen* absehbare Nebenwirkungen erzieherischen Handelns
technologisches Kriterium	erreichbar	erfolgversprechend	erfolgsfördernd, -widrig, -neutral	erfolgsverstärkend, -widrig, -neutral
axiologisches Kriterium	normativ wünschenswert	normativ wünschenswert	normativ	normativ wünschenswert

Pluralität der Erziehungs- und Bildungsbegriffe und die pädagogische Perspektive

Die hier vorgestellten Erziehungs- bzw. Bildungsbegriffe sind Indizien dafür, dass es heute kein allgemeinverbindliches, von allen akzeptiertes Verständnis von Erziehung und Bildung sowie den Aufgaben der Pädagogik mehr gibt und geben kann. Die vernünftige Antwort auf diese Situation kann nur sein, die Vielheit der Antworten auf die Frage nach der Erziehung und Bildung als Aufforderung zum argumentierenden Gespräch zu begreifen. In diesem Gespräch kommt es darauf an, die Voraussetzungen, Bedingungen, Konsequenzen und auch Wertorientierungen der eigenen Antworten auf die Fragen nach dem Gegenstand, der Notwendigkeit und den Möglichkeiten von Pädagogik sich bewusst zu machen, sie darzustellen, zur Diskussion zu stellen und sie zu erörtern. In diesem Sinne sind die folgenden Überlegungen zu verstehen.

Der Begriff von Erziehung von Brezinka und Beyer ist bewusst allgemein (abstrakt) und beschreibend (deskriptiv; nicht wertend) angelegt. Er sieht davon ab, welche konkreten Ziele und Mittel gewählt werden, und arbeitet die formale Grundstruktur heraus, die allen Interaktionen zugrunde liegt, die im Verlauf der Geschichte als „Erziehung" bezeichnet worden sind und heute in verschiedenen Gesellschaften so bezeichnet werden. Das macht den Bereich der damit erfassten Phänomene sehr groß. Der Begriff „Erziehung" soll nicht durch bestimmte, kulturspezifische Wertungen eingeschränkt werden, sondern als Beschreibungsinstrument in sehr unterschiedlichen historischen, kulturellen und gesellschaftlichen Zusammenhängen genutzt werden können. Der so gefasste Begriff verzichtet deshalb konsequent darauf, Kriterien für „richtige" oder „falsche" Erziehung zu benennen. Das macht ihn zu einem wirkungsvollen Instrument zur Analyse von Handlungen, die sich in allen möglichen gesellschaftlichen und kulturellen Zusammenhängen auf das Lernen und die Entwicklung von Kindern und Jugendlichen beziehen. Die Fragen, denen man nachgeht, sind dann z. B.: Welche Ziele wurden bzw. werden hier verfolgt? Welche Mittel werden eingesetzt, um sie zu erreichen? Waren bzw. sind diese Mittel erfolgreich?

Auch die Kritik vorliegender Konzeptionen und Praktiken kann mithilfe dieses weiten Begriffes geleistet werden. So kann aufgedeckt werden, dass erzieherisches Handeln, das erfolgreich realisiert wird, noch nicht erzieherisch „gutes" Handeln sein muss. Umgekehrt können „gute" erzieherische Ziele noch nicht allein gewährleisten, dass sie auch „erfolgreich" erreicht werden.

Was „gute" Ziele sind, kann zunächst durch Analyse der vorgenommenen Wertungen herausgestellt und mit Bezug auf andere Werte kritisiert werden. Dazu müssen die Wertmaßstäbe offengelegt werden. Wer z. B. das Schulsystem der DDR kritisiert, stellt bewusst heraus, dass er „axiologische" Kriterien heranzieht, die dem Demokratieverständnis westlicher Gesellschaften und den pädagogischen Grundsätzen einer nicht-affirmativen Erziehung entsprechen: Demokratie als Vergabe von Macht auf Zeit, als Institutionalisierung von Opposition und Ordnung mit freier, öffentlicher Diskussion, Erziehung als Ermöglichung von Selbstbestimmung und Kritikfähigkeit usw. Die nicht hintergehbaren Wertungen werden in diesem Erziehungsbegriff also im zweiten Schritt aufgegriffen und, wenn nötig und gewünscht, diskutiert.

Ein Unterschied zu den Ansätzen von Benner, Heitger und Ladenthin liegt im Verständnis der pädagogischen Interaktion. Diese ist für Benner prinzipiell indirekt auf das Lernen und die Selbstbestimmung des Adressaten angelegt. Brezinkas und Beyers Begriffe sind dagegen offen für das, was Benner „kausalmechanische" Einwirkung nennt. Damit meint er Versuche, direkte Wirkungen im Sinne einer „intentionalen" Erziehung zu erzielen. Allerdings nehmen auch Brezinka und Beyer nicht an, dass intentionale Erziehung im Sinne der erzieherischen Intentionen immer erfolgreich sein müsse oder könne. Ihr Erziehungsbegriff unterscheidet zwischen intendierter und tatsächlicher Wirkung. Insofern tragen sie grundsätzlich dem Gedanken der Mitwirkung des zu Erziehenden an erzieherischen Prozessen Rechnung. Sie gehen aber davon aus, dass Wissenschaft mit ihren Mitteln keine Entscheidungen über Werte treffen kann. Ihr Erziehungsbegriff soll die Instrumente zur Verfügung stellen, die in jeder erzieherischen Handlung, in jedem erzieherischen Konzept vorgenommenen Wertungen zu analysieren und zu diskutieren.
Dietrich Benners „allgemeiner pädagogischer Grundgedanke" nimmt dagegen Wertungen in den Begriff der Erziehung hinein. Erziehung und Bildung, die eine Unterordnung des Einzelnen unter Vorgaben eines Erziehers oder auch unter die Interessen gesellschaftlicher Mächte anstrebten, würde Benner als „affirmativ" bezeichnen und damit für nicht gerechtfertigt erklären. Das bedeutet, dass z. B. Forderungen an die Heranwachsenden von den Erziehern so dargestellt werden, dass sie immer auch als

fragwürdig erscheinen. Nach diesem Grundsatz dürfen z. B. religiöse Eltern ihre Kinder in die eigene Religion einführen und mit ihnen gemeinsam religiöses Leben praktizieren. Sie müssen aber zulassen, dass die Kinder Fragen zu dieser Religion oder sogar diese Religion in Frage stellen und sich für ein Leben ohne diese Religion entscheiden. In jedem Fall ist der zu Erziehende dazu aufzufordern, sich ein eigenes Urteil zu bilden.
In Orientierung an Rousseau, Kant, Herbart, Humboldt und Schleiermacher würde Benner fordern, dass der einzelne Mensch die Würde seiner Mitmenschen beachten müsse und zugleich sich selbst als einmaliger Mensch entwickeln und bilden können müsse.
Ähnlich würden Heitger und Ladenthin argumentieren, die die Entwicklung der Fähigkeit und Bereitschaft zu ethisch qualifiziertem Werten aus eigener Einsicht als ein zentrales Ziel pädagogischen Handelns benennen.

Im Pocket Teacher ABI Pädagogik wird die pädagogische Perspektive im Sinne der Tradition Rousseaus, Kants, Herbarts, Humboldts und Schleiermachers bestimmt.
Das Menschenbild ist vor allem durch die Vorstellung der „Bildsamkeit“ geprägt. Jeder Mensch muss danach von Beginn seines Lebens an als „bildsam“ betrachtet werden, d. h., er ist durch Natur und Gesellschaft nicht auf einen bestimmten Lebensentwurf festgelegt. Deshalb ist Erziehung nötig und möglich. Das Ziel pädagogischen Handelns ist, dass Menschen lernen, sich in ein mündiges Verhältnis zu den natürlichen und gesellschaftlichen Grundbestimmungen ihres Daseins und den Anforderungen der gesellschaftlichen Praxen zu setzen. Ihr Lernen, ihre Entwicklung und ihre Sozialisation sind pädagogisch betrachtet unter dieser Perspektive zu interpretieren. Das gilt auch für alle pädagogischen Institutionen, die diesem Ziel primär verpflichtet bleiben müssen.
In diesem Sinne wird im Folgenden angestrebt, zwischen „richtiger“ und „falscher“ oder „guter“ und „problematischer“ Erzie-

hung zu unterscheiden. „Falsche" Erziehung ist danach dadurch gekennzeichnet, dass sie den Heranwachsenden auf Lebensentwürfe, -modelle, -wege verpflichtet, die andere für ihn bestimmen: zum Beispiel die Eltern oder gesellschaftliche Kräfte (Wirtschaft, Kirche etc.). Diese Erziehung nennt Benner „affirmativ": vorgegebene Verhältnisse und Wertvorstellungen bestätigend. Dagegen fordert „nicht-affirmative" Erziehung den Heranwachsenden zu Lernprozessen auf, in denen er mitwirken kann, sein Urteilsvermögen auszubilden, seine Werte selbstständig zu begründen, seine Lebensformen und -entwürfe selbst zu finden und seinen Lebensweg sachlich und ethisch qualifiziert selbst zu bestimmen. Daraus resultiert keineswegs eine Erziehung zur Willkürfreiheit für den zu Erziehenden, sondern eine ethisch begründete Freiheit, dass zu Erziehende lernen, das eigene Handeln wertend zu reflektieren und zu verantworten.

Dies kann nur unter bestimmten politischen und gesellschaftlichen Bedingungen gelingen, nämlich in offenen Gesellschaften (z. B. nach dem Vorbild der westlichen Demokratien).

Das diesem Bildungs- und Erziehungsverständnis zugrunde liegende Menschenbild geht auf die Vorstellung der europäischen Aufklärung zurück, die in den philosophischen, politischen und pädagogischen Entwürfen aus den Jahrzehnten vor und nach 1800 ihren Höhepunkt findet und in der griechischen Antike und christlichen Theologie und Philosophie ihre Wurzeln hat. Dieses Erziehungs- und Bildungsverständnis hat sich historisch entwickelt und kann insofern nicht als zeitlos gültig angesehen werden. Es ist immer wieder neu der kritischen Prüfung zu unterziehen und veränderbar, wenn sich dies als sinnvoll und konstruktiv erweisen sollte.

Aus dieser pädagogischen Perspektive wird in den folgenden Kapiteln auf verschiedene Bereiche geblickt, die pädagogisch bedeutsam sind. Drei dieser Bereiche (Lernen, Entwicklung, Entwicklungskrisen) beziehen sich auf die individuelle Seite von Erziehung und Bildung, zwei weitere (Politik und Gesellschaft, Institutionen) auf die gesellschaftliche Seite.

1.3 Pädagogik und Erziehungswissenschaft

Was ist Pädagogik, was ist Erziehungswissenschaft?

Die Begriffe „Pädagogik“ und „Erziehungswissenschaft“ werden im alltäglichen Sprachgebrauch nicht unterschieden. In den Schulen wird „Pädagogik“ unter dem Namen Pädagogik oder Sozialpädagogik, manchmal auch Sozialwesen, oder unter dem Namen Erziehungswissenschaft unterrichtet.
Wolfgang Brezinka hat mit Entschiedenheit dafür plädiert, den Begriff „Erziehungswissenschaft“ nur dann zu verwenden, wenn rationale und empirisch überprüfbare Aussagen über Erziehung gemacht würden. Insofern müsse sich Erziehungswissenschaft darauf beschränken, die erzieherische Wirklichkeit nach dem Vorbild der Naturwissenschaften zu erkennen und zu beschreiben. Brezinka verfolgt so das Anliegen, Erziehungswissenschaft von ideologischen oder auch irrationalen Annahmen zu befreien. Brezinka erkennt an, dass pädagogisches Handeln nicht allein aus empirischen Forschungsresultaten abgeleitet werden kann, sondern dass auch philosophisch sowie praxisbezogen über Erziehung nachgedacht werden muss. Er will aber philosophisches oder praxisbezogenes Nachdenken über Erziehung nicht als „Wissenschaft“ anerkennen. (Vgl. Prange, S. 202 ff.)

Wissenschaftliche Theorien der Erziehung	Philosophische Theorien der Erziehung	Praktische Theorien der Erziehung
= Erziehungswissenschaft	= Philosophie der Erziehung	= Praktische Pädagogik

Empirische Erziehungswissenschaft

Nach Brezinka ist Aufgabe der (empirischen) Erziehungswissenschaft, möglichst objektives, zweckfreies Sachwissen über die Erziehungswirklichkeit bereitzustellen. Dabei versucht man, u. a. Fragen wie diese zu beantworten:

- Welche Wirkungen werden durch welche Erziehungsmittel oder Erziehungsstile erzielt?
- Wie wirken Einflüsse der audiovisuellen Massenmedien auf Kinder?
- In welchen Wechselwirkungen stehen sie mit den Absichten der Erzieher?

Die Bestimmung von pädagogischen Zielen ist damit nicht Aufgabe der Erziehungswissenschaft, sondern der Philosophie der Erziehung und der Praktischen Pädagogik. Diese hat die Aufgabe, in konkreten Situationen pädagogische und politische Praktiker zu beraten, indem sie Wertungen vornimmt und Handlungsmöglichkeiten vorschlägt. Aber das ist keine Wissenschaft im Sinne Brezinkas. Sein Vorschlag, drei Theorien der Erziehung zu unterscheiden, lässt also durchaus zu, Erziehungsziele zu finden und zu begründen. Die Erziehungswissenschaft übernimmt dabei eine bestimmte, eingeschränkte Aufgabe: Sie soll objektives Sachwissen über die Erziehungswirklichkeit bereitstellen, das bei der Bestimmung von Zielen zu berücksichtigen ist.
Sollen Theorien (z.B. die Annahme, dass Begabung hauptsächlich genetisch bedingt ist) pädagogisch legitime Handlungsorientierungen ermöglichen, so lassen sich in einer pädagogischen Perspektive empirische, philosophische und praktische Theorien zur Erziehung nicht trennen, sondern müssen immer wieder neu kritisch aufeinander bezogen werden. Wie empirische Fakten gedeutet werden, hängt immer auch davon ab, mit welcher Fragestellung oder mit welchem Interesse empirische Daten erforscht werden.
Umgekehrt müssen philosophische Aussagen zur Erziehung vor dem Hintergrund erzieherischer Fakten befragt werden. Nach Benner ist „empirische Pädagogik" nur dann kritische Pädagogik, wenn sie pädagogische Aussagen nicht nur versucht zu untermauern, sondern auch untersucht, ob sie sich in der erzieherischen Wirklichkeit möglicherweise nicht bestätigen lassen. (Vgl. Benner 2005, 311).

BEISPIEL Die Zwillingsforschung konnte nachweisen, dass eineiige Zwillinge, die kurz nach der Geburt getrennt wurden und unter unterschiedlichen sozialen und kulturellen Bedingungen aufwuchsen, dennoch ähnliche intellektuelle Fähigkeiten aufwiesen. Insofern muss die Pädagogik die Tatsache anerkennen, dass genetische Voraussetzungen einen gewichtigen Einfluss auf die Lern- und Entwicklungsmöglichkeiten von Menschen haben.

Das Beispiel zeigt Problematik und Grenzen von Brezinkas erfahrungswissenschaftlicher Konzeption der Erziehungswissenschaft auf. Diese wird zur Erziehungstechnologie. Sie beschäftigt sich damit, mit welchen Mitteln unter bestimmten Bedingungen am wirkungsvollsten bestimmte Ziele verfolgt werden können. Ob ein bestimmtes Ziel pädagogisch wertvoller als ein anderes ist, kann erziehungswissenschaftlich nicht entschieden werden. Die Diskussion darüber wird der „Erziehungsphilosophie" zugesprochen, die aber nicht als Wissenschaft gilt. Die Entscheidungen fällen außerpädagogische Instanzen: z. B. politische, wirtschaftliche oder religiöse Mächte. Problematisch ist vor allem, dass eine Erziehungstechnologie keinesfalls wertfrei ist. Der verschwiegene Wert, der ihr zugrunde liegt, ist „Effektivität" im Sinne möglichst hoher Wirksamkeit bestimmter Mittel für ein gesetztes Ziel. Ein an Effizienz ausgerichtetes Handeln steht in der Gefahr, nur noch eine „kausalmechanische Einwirkung" zu sein, welche zwar folgenreich sein könnte, aber die Grundsätze der Bildsamkeit und Aufforderung zur Selbsttätigkeit übergehen würde. Diese Grundsätze verlangen, den Adressaten pädagogischer Einwirkungen darin zu unterstützen, immer selbstständiger und schließlich mündig mit den an ihn gerichteten Anforderungen umzugehen.

Geisteswissenschaftliche Pädagogik

Pädagogisches Denken und Handeln ist immer in eine komplexe, geschichtlich bedingte gesellschaftliche und kulturelle Wirklichkeit eingebunden. Die im letzten Jahrhundert in Deutschland lange vorherrschende Richtung der „Geisteswissenschaftlichen Pädagogik" verfolgte das Ziel, die Komplexität der Erziehungswirklichkeit zu erforschen. Die Wissenschaft stellte sich damit in den Dienst der vorwissenschaftlichen Praxis. Sie klärte die pädagogische Praxis über sich selbst auf, um Verbesserungen anzustoßen. „Wirklichkeit" wurde primär als „geistige Wirklichkeit" verstanden, wie sie sich in Dokumenten und Quellen von Pädagogen oder pädagogischen Institutionen zeigte. Ihr „Geist" sollte verstanden werden. Wissenschaftlich war damit ein Gegenprogramm zu den Naturwissenschaften und den von ihr geprägten Wissenschaftsauffassungen in der Pädagogik entworfen. Diese wollen allgemeine Gesetzmäßigkeiten erforschen und technologisch nutzen, das belegt z. B. Brezinkas Ansatz. Die Geisteswissenschaften dagegen wissen, dass soziale Wirklichkeit und menschliche Äußerungen immer geschichtlich, vorläufig und veränderbar sind. Auch der Wissenschaftler ist in solche Zusammenhänge eingebunden und kann sich niemals vollständig aus ihnen lösen. Seine Arbeit macht einiges von dem bewusst, was in der Erziehungswirklichkeit vorausgesetzt ist und geschieht. Mit dem Praktiker zusammen steht er in der Verantwortung für das Gelingen der Erziehungspraxis.

Die Vertreter der geisteswissenschaftlichen Pädagogik stehen in der Tradition von Kant, Humboldt, Herbart und Schleiermacher. Sie gehen davon aus, dass sich der pädagogische Grundgedanke der Bildung als Selbstbestimmung in der geschichtlichen Erfahrung bewährt habe. Pädagogen seien deshalb immer auch Anwälte der Kinder und Jugendlichen, die diesen Anspruch gegen die Interessen der gesellschaftlichen Mächte zu verteidigen hätten. Dieser Anspruch drückt sich im Begriff „relativer Autonomie des Pädagogischen" aus.

Ideologiekritische Pädagogik

Wissenschaftliche, empirische Erkenntnisse können von vielen Interessengruppen für ihre Zwecke genutzt werden. So ging es in den fünfziger Jahren bei dem genetischen Begabungsbegriff darum, bestehende gesellschaftliche Verhältnisse und Schulstrukturen zu rechtfertigen. Die Sortierung der Schülerinnen und Schüler nach Schulformen, die ihren angeblich angeborenen Begabungen entsprechen, diente vor allem dem Wunsch der mittleren und oberen sozialen Schichten, ihre gehobene gesellschaftliche Stellung auch für ihre Kinder fortzuschreiben, und zwar in Abgrenzung von Kindern unterer Schichten.

In den sechziger Jahren setzte sich immer mehr die Einsicht durch, dass die Erziehungswissenschaft solche Interessenlagen nicht einfach als gegeben hinnehmen sollte. Die hinter der Nutzung der wissenschaftlichen Ergebnisse stehenden Interessen mussten aufgedeckt und kritisiert werden. Dazu genügte es nicht, ausschließlich den „Geist“ von schriftlichen Dokumenten der pädagogisch und bildungspolitisch Handelnden zu verstehen. Die Erkenntnisse der empirisch verfahrenden Sozialforschung mussten herangezogen werden. Sie zeigten z. B. auf, dass Bildungschancen unter den bestehenden Bedingungen hochgradig ungleich verteilt waren. Benachteiligt waren in den sechziger Jahren vor allem Kinder von Arbeitern und Mädchen und Kinder, die auf dem Lande lebten. Darüber hinaus zeigte sich, dass auch die Religionszugehörigkeit eine Rolle spielte. Katholiken erreichten damals deutlich seltener hohe Bildungsabschlüsse als Protestanten.

Wolfgang Klafki (geb. 1927) ist einer der Pädagogen, der die Erziehungswissenschaft aus solchen Einsichten weiter entwickelte. In der Tradition Kants, Herbarts und Humboldts strebt Klafki eine Erziehung und Bildung zu „Freiheit“, „Mündigkeit“ oder auch „Originalität“ an. Er erweitert die pädagogische Perspektive, indem er gesellschaftliche Voraussetzungen und Bedingungen innerhalb einer pädagogischen Reflexion und Orientierung kritisch berücksichtigt. Vor diesem Hintergrund würde Klafki auch empirisches Faktenwissen bedenken und bewerten wollen. Er bedarf dieses Faktenwissens, um die Realität der Erziehungsbedingungen und Erziehungsmöglichkeiten einschätzen zu können.

Narrative Pädagogik

Wenn Brezinka neben der Erziehungswissenschaft und der „Philosophie der Erziehung“ auch die „Praktische Pädagogik“ als Bestandteil eines pädagogischen Theoriegebäudes für unverzichtbar hält, so macht er damit bewusst, dass allein pädagogisch-philosophisches Nachdenken und empirisches Faktenwissen nicht ausreichen, um der pädagogischen Wirklichkeit gerecht zu werden.

Ratschläge und Vorschläge für die pädagogische Praxis lassen sich nicht einfach aus „erziehungswissenschaftlichen“ und „erziehungsphilosophischen“ Überlegungen ableiten, sondern müssen der tatsächlichen Alltagspraxis gerecht werden.

Die „Narrative Pädagogik“ stellt einen möglichen Weg dar, die Praxis der Erziehung in ihrer ganzen Komplexität zu berücksichtigen. In der Narrativen Pädagogik werden konkrete pädagogische Erfahrungen erzählt und es wird reflektiert, wie diese konkreten Erfahrungen Einfluss auf das eigene pädagogische Denken und Werten nehmen.

Ein besonderer Vertreter einer „Narrativen Pädagogik“ ist Janusz Korczak. Korczaks Erzählungen über seine Erfahrungen in den „Sommerkolonien“ sind ein eindrucksvolles Beispiel für eine „Narrative Pädagogik“. Korczak geht zuerst von pädagogischen Überzeugungen aus, die allein auf theoretischen Überlegungen beruhen. Der praktische Pädagoge Korczak muss schon bei Antritt einer Ferienfreizeit erkennen, dass ohne gezielte Planung und Vorbereitung organisatorische wie pädagogische Schwierigkeiten entstehen:

> *„Bei einem Minimum an Erfahrung hätte man voraussehen müssen, dass sich die Kinder ohne vorherige Anweisung wild auf die Wagen stürzen, dass sie behände und unternehmenslustig die vordersten Plätze einnehmen und dass sie in ihrer Zerfahrenheit die Kleiderbeutel und ihre unglückseligen Zahnbürsten verlieren würden, dass man sie anders setzen müsste und dass ein lärmendes Durcheinander die Szene beherrschen würde.“ (Korczak 1983, 239)*

Indes konstatiert der erzählende Pädagoge Korczak nicht einfach die aufgetretenen Schwierigkeiten, er reflektiert auch die Frage nach ihren Ursachen und bedenkt Möglichkeiten, solche Probleme zu vermeiden. So kann Korczak auch frei von einer gravierenden pädagogischen Niederlage erzählen, nachdem er den Kindern immer wieder Freiheiten zugestehen wollte und Unordnung dafür in Kauf genommen hatte. Er berichtet von einer Nacht im Schlafsaal, in der viele Jungen pfiffen, krähten und muhten. Sie veranstalteten eine regelrechte „Katzenmusik", offenbar enttäuscht vom Verhalten Korczaks am Tage. Er enttäuschte die Hoffnungen der Ehrgeizigen und geringschätzte ihre Hilfsbereitschaft. Aufgebracht von dem Lärm und ohne Begreifen seiner Ursache griff Korczak wahllos einen Schüler an den Ohren heraus und verprügelte ihn.
Am Folgetag redete Korczak mit den Kindern, gestand seine eigene Schuld offen ein, erklärte aber auch, dass sein falsches Verhalten daraus resultiert sei, dass er absichtlich in Wut habe gebracht werden sollen. Jeder könne sich bessern, er wolle dabei helfen, aber auch ihm müsse geholfen werden. Korczak konnte sich bewusst machen, dass er jetzt nicht mehr „zu", sondern „mit" den Kindern sprach. Tatsächlich redeten jetzt die Kinder mit ihm und bezogen offen zu seinen Worten Stellung. Korczak lernte, die Kinder ernst zu nehmen, statt eigenen (theoretischen) idealen Vorstellungen folgen zu wollen. Dies begriff er auch, als er aufgrund eigener pädagogischer Überzeugung darauf verzichten wollte, den Kindern für ihr Verhalten Ziffernnoten zu geben:

> *„‚Wenn ich meinem Vater nicht schreibe, dass ich eine Fünf [= beste Note] habe, dann denkt er noch, dass ich mich schlecht betrage.' ‚Bei den anderen Erziehern ist ein Lümmel, der hat wenigstens eine Drei, und ich bin artig und habe gar nichts.' ‚Wenn ich etwas Böses tue und Sie geben mir eine Note, dann weiß ich, dass es vorbei ist.' ‚Wenn es keine Noten gibt, dann will man irgendwie nicht gehorchen.' Ich gab nach: jedes bestimmte selbst die Note, die es verdiente, einige äußerten verdrossen: ich weiß es selbst nicht."* (Korczak 1983, 253f.)

Indem Korczak die Kinder ernst nimmt, betrachtet er die eigenen theoretischen pädagogischen Ideale in neuer Perspektive. Er akzeptiert beispielsweise, dass Kinder bewertet werden wollen, verzichtet aber darauf, dass er allein eine Bewertung des Charakters des Kindes vornimmt, sondern lässt die Kinder selbst mitreden.

Pädagogische Wissensformen und ihre Wechselwirkung

Narrative (= erzählende) Pädagogik ist subjektive Pädagogik, die sich auf bestimmte Situationen und Einzelfälle bezieht. Genau dadurch kann sie der Tatsache gerecht werden, dass in pädagogischen Prozessen das Denken, Fühlen, Handeln, Lernen von menschlichen „Subjekten" im Vordergrund stehen. Insofern bleiben Fallberichte, Biographien, Erzählungen aus der Praxis oder auch literarische Geschichten für pädagogisches Nachdenken unverzichtbar. Narrative Pädagogik bildet ein Gegengewicht gegen die verallgemeinernde, vom Einzelfall absehende Tendenz der empirischen und hermeneutisch-kritischen Pädagogik. Narrative Pädagogik ist aber immer auch reflektierte Pädagogik. Es werden nicht einfach beliebig Erlebnisse im Kontext von Bildung und Erziehung erzählt, vielmehr werden diese Erlebnisse oft in einer pädagogischen Perspektive gedeutet. Daraus wiederum werden pädagogische Folgerungen gezogen.
Heute besteht in der Erziehungswissenschaft eine weitgehende Übereinstimmung darüber, dass eine Einheitswissenschaft weder möglich noch sinnvoll ist, sondern nach unterschiedlichen wissenschaftstheoretischen Ansätzen Forschung betrieben werden soll.

Empirische Pädagogik	Hermeneutisch-kritische Pädagogik	Narrative Pädagogik

Die **empirische Erziehungswissenschaft** erforscht Zusammenhänge, die zwischen Zielen und Formen pädagogischen Han-

delns bestehen. Sie untersucht, wie diese in bestimmten Institutionen wie Familie oder Schule und in verschiedenen gesellschaftlichen Zusammenhängen zusammenwirken.
Die **hermeneutisch-kritische Erziehungswissenschaft** wendet sich der Analyse und Interpretation der geschichtlichen Entwicklung des pädagogischen Denkens und Handelns zu. Sie zeichnet nach, welche Wechselwirkungen zwischen dem pädagogischen Praxisbereich und anderen Bereichen menschlicher Praxis in verschiedenen Gesellschaften und Kulturen bestanden und bestehen. Dabei arbeitet sie auch heraus, welche Interessen eine Rolle spielen. Dies kann in einer Kritik vergangener oder gegenwärtiger Verhältnisse münden. So kann aufgedeckt werden, wie bestimmte gesellschaftliche Gruppen ihre Privilegien mithilfe von Ideologien verteidigen.
Eine **narrative Pädagogik** stellt subjektive Sichtweisen von Erziehung und Bildung bereit. Während die anderen Wissensformen mehr oder weniger verallgemeinernde Aussagesysteme entwickeln, geht es darum, dazu gegenläufig möglichst konkret Situationen, Fälle, Geschichten oder Biographien darzubieten.
Die Wissensformen der Erziehungswissenschaft können insofern einander ergänzen, relativieren und kritisieren.
Erziehungswissenschaft ist auf Wissen aus anderen Wissenschaften angewiesen (Psychologie, Biologie, Sozialwissenschaften usw.). Die Aufklärung, die solches wissenschaftliche Wissen bietet, wird pädagogisch genutzt. Dazu wird es im Sinne der konstitutiven (Bildsamkeit, Aufforderung zur Selbsttätigkeit) und der regulativen Prinzipien handlungstheoretisch interpretiert. Wie das in den verschiedenen Themenfeldern des Lernens, der Entwicklung, der Institutionen und der gesellschaftlichen Bedingungen geschieht, wird in den folgenden Kapiteln gezeigt.

Pädagogik ist nicht dem Staat oder irgendeiner Institution oder Ideologie verpflichtet, sondern primär der Bildsamkeit und Mündigkeit der zu erziehenden Kinder, Jugendlichen oder erwachsenen Menschen. Darin ist der besondere Wert dieser Wissenschaft begründet.

Lernen aus pädagogischer Perspektive

2.1 Die pädagogische Perspektive auf das Lernen

Der Begriff „Lernen" wird meist in einer Definition gebraucht, die aus der Psychologie stammt.

> Lernen bezeichnet den Prozess, durch den Verhalten aufgrund von Interaktionen mit der Umwelt oder Reaktionen auf eine Situation dauerhaft entsteht oder verändert wird. Dabei ist auszuschließen, dass diese Änderungen durch angeborene Reaktionsweisen, Reifungsvorgänge oder vorübergehende Zustände des Organismus (z. B. Ermüdung, Rausch) bedingt sind. (Vgl. Skowronek, 11).

Nach dieser Definition ist „Lernen" wie folgt gekennzeichnet:

1. Lernen meint eine Verhaltensänderung. Dies kann sich auf sehr unterschiedliche Arten von Verhalten beziehen: auf motorisches Verhalten (Fahrrad fahren), auf emotionales Verhalten (Angst vor dem Fahrrad fahren nach einem Sturz), auf kognitives Verhalten (Kenntnis der Verkehrsregeln).

2. Die Verhaltensänderung geschieht in Auseinandersetzung mit der Umwelt bzw. als Reaktion auf die Umwelt. Änderungen des Verhaltens durch hormonell bedingte Entwicklungen (Pubertät) oder angeborene physische Reflexe (Schließen der Augen bei Lichteinfall) werden nicht als Lernen bezeichnet.

3. Die Verhaltensänderungen treten dauerhaft auf. Ohne Zweifel ändern Menschen ihr Verhalten, wenn sie viel Alkohol getrunken haben. Dies wird aber nicht als Lernen bezeichnet.

4. Verhalten kann man beobachten. Die mit dem Verhalten verbundenen psychischen Vorgänge sind dagegen nicht direkt zugänglich. Auf sie kann nur über das Verhalten zurückgeschlossen werden. Es kommt vor, dass jemand etwas gelernt hat, ohne dies zeigen zu wollen oder zu können (z. B. Angst in Prüfungssituationen).

5. In der psychologischen Definition wird Lernen sowohl als Prozess, der sich in bestimmten Verhaltensweisen zeigt, als auch als Produkt gesehen. Wenn Verhalten sich ändert, gibt es einen Ausgangszustand und einen veränderten Endzustand, der wiederum zum Ausgangszustand von neuen Lernprozessen wird.

Prüft man diesen Lernbegriff aus pädagogischer Perspektive, zeigt sich, dass Lernen für pädagogisches Handeln eine notwendige Voraussetzung ist. Die anthropologische Tatsache, dass der Mensch ein lernfähiges Wesen ist, das nicht vollständig durch biologische Programmierungen determiniert ist, macht pädagogisches Handeln erst möglich. Damit ist ein Unterschied zum weiten psychologischen Verständnis von Lernen markiert. In der Pädagogik treten die Veränderungen in den Blickpunkt, die gezielt in Gang gebracht werden sollen. Die pädagogische Interaktion will zur Weiterentwicklung der psychischen Zustände und des Verhaltens auffordern. Die Lerntätigkeit kann und soll aber nicht erzwungen werden – sie muss vom Adressaten der pädagogischen Einwirkung selbst vorgenommen werden. Erziehen ist Auffordern zur Selbsttätigkeit (vgl. Kap. 1.2). Lernen muss selbst vorgenommen werden – wie das Essen. Die Speisen können noch so schmackhaft angerichtet und verlockend präsentiert werden: Essen kann nur jeder selbst. Im Hinblick auf das Lernen spricht man auch von einer „pädagogischen Differenz“ zwischen erzieherischer Aktion und Rezeption des Lernenden.

Lernen ist also eine grundlegende „Betriebsvoraussetzung“ für die Pädagogik. Im Vergleich zum psychologischen Lernbegriff zeigt sich ein wichtiger Unterschied: Pädagogisches Handeln zielt nicht auf jede beliebige Veränderung von psychischen Zuständen, Dispositionen und Verhalten. Die pädagogische Grundvoraussetzung der „Bildsamkeit" (Rousseau, Herbart, Benner) beinhaltet mehr als die unbestimmte Lernfähigkeit des Menschen. Sie umfasst die Vorstellung, dass es dem Menschen aufgegeben ist, sich selbst zu bestimmen. Aufgabe pädagogischen Handelns ist es, die Heranwachsenden dabei zu unterstützen, dass dies mit Vernunft geschieht. Der Anspruch von „Bildung" bedeutet vor allem: Der Mensch bestimmt sich in mündiger Auseinandersetzung mit sachlichen und moralischen Ansprüchen selbst. Er lernt, sich seines Verstandes ohne Anleitung von außen zu bedienen. Um dieses zu erreichen, wird der Heranwachsende dazu aufgefordert, vernünftig argumentierend mit den Geltungsansprüchen umzugehen, mit denen er konfrontiert wird. Geltungsansprüche werden zum Einen im Hinblick auf die Klärung der Sachen gestellt: So ist es! Das ist wahr! Zum Anderen geht es um den Umgang mit ihnen: So sollten sie genutzt werden! Darum sind sie so wertvoll! Nicht jede Änderung von Verhalten, nicht jedes „Lernen" steht also im Fokus der Pädagogik.

2.2 Neurowissenschaftliche Erkenntnisse über das Lernen

Die wissenschaftliche Erforschung des Gehirns hat in den letzten Jahrzehnten enorme Fortschritte gemacht. Das hängt auch damit zusammen, dass man mithilfe bildgebender Verfahren immer präziser nachvollziehen kann, welche Teile des Gehirns bei bestimmten mentalen Operationen aktiviert werden. Obwohl viele Fragen zurzeit (noch) nicht beantwortet werden können, hat die Hirnforschung in der Pädagogik erheblichen Einfluss gewonnen. Wenn pädagogische Konsequenzen aus den neurowissenschaftlichen Forschungen gezogen werden, spricht man z. B. von „gehirngerechtem Lernen" oder „Neurodidaktik".

Das Gehirn von Erwachsenen wiegt etwa 1,4 kg und enthält mehr als 100 Milliarden Gehirnzellen (Neuronen). Die Zellen bestehen aus dem Zellkern und Zellkörper. Die faserartigen Zellfortsätze (Dendriten) und der dünne Fortsatz des Zellkörpers (Axon) haben die Aufgabe, elektrische Nervenimpulse vom Zellkörper aus weiterzuleiten. Über die sich am Ende baumartig verzweigenden Dendriten werden die Verbindungen zu anderen Nervenzellen hergestellt. Dies geschieht mithilfe der Synapsen, der Endköpfchen der Dendriten. Kommt nun ein elektrischer Nervenimpuls über ein Axon und einen Dendriten bei der Synapse an, überbrückt diese mit chemischen Botenstoffen (Neurotransmittern) den Spalt zu einer anderen Synapse.

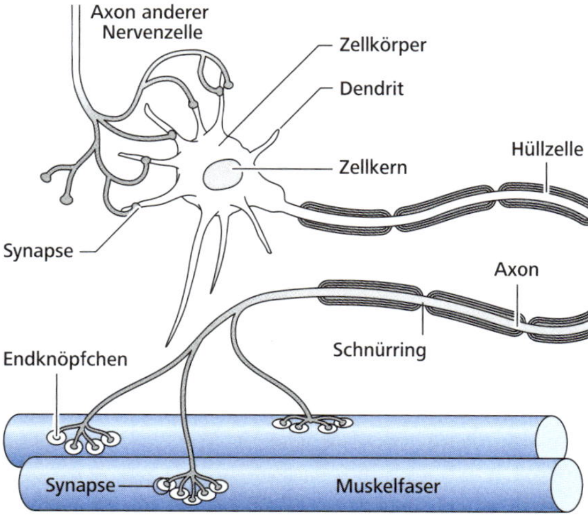

Bau der Nervenzelle

Bei den verschiedenen Operationen des Gehirns (mathematisches Problem lösen, Vokabeln lernen) werden auf diese Weise Millionen von Zellen gleichzeitig aktiviert, sodass sogenannte neuronale Netze entstehen. Die synaptische Verbindung zwischen Neuronen wird umso stärker, je häufiger sie gemeinsam in Aktion sind. Dieses Netzwerk von Neuronenverbindungen kann leichter und schneller aufgerufen werden. Man kann z. B. bei Musikern, die intensiv und jahrelang mit ihrem Instrument üben, nachweisen, dass sich die aktivierten Bereiche in der Hirnrinde charakteristisch vergrößern. Inzwischen ist es möglich, für viele Lernfunktionen die zuständigen Hirnregionen zu identifizieren. Für motorisches Lernen gilt, dass sich die Lerneffekte im Gehirn umso stärker verankern, je früher mit der Übung begonnen wird. Ob sich das bei kognitiven Leistungen ebenso verhält, ist nicht sicher. Die physische Entsprechung von „Erinnerung“ ist ein neuronales Netz, das beim Erlernen aktiviert wurde und bei jedem Erinnerungsvorgang reaktiviert wird. In sogenannten sensiblen Phasen in der Kindheit ist das Gehirn für bestimmte, vor allem motorische Lernprozesse besonders offen. Eine fehlende Aktivierung in diesem Zeitraum hat negative Folgen, die nie mehr vollständig aufgeholt werden können. Für höhere kognitive Leistungen sind solche Phasen bislang nicht nachgewiesen worden. Auch im Erwachsenenalter kann das Gehirn noch durch Übungen stimuliert werden, sodass sich die entsprechenden Areale vergrößern.

Das Gehirn bildet zusammen mit dem Rückenmark das zentrale Nervensystem. Es hat die Aufgabe, die Interaktion des Organismus mit der Umwelt zu organisieren und die biologischen Funktionen im Körper zu regeln.Das Gehirn ist in verschiedene Regionen aufgeteilt. Es gibt das Großhirn, das Sitz von Bewusstsein und Persönlichkeit ist. Am äußeren Rand liegt die *Großhirnrinde* (Cortex), in der die höheren Denkleistungen, das Sprechen, Lernen, Speichern und Abrufen von Informationen stattfinden.Entwicklungsgeschichtlich älter ist das *Limbische System*. Hier werden Motivationen, Emotionen und Triebe in Interaktion mit anderen Hirnregionen gesteuert.
Im *Zwischenhirn* laufen Informationen der Sinnesorgane zusammen und Hormon- und Nervensystem werden koordiniert. Es

ist das Schaltzentrum zwischen Großhirn und Sinnesorgan.
Das *Kleinhirn* ist für das Gleichgewicht und die Koordination der Bewegungen zuständig.
Der innen liegende *Hirnstamm* steuert als ältester Teil des Gehirns die elementaren Reflexe (Schlucken, Husten) und unbewusste Vorgänge (Atmen, Schlafen).

Das für das Lernen wichtige Großhirn ist in zwei Hälften (Hemisphären) unterteilt. Die Mehrzahl der Gehirnfunktionen ist symmetrisch auf beide Hälften verteilt. In der linken Hemisphäre finden überwiegend kognitive Operationen (Schreiben, analytisches Denken, Rechnen) statt. Der rechten Hirnhälfte werden eher musische, bildhafte und Denken und Fühlen umfassende Funktionen zugeschrieben.
Während man lange von einem starren Gegensatz bei den Aufgaben und Verarbeitungsweisen ausging, hat sich unterdessen die Auffassung durchgesetzt, dass die Hirnhälften zwar unterschiedliche Methoden der Informationsverarbeitung bevorzugen, dies aber eher Schwerpunkte oder vorrangige Vorgehensweisen sind. Bei Verletzungen des Gehirns, die die Funktionsweise einer Hirnhälfte betreffen, kann beispielsweise die jeweils andere Hirnhälfte deren Aufgaben in einem ge-wissen Umfang mit übernehmen.

Das so organisierte Gehirn arbeitet mit verschiedenen Arten von Gedächtnis. Zeitlich eingeteilt unterscheidet man drei Arten von Gedächtnis:

- Das Ultrakurzzeitgedächtnis behält Wahrnehmungen wenige Sekunden und speichert sie nicht ab, weil sie nicht mehr benötigt werden (z. B. schnell wechselnde Situationen beim Autofahren).
- Das Kurzzeitgedächtnis hält Informationen einige Zeit aufrufbereit präsent, sodass sie weiter verarbeitet werden können.
- Das Langzeitgedächtnis speichert Informationen dauerhaft ab.

Eine andere Art von Gedächtnis findet man in der Unterscheidung von deklarativen (expliziten) und nicht-deklarativen (impliziten) Gedächtnisarten. Die Inhalte des deklarativen Gedächtnisses sind bewusst zugänglich und können verbalisiert (sprachlich wiedergegeben) werden. Es gibt als Unterformen das episodische (oder biographische) Gedächtnis, das Wissen über das eigene Leben beinhaltet, und das semantische Gedächtnis, in dem Faktenwissen geordnet und gespeichert wird. Im Unterschied zu diesen expliziten Gedächtnisarten ist das implizite, prozedurale Gedächtnis für erlernte motorische und mechanische Fähigkeiten zuständig (z. B. Fahrrad fahren).

Die Neurowissenschaften machen einige pädagogisch bedeutsame Aussagen über das Lernen:

- Kinder sollten früh und vielseitig gefördert werden.
- Wissen und Können werden durch häufig vorgenommene Aktivierung von neuronalen Netzen immer besser verankert. Deshalb sind Wiederholungen von Gelerntem in neuen Kontexten und unter verschiedenen Perspektiven notwendig.
- Erinnern als Wieder-Aktivieren des neuronalen Netzwerks, das beim Neu-Erwerb des Wissens und Könnens aktiv war, ist ein Wieder-Lernen. Das ursprüngliche Netzwerk kann verändert werden, wenn in der Erinnerungssituation neue Informationen mitaktiviert werden.
- Beim Erlernen von neuem Wissen wird nicht nur der kognitive Anteil in der Situation aktiviert, sondern es werden auch die beteiligten Emotionen und situativen Begleitumstände aufgerufen.
- Je weniger diese Umstände mit Angst belegt sind, je angstfreier gelernt werden kann, desto besser und effektiver wird gelernt. Lernen soll Freude machen.
- Nützlich ist auch, möglichst viele Eingangskanäle (Sehen, Hören …) zu benutzen.
- Neu Gelerntes wird besser behalten, wenn nach dem Erwerb schnell wiederholt und geübt wird.

- Neue Informationen und Strukturen werden an bekannte ähnliche angeschlossen. Bei dem Erwerb neuer Informationen sollte deshalb das korrespondierende Vorwissen bewusst aktiviert und für die Verarbeitung genutzt werden.
- Gelerntes wird besser behalten und erinnert, wenn es möglichst vielfältig mit vorhandenem Wissen verknüpft wird. Bezüge zu den alltagsweltlichen Erfahrungen sind hilfreich.
- Zu vermeiden sind „Interferenzen": Zusatzwahrnehmungen ähnlichen Inhalts, die sich mit den zuerst aufgenommenen Informationen vermischen können.
- Wenn neues Wissen erworben wird, wird das vorhandene Vorwissen umstrukturiert.
- Hilfreich sind strukturierende Informationen zur Bedeutung und Ordnung des neuen Wissens.
- Wichtig sind Motivationen, Emotionen und Sinnzuschreibungen. Je intensiver der Bezug zum Gelernten ist, je tiefer es als sinnvoll wahrgenommen wird, desto besser wird es verarbeitet, behalten und genutzt.

Aus erziehungs- und bildungstheoretischer Sicht kann man festhalten, dass die Neurowissenschaften für das Lernen wertvolle Erkenntnisse bereitstellen. Diese unterstützen vor allem die Effektivität des Verarbeitens, Behaltens und Abrufens von Informationen. Sie geben Hinweise darauf, wie Wissen und Können schneller erworben, fester im Gedächtnis verankert und wirkungsvoller abgerufen werden können. Keine Aussagen können die Neurowissenschaften bislang zu dem pädagogischen Kernbereich machen. Wie ein mündiges und vernünftiges Selbst- und Weltverhältnis entwickelt wird, entzieht sich (noch?) ihrem Zugriff. Aus pädagogischer Sicht wird auch die Gefahr herauszustellen sein, dass die neurowissenschaftliche Betrachtung des Lernens den Menschen zu einem computerähnlichen Maschinenwesen degradiert, das programmiert werden kann, wenn man die Techniken der menschlichen Informationsverarbeitung kennt und nutzt.

2.3 Psychologische Lerntheorien

Psychologische Theorien des Lernens üben seit langer Zeit einen dominierenden Einfluss in der Pädagogik aus. Dies hängt auch damit zusammen, dass die Psychologie in zahlreichen Experimenten Wissen über Lernen erwerben konnte. In der Tat liefern die Erkenntnisse der Psychologie für die Pädagogik wichtige Einsichten. Sie können aber den pädagogischen Zugriff auf Lernen nicht ersetzen. Im Folgenden werden vier psychologische Lerntheorien, die eine bedeutende Rolle auch für pädagogisches Denken und Handeln spielen, vorgestellt und aus pädagogischer Sicht beurteilt.

Das klassische Konditionieren

Das „klassische Konditionieren" (auch „Signallernen") wird zu den Assoziationstheorien gezählt. Assoziation meint die Verbindung oder Verknüpfung von Bewusstseinsinhalten. Bekannt geworden ist vor allem ein Experiment des russischen Mediziners und Physiologen Iwan Petrowitsch Pawlow (1849–1936), das zu Beginn des letzten Jahrhunderts durchgeführt wurde. Ausgangspunkt war die Beobachtung, dass bei Tieren der Speichelfluss schon einsetzt, wenn sie das Futter sehen, und nicht erst mit dem Fressvorgang. Pawlow ließ zunächst auf einen Hund einen Klingelton einwirken, ohne dass eine Reaktion des Tieres erfolgte (z. B. erhöhter Speichelfluss). Im zweiten Schritt wurde dem Hund kurz nach dem Klingelton Nahrung gereicht. Wenn danach das Klingelzeichen ertönte, reagierte der Hund sofort mit erhöhtem Speichelfluss, auch wenn er die Nahrung nicht sah oder erhielt. Der ursprünglich neutrale Reiz (Klingelton) hatte sich in einen „bedingten Reiz" gewandelt, weil der Hund zwei zuvor nicht miteinander in Verbindung stehende Reize (Klingelton und Nahrung) assoziierte.
Der amerikanische Psychologe John B. Watson (1878–1958) und seine Mitarbeiter ließen sich von den Versuchen Pawlows anre-

gen, experimentierten aber mit Menschen. In einem Versuch wurden dem 9 Monate alten Albert, einem freundlichen, nicht ängstlichen Kind, verschiedene Tiere (z. B. eine weiße Ratte) zum Spielen dargeboten. Er zeigte ausschließlich positive Reaktionen. In der nächsten Phase des Experiments ertönte immer dann ein lautes, aggressives, unangenehmes Geräusch (Hammerschlag), wenn der Junge das Tier berührte. Die Reaktion ist leicht vorhersehbar: Das Kind wandte sich ab, schrie und weinte. In der Folge zeigte es diese Reaktion schon dann, wenn es die Ratte nur sah.
Das klassische Konditionieren lässt sich in folgendem Schema veranschaulichen:

Neutraler Reiz → (Ratte)	Neutrale Reaktion (Streicheln, Spielen)
Unkonditionierter Reiz → (aggressives Geräusch)	Unkonditionierte Reaktion (Angst: Weinen, Schreien, Ausweichen)
Neutraler Reiz + Unkonditionierter Reiz → (mehrfache Darbietung)	Unkonditionierte Reaktion (Angst: Weinen, Schreien, Ausweichen)
Konditionierter Reiz → (Ratte)	Konditionierte Reaktion (gelernte Angst: Weinen, Schreien, Ausweichen)

Die entscheidende Veränderung ist: Der neutrale Reiz wird zum konditionierten Reiz. Konditioniert heißt hier: bedingt, erlernt, durch Erfahrung gezielt herbeigeführt. Im Unterschied dazu ist der unkonditionierte Reiz „unbedingt“, d. h. biologisch vorprogrammiert. In gefährlichen Situationen reagiert der Organismus, um sich zu schützen, mit Angst, Zurückweichen, Flucht.

In Folgeexperimenten konnte nachgewiesen werden, dass Menschen und Tiere lernen können, Reize zu unterscheiden (Reizdiskriminierung). So wurden verschiedenartige Töne eingesetzt, aber nur bei bestimmten Tönen Nahrung angeboten. Umgekehrt

können ähnliche Reize die gleiche Reaktion auslösen (Reizgeneralisierung). Eine gelernte Reaktion kann sich abschwächen und ganz verschwinden, wenn der Reiz nicht mehr dargeboten wird (Löschung bzw. Extinktion).
Watson begründete mit seinen Experimenten zugleich eine neue Auffassung der wissenschaftlichen Psychologie, die im 20. Jahrhundert großen Einfluss auch auf die Pädagogik gewinnen sollte: den Behaviorismus. Psychologische Forschung sollte sich auf die Beobachtung des durch experimentelle Methoden erfassbaren und beobachtbaren äußeren Verhaltens beschränken, ähnlich wie in den Naturwissenschaften. Nach der Auffassung des Behaviorismus könne das nicht objektiv feststellbare innere Erleben dagegen nicht Gegenstand wissenschaftlicher Forschung sein. Die Resultate der Forschung sollten für die gezielte Beeinflussung von menschlichem Verhalten genutzt werden.
Im Alltag kann man besonders die Entstehung von Ängsten mithilfe der klassischen Konditionierung erklären. Ein Schüler verbindet z. B. einen unangenehmen Lehrer mit der Abneigung gegen das Fach, das er unterrichtet.

Pädagogische Einschätzung
Lernen nach dem Modell des klassischen Konditionierens geschieht in vielen Alltagssituationen. Häufig sind wir uns dessen gar nicht bewusst. Schulangst kann z. B. entstehen, wenn ein Schüler eine Prüfung in einem Fach als unangenehm erlebt, weil er die Aufgaben nicht lösen kann. Wiederholt sich diese Erfahrung, kann eine allgemeine Angstreaktion auf Prüfungen gelernt werden, die sich auch auf andere Fächer und schließlich durch Generalisierung auf die Schule selbst ausdehnt. Es sind aber nicht nur negative Emotionen, die durch das klassische Konditionieren mit Situationen, Gegenständen oder Menschen verbunden werden. Eine sympathische Lehrerin, in deren Unterricht man sich wohl fühlt, kann z.B. das Interesse für die englische Sprache wecken. In der Werbung wird oft auf das Lernen nach dem Modell des klassischen Konditionierens gesetzt.

Aus pädagogischer Sicht ist zunächst wichtig, solche vorbewussten und halbbewussten Lernprozesse aufzudecken und dem Heranwachsenden zugänglich zu machen. Danach geht es darum, ihn dabei zu unterstützen, vernünftig mit den Beeinflussungen umzugehen. Pädagogisch nicht zu rechtfertigen ist, das klassischen Konditionieren einzusetzen, um das Kind oder den Jugendlichen zu manipulieren.

Das operante Konditionieren

Wie beim klassischen Konditionieren spielt beim operanten (oder instrumentellen) Konditionieren nur das beobachtbare Verhalten eine Rolle. Bei dieser Art des Lernens geht es darum, dass die Konsequenzen, die auf ein Verhalten folgen, darüber entscheiden, in welcher Häufigkeit das Verhalten zukünftig gezeigt wird. Das kommt im Alltag in vielen Situationen vor:

BEISPIEL Ein Junge hat bei seinen Großeltern den Rasen gemäht und bekommt dafür 20 Euro. Er wird diesen Einsatz wahrscheinlich gerne wiederholen.
Ein Mädchen hat sein Zimmer nicht, wie von den Eltern gewünscht, aufgeräumt. Sie darf deshalb nicht wie verabredet mit ihren Freundinnen in die Stadt zum Shoppen fahren. In Zukunft wird sie wahrscheinlich ihr Zimmer in Ordnung halten.

Diese im Alltag wohlbekannten Zusammenhänge sind von Psychologen in vielfältigen Experimenten mit Tieren und Menschen immer differenzierter erforscht worden. Dabei sind vor allem die Forschungen von Burrhus F. Skinner (1904–1990) von Bedeutung. Skinner unterschied zwei Arten von Verhalten: Beim Antwortverhalten antwortet der Organismus auf Reize, beim Wirkverhalten (operant behavior) wirkt der Organismus auf die Umwelt ein. Um die Konditionierung dieses Wirkverhaltens geht es beim „Operanten Konditionieren“. Skinner entwickelte dazu einen Versuchskäfig („Skinner-Box“ genannt), in dem Ratten oder Tauben sich durch Drücken eines Hebels Futter verschaffen konnten. Das funktionierte nur, wenn sie zuvor bestimmte Verhaltensweisen zeigten, sich z. B. im Kreis drehten. Dieses zunächst zufällig gezeigte Verhalten wurde mit einer Futterpille verstärkt, wenn die Tiere den Futterhebel drückten. In der Folge trat das Verhalten immer häufiger auf. Wurde jedoch nach einem bestimmten Verhalten auf Hebeldruck ein Stromstoß verabreicht, wurde dieses Verhalten immer seltener und schließlich nicht mehr gezeigt. Man spricht von „positiver Verstärkung", wenn eine Konsequenz auf ein Verhalten dazu führt, dass seine Auftretenswahrscheinlichkeit steigt, von „Bestrafung", wenn sie sinkt. Bei der „negativen Verstärkung" wird ein unangenehmer Reiz aus einer Situation entfernt. Das hat den Effekt, dass die Auftretenswahrscheinlichkeit des Verhaltens steigt. Dies ist zum Beispiel der Fall, wenn der Käfigboden unter Strom steht und der Stromfluss nur durch den Druck eines Hebels unterbrochen wird. Die Tiere drücken in diesem Fall den Hebel immer öfter. „Negative Verstärkung" ist also nicht mit „Bestrafung" zu verwechseln.

Man muss sich klar machen, dass die operanten Konditionierer das verstärkte oder bestrafte Verhalten nicht moralisch bewerten. Das positiv verstärkte Verhalten kann durchaus moralisch schlecht sein: Man kann Kinder durch positive Verstärkung zu Gewalttätern machen. Man kann bestrafen, wenn Jugendliche anderen helfen, und sie damit von moralisch gutem Verhalten abbringen.

Beim operanten Konditionieren interessiert nur, ob irgendein Verhalten aufgrund der Konsequenzen, die ihm folgen, häufiger auftritt oder nicht. Ein Verstärker kann alles Mögliche sein, was die Auftretenswahrscheinlichkeit eines Verhaltens erhöht. Was das im Einzelfall genau ist, muss experimentell ermittelt werden. Man unterscheidet bei Menschen z. B. materielle Verstärker (Geld, wertvolle Gegenstände), soziale Verstärker (Formen sozialer Anerkennung wie Titel, Zugehörigkeit zu einer attraktiven Gruppe) und Aktivitätsverstärker (beliebte Tätigkeiten, z. B. Disko-Besuch).

Was geschieht, wenn die Verstärkung nicht sofort nach einem bestimmten Verhalten erfolgt? Man spricht in solchen Fällen von „intermittierender Verstärkung" (im Unterschied zu „kontinuierlicher Verstärkung"). Hier sind zwei Varianten zu unterscheiden. Bei der „Quotenverstärkung" wird nur jedes x-Verhalten verstärkt. Die Taube muss das gewünschte Verhalten z. B. dreimal zeigen, bevor sie die Futterpille erhält. Bei der „Intervallverstärkung" erfolgt die Verstärkung erst nach einem bestimmten Zeitintervall, z. B. nach 30 Sekunden. Die Experimente zeigen in beiden Fällen, dass das Verhalten fester, „löschungsresistenter" verankert wird. Das gewünschte Verhalten wird auch dann noch über einen längeren Zeitraum gezeigt, wenn es gar nicht mehr verstärkt wird.

Pädagogische Einschätzung

Operantes Konditionieren findet jeden Tag in unzähligen Situationen statt – gerade auch im Umgang mit Kindern und Jugendlichen. Was ist aus pädagogischer Perspektive davon zu halten? Eins fällt sofort auf: Wer konditioniert, appelliert nicht an die Vernunft, argumentiert nicht, sondern formt Verhalten, manipuliert, beherrscht. Es ist kein Zufall, dass der Einsatz von Lob und Tadel, von Verstärkung und Bestrafung in sozialen Zusammenhängen eine herausragende Rolle spielt, wo Menschen beherrschen und manipulieren, z. B. bei militärischem Drill, in Gefangenenlagern und Gefängnissen.

Auch in der Werbung wird mit diesen Mitteln gearbeitet, etwa wenn Waren als „Belohnungen" eingesetzt werden oder mit Versprechungen verbunden werden, die auf die geheimen Wünsche des Zuschauers oder Lesers gerichtet sind.

All das widerspricht der pädagogischen Grundhaltung. Man kann sich zwar Situationen vorstellen, wo mit den Instrumenten des Konditionierens eine legitime Gewaltausübung über Kinder stattfindet, z. B. wenn diese vor Gefahren geschützt werden müssen, die sie noch nicht selbst einschätzen können. Ist aber nicht das Lob auch eine Form von Verstärkung und immer schon ein gern gebrauchtes Erziehungsmittel? Im Sinne der oben entfalteten pädagogischen Perspektive gilt: Es kommt darauf an, was gelobt wird. Lob kann aber auch die argumentativen Anstrengungen der Heranwachsenden verstärken, ihre Versuche, sich mit den Sachen und dem Wert, der ihnen zugesprochen wird, auseinanderzusetzen. Lob (und Tadel) kann Kinder und Jugendliche unterstützen, gemäß ihren eigenen (moralischen) Einsichten zu handeln. Solches Lob, das die Mündigkeit des Heranwachsenden befördert, ist pädagogisch legitim. Für den Pädagogen ist die Kenntnis der Lernvorgänge, die die behavioristischen Lerntheorien beschreiben, wichtig, um die manipulativen Zugriffe durchschauen zu können. Ziel ist es, den Heranwachsenden dazu zu befähigen, mündig und kritisch mit den Beeinflussungen durch Verstärkung und Strafe umgehen zu können, denen er täglich ausgesetzt ist.

Das Modell-Lernen

Diese Art des Lernes wird auch als „Lernen am Modell“, „Beobachtungslernen“ oder „Imitationslernen“ bezeichnet. Auch hier sind die Lernphänomene aus dem Alltag bekannt. Insbesondere im Zusammenhang mit gewalttätigem Verhalten von Kindern und Jugendlichen wird häufig davon ausgegangen, dass die Ursache in der Beobachtung von Gewalt im Fernsehen liegt. Das Gewaltverhalten – so die Annahme – wird nachgeahmt, die Gewalttäter sind Vorbilder und fungieren als „Modelle“.
Die wissenschaftliche Forschung zum Modell-Lernen ist vor allem von dem kanadischen Psychologen Albert Bandura (geb. 1925) vorangebracht worden. Bandura entwickelte folgendes Experiment: In der ersten Phase (Beobachtungsphase) schauten Kinder einen Film, der eine Modellperson, Rocky genannt, dabei zeigte, wie sie eine große Puppe beschimpfte, boxte, mit Fußtritten bearbeitete und mit einem Holzhammer schlug. Der Film endete unterschiedlich. Eine Gruppe von Kindern sah, wie ein Erwachsener den Raum betrat und Rocky für sein aggressives

Verhalten mit anerkennenden Worten und Süßigkeiten belohnte. Für die zweite Gruppe endete der Film damit, dass Rocky von dem Erwachsenen bestraft wurde, für die dritte Gruppe blieb Rockys Verhalten ohne Konsequenzen. In der zweiten Phase des Experiments (spontane Imitationsphase) kamen die Kinder einzeln in ein Zimmer, in dem sie genau die Gegenstände vorfanden, mit denen Rocky im gerade gesehenen Film gespielt hatte. Der Versuchsleiter verließ das Zimmer und die Kinder wurden durch eine Scheibe 10 Minuten beobachtet. Der für die Kinder unsichtbare Beobachter wusste nicht, welcher der drei Gruppen das beim Experiment beteiligte Kind angehörte. In der dritten Phase (Verstärkungsphase) erschien der Versuchsleiter wieder im Spielzimmer und forderte das Kind auf, das aggressive Verhalten von Rocky zu imitieren. Dazu wurde ihm eine materielle Belohnung in Aussicht gestellt.

Einige Ergebnisse dieses Experiments sind:

Mittelwert der Ausführung verschiedener Nachahmungsfunktionen (vgl. Bredenkamp, 624)

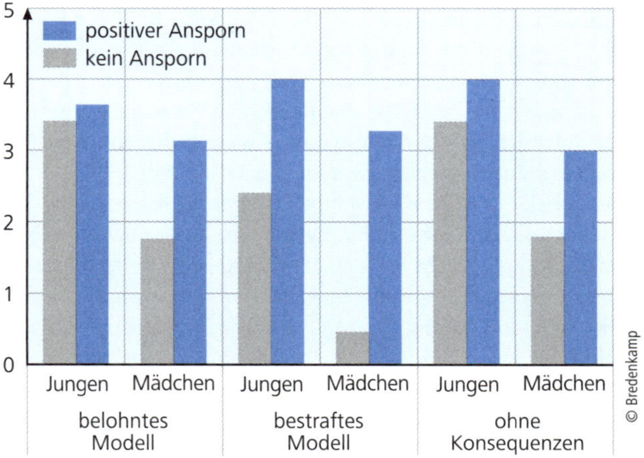

- Die Kinder, die das Filmende sahen, in dem Rocky für sein aggressives Verhalten belohnt wurde, zeigten im Durchschnitt mehr Nachahmungen als die Kinder aus den beiden anderen Gruppen.
- In jeder Variante imitierten Mädchen das gewalttätige Verhalten weniger stark als Jungen.
- Wurden die Kinder verstärkt (dritte Phase), verhielten sie sich häufiger aggressiv. Die Kinder müssen demnach mehr gelernt haben, als sie in der zweiten Phase gezeigt haben. Unabhängig davon, wie der Film ausgegangen ist, zeigen sie gleich hohe Aggressionsraten.

Ausgehend von den Experimenten entwickelte Bandura folgende grundlegende Auffassungen über das Modell-Lernen: Zwischen der Anregung des Verhaltens durch ein Modell und der Ausführung des Verhaltens durch den Beobachter existieren Denkprozesse, die sich in vier Phasen unterscheiden lassen:

Die Aneignungsphase (Akquisition)	Die Ausführungsphase (Performanz)
1. Aufmerksamkeitsprozesse 2. Gedächtnisprozesse	3. motorische Reproduktionsprozesse 4. Verstärkungs- und Motivationsprozesse.

Wichtig sind die Aufmerksamkeitsprozesse. Wann werden Beobachter auf Modelle aufmerksam? Nach Bandura sind es bestimmte Merkmale eines Modells, die das begünstigen: z. B. Erfolg und Ansehen. Hinzu muss eine positive Beziehung des Beobachters zum Modell kommen. Dies ist z. B. dann der Fall, wenn der Beobachter sich mit dem Modell identifiziert, um seine Unsicherheiten und Minderwertigkeitsgefühle auszugleichen.

Pädagogische Einschätzung

Aus pädagogischer Sicht fällt sofort die große Bedeutung des Imitationslernens auf. Heranwachsende suchen sich im sozialen

Nahbereich, aber auch in der Gruppe der Gleichaltrigen und in den Massenmedien Vorbilder, denen sie im Hinblick auf Kleidung, Körperbild, Verhalten, Ansichten etc. folgen. Die pädagogischen Fragen zum Modell-Lernen sind z. B.: Trägt das Modell dazu bei, die eigene Bestimmung zu finden? Oder behindert es diesen Prozess, indem es zur kritiklosen Identifikation mit gesellschaftlich verankerten Werten und Normen beiträgt? Ist das Modell selbst gewählt oder aufgenötigt worden? Die pädagogische Aufgabe besteht darin, das Suchen und Finden der Vorbilder kritisch und konstruktiv zu begleiten. Dazu werden in der pädagogischen Interaktion die Motive bei der Wahl von Modellen aufgearbeitet und Alternativen geprüft. Weder ein unkritisches Akzeptieren der gewählten Vorbilder noch ihre autoritative Setzung entsprechen den durch die pädagogische Perspektive gesetzten Ansprüchen.

Kognitive und konstruktivistische Lerntheorien

Der Konstruktivismus existiert in vielerlei Varianten, die eine gemeinsame Vorstellung vereint: Das menschliche Gehirn bildet die Wirklichkeit nicht ab, sondern konstruiert in Interaktion mit der Außenwelt eine eigene Wirklichkeit.
Die Lern- und Entwicklungstheorie des Schweizer Psychologen Jean Piaget (1896–1980), der eine gemäßigte Spielart des Konstruktivismus vertritt, hat der Pädagogik vielfältige Anregungen gegeben. In ihr geht es um die kognitive Entwicklung (Entwicklung des Denkens). Im Unterschied zu den behavioristischen Lerntheorien werden die inneren, geistigen Vorgänge beim Lernen hier nicht ausgespart und als der Wissenschaft nicht zugänglich betrachtet. Erkenntnis- und Bewusstseinsvorgänge werden vielmehr als für Lernvorgänge konstitutiv (ihr Wesen ausmachend) betrachtet.

Piaget geht von der Aktivität des Kindes mit seiner natürlichen und sozialen Umwelt aus. Der Mensch bildet in Interaktion mit der Umwelt Schemata und Strukturen heraus, in denen konkrete

Erfahrungen verallgemeinert und in neuen Interaktionen eingesetzt werden.

BEISPIEL Ein Kind lernt im Umgang mit einem Hund, dass bestimmte Merkmale für dieses Tier charakteristisch sind: vier Beine, Fell, ein Schwanz etc. Solche Schemata lassen sich aber nicht immer übertragen. Das Kind erlebt vielleicht bei einem Besuch auf dem Lande eine Kuh und lernt Hund und Katze voneinander zu unterscheiden.

Dies Beispiel veranschaulicht, wie ein Kind in eine Entwicklungsdynamik verstrickt ist, die durch neue Erfahrungen immer wieder in Gang gebracht wird. Biologische Reifungsprozesse eröffnen dem Kind neue Handlungsmöglichkeiten, die zu neuen Erfahrungen im sozialen und natürlichen Umfeld führen. Diese sind häufig nicht mit den bekannten Schemata und Strukturen zu erfassen. Es kommt zu Widersprüchen und Konflikten mit den bereits aufgebauten Vorstellungen von der Wirklichkeit.
Piaget unterstellt nun, dass es im Organismus eine natürliche Tendenz zur Selbstregulation gibt, die bei Unstimmigkeiten und Widersprüchen das Gleichgewicht wiederherstellt. Dies bezeichnet er als „Äquilibration". Sie ist sowohl der Zustand eines aktuell hergestellten Gleichgewichts als auch ein fortschreitender Prozess der Ausbildung neuer und höherer Gleichgewichtszustände. Piaget beschreibt dies als permanente Bewegung von Anpassung und Veränderung. Der Organismus passt zunächst die Wahrnehmungen seinen kognitiven Strukturen an (Assimilation), verändert sie aber auch, wenn diese nicht passen (Akkomodation). Die Strukturveränderungen werden durch äußere Einflüsse angestoßen, die Wiederherstellung des Gleichgewichts ist aber eine interne, selbstregulatorische Aktivität des menschlichen Organismus. Der Verlauf der über charakteristische Stufen und Phasen voranschreitenden Entwicklung (vgl. Kapitel 3) versetzt den Menschen immer besser in die Lage, sich in der Welt als handelndes, denkendes und sprechendes Wesen zurechtzufinden.

In den letzten Jahren haben konstruktivistische Ansätze an Einfluss gewonnen, die die Position Piagets weiter radikalisieren. Die „an sich“ existierende Realität ist danach dem Menschen prinzipiell unzugänglich. Da es kein absolut wahres Wissen geben kann, leben wir mit immer vorläufigen Wissensformen, die sich bewährt haben, d. h. „viabel“, gangbar sind. Sie können aber verändert werden, wenn es andere brauchbare Wege gibt.
Das Gehirn organisiert die angelieferten Informationen aus der Außenwelt zu Konstruktionen, die nicht die äußere Welt abbilden, sondern Ausdruck der inneren Re-Organisationsprozesse sind. Dieser Prozess wird „Autopoiesis“ genannt (Selbst-Schaffung, Selbstorganisation). Lernen kann deshalb auch nicht von außen determiniert werden. Die in sozialen Zusammenhängen stattfindenden Lernprozesse (Ko-Konstruktion) führen immer zu individuellen Welt- und Sinnkonstruktionen, die von außen gestört und angestoßen (perturbiert) werden können. Im Hinblick auf Verlauf und Ergebnis lassen sie sich aber nicht steuern. Die Perturbationen können zu Krisen der bestehenden Konstruktionen (Dekonstruktion) führen, die in der Folge umstrukturiert werden (Reframing).
Aus der Sicht des radikalen Konstruktivismus lässt sich Lernen am besten durch das Bereitstellen und Arrangieren von Lernumgebungen fördern, in denen die Lernenden möglichst aktiv und selbstbestimmt agieren können. Ein Lern-Coach kann diese Prozesse mit Anregungen und Hilfen begleiten.

Pädagogische Einschätzung
Aus pädagogischer Perspektive stellen die konstruktivistischen Lerntheorien einen erheblichen Fortschritt im Vergleich zu behavioristischen Ansätzen dar. Hier wird der Heranwachsende als aktiver Erkunder seiner Umwelt und Organisator seines Wissens und seiner Biographie ernst genommen. Piaget hat sich allerdings vor allem mit der kindlichen Entwicklung beschäftigt. Wenn es darum geht, die kritische Auseinandersetzung mit Geltungsansprüchen etwa im Jugendalter zu beschreiben, bleiben

seine Ausführungen wenig hilfreich. Aus pädagogischer Sicht können z. B. folgende Anfragen gestellt werden: Wie beeinflusst die Entscheidung für einen Beruf als bewusste Wahl unter Alternativen die kognitive Entwicklung? Welche Rolle spielen die ausgebildeten Interessen und Motivationen? Piaget geht es vor allem darum, zu untersuchen, wie die Denkentwicklung als immer bessere Anpassung an die Wirklichkeit funktioniert. Die kritisch-wertende Auseinandersetzung mit ihr spielt bei ihm eine eingeschränkte Rolle, insofern die Anpassung noch suboptimal gelungen ist.

Der radikale Konstruktivismus gerät bildungstheoretisch dort an seine Grenzen, wo die argumentierende Auseinandersetzung sinnlos wird, weil letztlich alles auf eine individuelle Sicht der Welt hinausläuft. „Wahrheit", über die es zu streiten gilt und lohnt, gibt es nicht mehr, nur noch den Austausch von Meinungen und Wirklichkeitskonstruktionen. Als innerer Akteur wird das reflektierende, zur Selbststeuerung fähige Ich immer mehr abgebaut und durch neurobiologische Instanzen wie „das Gehirn" ersetzt.

2.4 Zusammenfassung: Lernen aus pädagogischer Perspektive

Psychologische Erkenntnisse über das Lernen sind zumeist das Ergebnis experimenteller Forschung in Laborsituationen, wobei oft mit Tieren gearbeitet wurde und wird. In psychologischer und neurowissenschaftlicher Sicht zeigt sich Lernen als ein Prozess, in dem sich das Verhalten aufgrund von Erfahrungen fortschreitend verändert. Es erfolgt eine immer optimalere Anpassung an die Anforderungen, die das Leben in einer bestimmten sozialen und natürlichen Umwelt stellt. Mithilfe von neurowissenschaftlichen Verfahren können die beteiligten biologischen und chemischen Prozesse immer besser beschrieben und genutzt werden. Der Nutzen bezieht sich vor allem auf die Effizienz

(Wirksamkeit) von Lernprozessen im Hinblick auf die Aneignung, Speicherung und Nutzung von Wissen und Können.
Die pädagogische Kritik an den psychologischen Lernbegriffen zielt auf die Künstlichkeit der Laborsituationen und die oft undifferenzierte Übertragung der an Tieren gewonnenen Forschungsergebnisse auf menschliches Handeln in nicht-experimentell kontrollierten Alltagssituationen. Die Kritik richtet sich vor allem gegen die Eliminierung eines Subjekts, das bewusst und vernunftgemäß an der Steuerung seiner Lernvorgänge beteiligt ist.
Aus pädagogischer Sicht reduziert der Behaviorismus den Menschen zu einer Trivialmaschine. Der radikale Konstruktivismus setzt ein nach chemischen und biologischen Programmierungen arbeitendes Gehirn an die Stelle des Selbst, das sein Selbst- und Weltverhältnis vernünftig organisiert.
Der Anspruch von Bildung umfasst mehr als Sachkenntnis und Anpassung an gesellschaftliche Vorgaben: nämlich ihre kritische Prüfung im Hinblick auf sachliche Richtigkeit und ethische Qualität.
Pädagogen richten aus diesen Einsichten heraus ihr Augenmerk auf den Weg des Lernens. Dabei beobachten, initiieren, unterstützen und kontrollieren sie die Tätigkeiten und Handlungsformen von Kindern und Jugendlichen. Dazu lassen sich viele Formen pädagogischen Handelns einsetzen. Mit einigen dieser Formen richtet sich der Erzieher direkt auf die Lernprozesse des Adressaten (z. B. das Zeigen), in anderen arrangiert er Situationen, die indirekt zum Lernen (z. B. zum Spielen) auffordern.

Pädagogische Lerntheorien enthalten u. a. folgende Elemente:

- Pädagogisches Handeln wirkt auf Lernprozesse seiner Adressaten ein. Wer erzieht, zeigt jemandem etwas. Wenn Heranwachsende neues Wissen und Können erlernen, sind sie darauf angewiesen, dass man ihnen etwas vor Augen führt, vormacht, vergegenwärtigt, erläutert – all das umfasst der Begriff „zeigen“. Dieses Zeigen geht dem Lernen voraus. In einem guten Unterricht erfahren Schüler das exemplarisch. Ein komplexes Sachgebiet, z. B. die englische Grammatik, wird in Lektionen und Unterlektionen aufgegliedert und bis in die Einzelstunde hinein gegliedert präsentiert. Dabei erfolgt ein Aufstieg vom Einfachen zum Komplexen. Lernen kann so motiviert, erleichtert, unterstützt, aber nicht erzwungen werden.

- Im Sinne des erziehenden Unterrichts (Herbart, Benner) kann es nicht genügen, in die Welt, so wie sie ist, darstellend einzuführen. Bildend wird Unterricht (womit nicht nur Schulunterricht gemeint ist) dann, wenn in ihm die Welt als zugleich fragwürdig und problemhaltig präsentiert wird. Das Befragen und Fragen-Lernen gehört deshalb zum pädagogisch qualifizierten Lernen.
- Pädagogische Führung ist argumentative Auseinandersetzung. Diese hängt eng mit dem Fragen zusammen. Wer sich mit Geltungsansprüchen auseinandersetzt, die andere stellen, oder selbst solche Ansprüche erhebt, muss argumentieren: schlüssig Begründungen und Belege anführen, Gegengründe abwägen und zurückweisen etc. Lernen heißt in pädagogischer Perspektive nicht, irgendetwas lernen, sondern etwas sachlich Richtiges und ethisch Gültiges lernen.
- Das Fragen und Argumentieren bezieht sich nicht nur auf die sachliche Richtigkeit, sondern auch auf den Sinn des Wissens und Könnens. Lernen in pädagogischer Sicht ist deshalb auch das Suchen und Begründen der Sinnhaftigkeit, die Wissen und Können für den Einzelnen und die Gesellschaft haben.
- Lernen ist ein komplexer Prozess, der sich über mehrere „Anforderungsbereiche“ fortsetzt: Er führt vom Beobachten und Beschreiben von Phänomenen über ihre analytische Durchdringung und vergleichende Klassifikation zum begründeten Urteilen.
- Wer lernt, geht das Risiko ein, sein Vorwissen verändern zu müssen. Lernen ist kein reibungsloser Vollzug, der vom Nichtwissen zum Wissen fortschreitet, Lernen ist aus päda-

gogischer Sicht ein Umlernen: Ein neuer Horizont eröffnet sich, eine neue Sichtweise setzt sich durch. Was bislang vertraut war und Sicherheit bot, wird erschüttert. Um solche Erfahrungen des Verlustes von Vorwissen zu bezeichnen, spricht man von der „Negativität“ des Lernens. Damit wird kein moralisches Urteil über ein Wissen oder Können gefällt, sondern zum Ausdruck gebracht, dass Vorwissen negiert wird. Aus dieser Einsicht erschließt sich, dass Lernen immer das Lernen von etwas ist: von bestimmten Inhalten, von Erfahrungen, die damit eine individuelle Kontur erhalten.

- Aus pädagogischer Sicht kommt es darauf an, die Fähigkeiten zu steigern und auszubilden, die eine größere Selbststeuerung beim Lernen ermöglichen. Dazu gehört, die eigenen Motivationen und Sinngebungen zu erkennen, zu aktivieren und befragen zu können, das Setzen von Lernzielen, die sach- und situationsangemessen sind, die benötigten Materialien und Ressourcen zu bestimmen und bereitzustellen, die angemessenen Lernstrategien und Lerntechniken auszuwählen, die notwenigen Fachmethoden einzusetzen und die Lernergebnisse zu evaluieren.

BEACHTE

Selbstgesteuertes Lernen ist nicht zwingend bildendes Lernen. Es kann durchaus eingesetzt werden, um sich kritiklos wirtschaftlichen oder politischen Vorgaben zu unterwerfen. Oft wird mit Programmen des „Lernen-Lernens“ nichts anderes als die Steigerung der Flexibilität bei der Anpassung an beliebige, von anderen gesetzte Ziele trainiert.

Entwicklung und Sozialisation aus pädagogischer Perspektive

Entwicklung findet unvermeidbar statt. Jeder Mensch befindet sich ständig in Entwicklungsprozessen. Entwicklung bedeutet immer auch Veränderung. Jeder Mensch unterliegt sein Leben lang Veränderungsprozessen. Entwicklung findet auf verschiedene Weisen statt. In der Sozial- oder auch Erziehungswissenschaft wird zwischen quantitativen und qualitativen Entwicklungsmodellen unterschieden.

- **Quantitative Modelle** begreifen Entwicklung primär als Wachstum. In diesem Sinne ist quantitative Entwicklung leicht messbar und empirisch erfassbar. Die Entwicklung der Körpergröße oder des Körpergewichts von Menschen kann mit sicheren Daten beschrieben werden.
- **Qualitative Modelle** gehen davon aus, dass in unterschiedlichen Entwicklungsstufen oder Entwicklungsstadien unterschiedliche „Qualitäten" zum Tragen kommen. Das muss nicht bedeuten, dass diese „Qualitäten" als jeweils höhere oder niedrigere Qualität beurteilt werden müssen. Auch solche Modelle versuchen Entwicklungsschritte und Differenzen zwischen unterschiedlichen Entwicklungsstufen zu beschreiben. Dies ist aber nicht in dem Maße objektiv überprüfbar wie bei quantitativen Modellen.

Für die Erziehungswissenschaft gewinnen besonders qualitative Entwicklungsmodelle hohen Stellenwert. Denn mit pädagogischem Handeln soll vor allem „qualitativ" auf die Entwicklung von Kindern und Jugendlichen Einfluss genommen werden.
Die Tatsache, dass eine menschliche Entwicklung stattfindet, stellt eine fundamentale Voraussetzung für Erziehung dar. Ohne die Fähigkeit des Menschen, sich entwickeln zu können, wäre Erziehung sinnlos. Erziehung setzt also Entwicklung voraus,

während umgekehrt Entwicklung ohne Erziehung grundsätzlich denkbar wäre. Das aber ist nur eine theoretische Annahme. „Der Mensch wird nur Mensch durch Erziehung“, formulierte Kant als einleitenden Satz seiner Vorlesung über Pädagogik schon Ende des 18. Jahrhunderts. Über Erziehung soll verhindert werden, dass Entwicklung auf willkürliche und beliebige Art stattfindet und – im Sinne Kants – der Mensch nicht „Mensch“ werden kann.
Erziehung soll also dazu beitragen, dass ein Mensch sich als Mensch und zum Menschen entwickelt. Von Geburt an ist das Kind Mensch, mit eigenen Bedürfnissen und Wünschen, und besitzt zugleich die Fähigkeit, sich zu verändern und zu entwickeln. Pädagogisch muss das Kind deshalb in jeder Lebensphase immer schon als Mensch anerkannt werden und darf nicht als „unfertig“ betrachtet werden. Darüber hinaus muss das Kind darin unterstützt werden, seine Entwicklungsmöglichkeiten zu entfalten. Diese Möglichkeiten soll es in einer Weise erweitern können, dass es sich selbstständig entfalten kann und zugleich am Leben in der Gemeinschaft bzw. Gesellschaft aktiv und verantwortlich partizipiert.

Entwicklung findet auf vielen Ebenen statt. Jeder Mensch entwickelt sich

- kognitiv bzw. geistig,
- affektiv,
- moralisch,
- sozial bzw. gesellschaftlich,
- religiös.

Zu den verschiedenen Ebenen der menschlichen Entwicklungen sind jeweils wissenschaftliche Theorien entstanden. Pädagogische Förderung von Entwicklung setzt Wissen über die menschlichen Entwicklungsmöglichkeiten und über die Bedingungen von Entwicklungsmöglichkeiten voraus. Dazu hat Franz E. Weinert drei wissenschaftliche Positionen über den Zusammenhang von Entwicklung und Erziehung benannt.

1. Jede Erziehung muss vom jeweils bisher erreichten Entwicklungsstand des zu Erziehenden ausgehen.
2. Erziehung stellt einen gewichtigen Einflussfaktor für Entwicklung dar.
3. Die Förderung von Entwicklung stellt ein bedeutendes Erziehungsziel dar. (Vgl. Weinert, 91 f.)

Die Kenntnis von Entwicklungstheorien ist für Pädagoginnen und Pädagogen somit unverzichtbar. Allerdings stellen Entwicklungstheorien noch nicht pädagogische Theorien dar. Sie müssen in einer pädagogischen Sicht gedeutet und bewertet werden.

3.1 Jean Piagets Stufenmodell zur kognitiven Entwicklung

Grundlagen des Modells Piagets

Kaum eine Theorie hat weltweit eine solche Beachtung gefunden wie die Theorie zur kognitiven Entwicklung von Jean Piaget. Piaget geht davon aus, dass Lernen oder auch Entwicklung dadurch angestoßen werden, dass das innere Gleichgewicht eines Menschen „Störungen“ erfährt, dadurch Aktivität erfolgt, um dieses Gleichgewicht wiederherzustellen. In diesem Wechselspiel von Assimilation und Akkomodation findet Lernen und Entwicklung statt. Diesen Prozess nennt man Äquilibration.
Von Geburt an beginnt ein Kind Strukturen und Schemata zu entwickeln. Insbesondere in den ersten Lebensjahren macht nach Piaget ein Kind weitreichende und gewichtige Entwicklungsfortschritte.

BEISPIELE Ein Kind, das addieren gelernt hat und bis zehn zählen kann, lernt bald und leicht bis hundert oder tausend zu zählen. Es hat das Schema des Addierens verstanden und kann neue Zahlen in dieses Schema gut integrieren.
Wenn dieses Kind dann multiziplieren lernen soll, muss es ein neues Schema ausbilden. Es muss jetzt akkomodieren. Grund-

schullehrer gehen zumeist den Weg, dass sie den Kindern das Multiziplieren zunächst als erweitertes Addieren vorstellen: $3 \cdot 3$ ist $= 3 + 3 + 3$.

Damit ziehen diese Grundschullehrer aus den Einsichten Piagets pädagogische Konsequenzen. Sie erleichtern den Kindern den Schritt der Akkomodation, indem sie eine assimilatorische Brücke bauen.

Das Wechselspiel von Akkomodation und Assimilation findet nach Piaget unvermeidbar, also ggf. auch ohne pädagogische Einwirkung statt. Das Kind entwickelt selbst **Schemata** (z. B. Lesen und Schreiben) und **Strukturen** (Umgang mit Schriftsprache) aus. So kann das Kind nach und nach neue und höhere Entwicklungsstufen erreichen. Weil dieser Prozess aus dem Kind selbst heraus stattfindet, spricht Piaget von einem **epigenetischen Prinzip**. Jeder Mensch kann sich aus sich selbst heraus weiterentwickeln. Piaget geht davon aus, dass jeder Mensch von sich aus nach Weiterentwicklung strebe und nennt den Menschen deshalb auch „epistemisches Subjekt“ (= Erkenntnis suchend und erkennend).

BEISPIEL Wenn Kinder im Alter von zwei bis vier Jahren die Sprache lernen, bilden sie auch implizites grammatisches Wissen aus. Wenn Kinder beispielsweise nicht nur „er zeigte“ oder „er wohnte“ sagen, sondern auch „er gehte“ oder „er kommte“, so belegen diese Fehler die Fähigkeit der Kinder, Strukturen zu bilden. Implizit haben sie begriffen, wie die Vergangenheit sprachlich ausgedrückt wird, sie können lediglich noch nicht zwischen starken und schwachen Verben unterscheiden. Dieses Wissen eignen sich Kinder an, ohne dass es ihnen jemand erklären müsste.

Die Stufen der kognitiven Entwicklung

Nach Piaget lässt sich die kognitive menschliche Entwicklung in vier Stadien zusammenfassen:

- sensomotorisches Stadium,
- präoperationales Stadium,
- konkret-operationales Stadium,
- Stadium der formalen Operationen.

Am Ende der jeweiligen Stadien findet immer eine strukturelle Änderung des Denkens statt. Dabei wird zunehmend ein kindlicher Egozentrismus (nicht: Egoismus!) überwunden. Das neugeborene Kind kennt nur sich selbst und kann zunächst zwischen sich und seiner Außenwelt nicht unterscheiden. Lange Zeit bleibt das Denken des Kindes von seinen eigenen Wahrnehmungen bestimmt, erst nach und nach kann es sich von diesen Wahrnehmungen frei machen und diese differenzieren. Erst auf dieser Basis lernt es, abstrakt zu denken – also völlig frei von Wahrnehmungen.

1. Sensomotorisches Stadium (0.–1. Lebensjahr)
Neurobiologische Untersuchungen haben belegt, welche weitreichenden Entwicklungen im kindlichen Gehirn gerade in den ersten beiden Lebensjahren stattfinden. Das erste Lebensstadium ist für die kognitive Entwicklung entscheidend und prägend.
Piaget bezeichnet diese Phase als „sensomotorische", weil in dieser Phase das kindliche Denken primär über Sinneserfahrungen und über Bewegungen gesteuert wird. Das neugeborene Kind zeigt die Fähigkeit zu saugen oder auch Hände und Füße zu bewegen. Diese Tätigkeiten erfolgen aber zunächst nicht gezielt, sondern stellen Reflexe dar. Bald aber lernt das Kind, Bewegungen selbst zu koordinieren. Der Egozentrismus des Kindes ist noch ein physikalischer Egozentrismus. Das Kind kennt nur sich und erlebt sein Umfeld noch als Teil von sich selbst – auch die Mutter. Dieser physikalische Egozentrismus wird aber früh überwunden.

Piaget hat das sensomotorische Stadium in sechs Phasen unterteilt, um die einzelnen massiven Entwicklungsfortschritte besser differenzieren zu können:

1. **Phase (0.–1. Monat): Betätigung und Übung der Reflexe**
   Das Kind kann sensomotorische Schemata weiter verfeinern und ansatzweise in Beziehung zueinander setzen.

2. **Phase (1.–4. Monat): erstes erworbenes Anpassungsverhalten und primäre Zirkulärreaktion**
   Das Kleinkind kann gezielt Sehen und Handeln koordinieren. Es begreift, dass bestimmtes Handeln bestimmte Wirkungen nach sich zieht. Piaget redet von Zirkulärreaktion, weil der Säugling zufallsgesteuertes angenehmes Verhalten von sich aus wiederholt. Diese Zirkulärreaktion ist primär, da der eigene Körper im Mittelpunkt steht.

3. **Phase (4.–8. Monat): sekundäre Zirkulärreaktionen und Vorgehensweisen**
   Das Kind handelt absichtsvoll und kann Handlungen gezielt wiederholen. Diese Zirkulärreaktion ist sekundär, weil jetzt eine Handlung zum Erreichen eines Zieles eingesetzt wird. So kann das Kind aktiv interessante Erscheinungen andauern lassen.

4. **Phase (8.–12. Monat): Koordination der sekundären Verhaltensschemata und ihre Anwendung auf neue Situationen**
   Das Kind kann jetzt nicht nur absichtsvoll, sondern gezielt handeln. Es kann Gegenstände, die verdeckt sind, hervorholen. Ebenso kann es schon ansatzweise nach Gegenständen suchen.

   BEISPIEL „Mit 1,1 Jahren sitzt Lucienne im Bett eines Erwachsenen. Vor ihr liegt ein Frottiertuch, das selber wieder auf einem Laken liegt. Sobald ich meine Brille auf das Frottiertuch lege, zieht Lucienne dieses an sich. Wenn ich die Brille hinter dem Frottiertuch ablege, nimmt sie es sofort weg und zieht am Laken." (Piaget, 289)

5. **Phase (12.–18. Monat): Entdeckung neuer Mittel und durch Ausprobieren und die tertiäre Zirkulärreaktion**
   Das Kind kann in dieser Phase nicht nur handelnd experimentieren, es kann auch gedanklich experimentieren. Da vor dem Handeln ein Interesse besteht und bekannte Mittel jetzt auf neue Kontexte übertragen werden, spricht Piaget jetzt von einer „tertiären Zirkulärreaktion".

6. **Phase (18.–24. Monat): Erfinden neuer Mittel durch geistige Kombination**
   Das Kind kann jetzt die Folgen des Tuns abwägen, bevor es handelt. Vor allem beginnt das Kind „symbolisch zu repräsentieren": Es lernt Sprache und sprechen. Damit beginnt es, sich von unmittelbaren Sinneseindrücken und unmittelbaren Erfahrungen freizumachen.

BEISPIEL „Jacqueline (1,8 Jahre) weiß, dass sie die Tür nur öffnen kann, wenn sie die Blume, die sie in der Hand hält, an die Seite legt. Aber als sie das Zimmer verlassen will, werden die Dinge komplizierter. Sie legt die Pflanze auf den Boden und greift nach der Türklinke, bemerkt aber, dass sie die Pflanze beim Schließen der Tür wegschieben und zerdrücken wird, denn sie hat sie zwischen Tür und Schwelle gelegt. Sie hebt sie daher wieder auf und bringt sie außerhalb der Reichweite des Türflügels." (Piaget, 340)

2. Präoperationales Stadium (2.–7. Lebensjahr)

Am Ende des sensomotorischen Stadiums haben die Kinder den physikalischen Egozentrismus überwunden. Auch können sie über Dinge nachdenken und sprechen, die sie nicht vor Augen haben. Sie können mittels der Sprache symbolisch repräsentieren.

Nach und nach lernt das Kind logisch zu denken. Es bleibt aber in dieser Phase weithin an seine unmittelbare Wahrnehmung gebunden. So kann es noch nicht den Blickwinkel seiner Mitmenschen einnehmen. Der starke Egozentrismus zeigt sich eindrucksvoll in Kinderbildern. Die Kinder bilden Proportionen auf Bildern nicht realistisch ab, sondern stellen jene Gegenstände groß dar, die sie als wichtig und auffallend wahrnehmen.
Weitere typische Merkmale für diese Phase sind **Animismus** und **magisches Denken**. Kinder fahren auf Stühlen Auto oder sie spielen, Löwe zu sein. Sie verlebendigen oder vermenschlichen auf diese Art und Weise Gegenstände oder Tiere. Sie glauben, dass im Keller tatsächlich Gespenster sind, und unterscheiden nicht zwischen Phantasie und Realität. Ein weiteres Merkmal ist der **Finalismus**. So geht der Mond bspw. deshalb auf, damit die Menschen in der Dunkelheit sehen können.
Ein besonderes Merkmal dieser Phase ist, dass die Kinder noch nicht die **Invarianz einer Menge** begreifen können. Das lässt sich mit unterschiedlichen Experimenten beweisen.
Auf ähnliche Weise sind Kinder überfordert, wenn sie Ordnungen mit zugleich verschiedenen Merkmalen durchschauen oder selbst anlegen sollen.

BEISPIEL Konstruieren Sie eine Matrix mit zwei dreiwertigen Dimensionen Form und Farbe und lassen Sie ein Feld frei. Erläutern sie fünfjährigen Kindern den Aufbau der Matrix. Lassen sie jedes Kind herausfinden, dass in den Spalten die Formen übereinstimmen und in den Reihen die Farben.
Nun legen Sie Ihren kleinen Probanden eine Anzahl von Karten vor und bitten sie, die für das freie Feld passende auszuwählen. Sie werden feststellen, dass vier- bis fünfjährige Kinder meist nur zufällig die richtige Ergänzung wählen; sie beachten nur eine Dimension, entweder die Farbe oder die Form. Die geforderte gleichzeitige Beachtung zweier Dimensionen, die logische Multiplikation im Sinne der Konjunktion von Farbe und Form, wird noch nicht geleistet. (Vgl. Montada, 425)

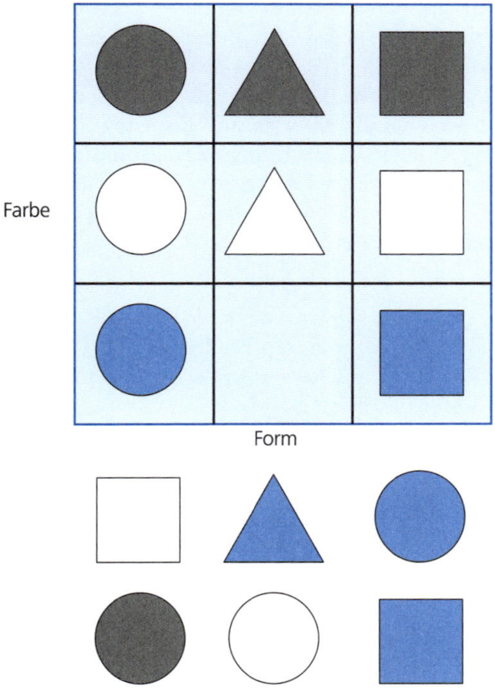

Matrix, Form × Farbe (R. Oerter/L. Montada, 2008)

3. Konkret-operationales Stadium (7.–12. Lebensjahr)

Die entstehende Einsicht in die Invarianz der Menge geht einher mit der Fähigkeit des reversiblen Denkens. Kinder können jetzt gezielt Gedanken rückverfolgen. Sie merken sich, wie eine Masse, die sie vor sich sehen, zuvor ausgesehen hat und beurteilen, dass die Masse trotz optischer Änderung gleich geblieben ist. Auch der gedankliche Egozentrismus tritt zunehmend in den Hintergrund. Kinder reflektieren, wie sie selbst von anderen gesehen werden, und hinterfragen Absichten von Handlungen.

4. Stadium der formalen Operationen (11.–13. Lebensjahr)
Mit dem Stadium der formalen Operationen erreichen die Kinder die strukturell letzte Stufe des Denkens. Sie können nun ohne konkrete Bezüge Gedankengänge entwickeln und lernen grundsätzlich sowohl induktives als auch deduktives Denken. Ebenso können Kinder aus Erfahrungen Folgerungen ziehen und umgekehrt (generalisierte) Aussagen an ihren Erfahrungen überprüfen. Vor allem sind sie in der Lage, abstrakte Denkmodelle nachzuvollziehen. So ist z. B. grammatisches Wissen immer abstraktes Wissen.

BEISPIEL Fragen Sie Schüler unterschiedlichen Alters, von welchen Faktoren die Frequenz eines Pendels abhängt. Demonstrieren Sie, dass ein kurzes schweres Pendel rasch schwingt, ein langes leichtes hingegen langsam.

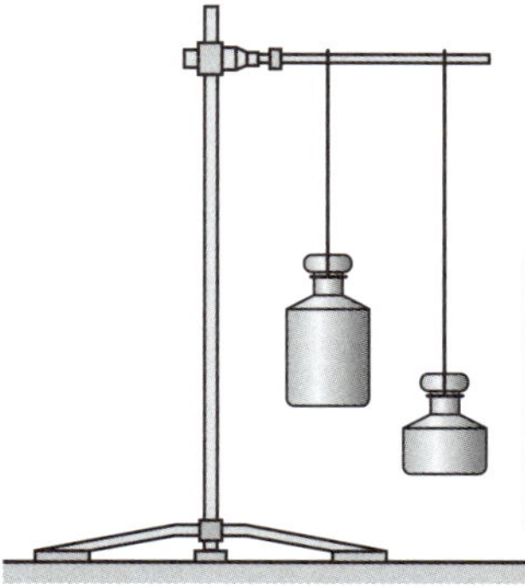

Gewicht	Länge	
	kurz	***lang***
schwer	schnell	
leicht		langsam

(R. Oerter / L. Montada, 2008)

Vorschulkinder (voroperatorisches Stadium) neigen dazu, nur eine der beiden Dimensionen zu beachten: Sie werden sagen, ein kurzes Pendel schwinge schneller, oder behaupten, ein schweres Pendel schwinge schneller, je nachdem, welches Merkmal sie gerade ins Auge fassen. Schüler der Grundschule (konkret-operatorisches Stadium) können bereits mehrere Merkmale kombinieren und werden sagen, ein kurzes und schweres Pendel schwinge schneller (dies können sie ja beobachten), sie leisten also eine logische Konjunktion beider Dimensionen, die in diesem Falle allerdings nicht zur richtigen Lösung des Problems führt, da das Gewicht des Pendels irrelevant ist. Sekundarschüler (formal-operatorisches Stadium) lösen sich von den beobachteten Fällen (kurz/schwer und lang/leicht) und sehen diese als zwei von vier möglichen Kombinationen der beiden Variablen Gewicht und Länge, wenn diese je zwei Werte aufweisen. Sie werden sagen, dass sie die Frage erst beantworten können, wenn auch die noch nicht realisierten Kombinationen der beiden Dimensionen empirisch geprüft sind, wenn sie also auch ein langes schweres und ein kurzes, leichtes beobachtet haben. Sie legen ihren Schlussfolgerungen eine systematische Kombination von Variablen zugrunde, leiten aus den gedachten Kombinationsmöglichkeiten Hypothesen ab und überprüfen diese. (Montada, 431)

Spiel und Nachahmung

Besondere Bedeutung für die kindliche Entwicklung gewinnen Spiel und Nachahmung. Im Spiel kann ein Kind Erfahrungen und Gelerntes wieder aufgreifen und so zunehmend internalisieren und besser verstehen. Im Spiel findet vornehmlich Assimilation statt.

Nachahmung ebnet Kindern den Weg, Neues zu lernen. Nicht selten ahmen Kinder Verhaltensweisen nach, ohne deren Sinngehalt vollständig zu erfassen. Dennoch bereiten sie auf diese Weise weitere Entwicklungsschritte vor. Nachahmung fördert insofern eher Prozesse der Akkomodation.

Je nach Entwicklungsstufen ändern sich die Formen der Nachahmung und des Spiels. Jüngere Kinder ahmen ihre Eltern originalgetreu nach, während Jugendliche im Rollenspiel die „Rollen“ von Eltern generalisierter abbilden. Jüngere Kinder spielen frei und unmittelbar bedürfnisorientiert. Im Grundschulalter haben Regeln im Spiel hohe Bedeutung, deren Einhaltung auch vielfach strikt gefordert wird.

Kognitive Entwicklung und Erziehung

Piaget wurde vorgeworfen, sein Modell sei statisch und er berücksichtige zu wenig die unterschiedlichen sozialen und kulturellen Lebensbedingungen von Kindern. Ihm wurde weiterhin vorgehalten, dass seine Art, die Kinder zu befragen, nicht immer kindgerecht gewesen sei. Bei kindgemäßeren Aufgaben oder Fragen seien Kinder durchaus schon in der präoperationalen Phase zu reversiblem Denken wie zur Einsicht in die Invarianz der Menge fähig. Das konnte nachgewiesen werden. Des Weiteren sind auch jüngere Kinder fähig, sich in Mitmenschen einzufühlen, wobei sie dies kaum sprachlich zum Ausdruck bringen können.
Diese berechtigte Kritik hat nur wenig Bedeutung für die pädagogischen Folgerungen, die sich aus der Theorie Piagets ergeben. Piaget erklärt unmissverständlich, dass ein Kind immer nur selbst kognitiv lernt. Pädagogisch kann dieses Lernen nicht hergestellt werden. Ein Kind muss aber pädagogisch unterstützt und gefördert oder auch zu Entwicklungsleistungen „aufgefordert" werden. Was genau ein Kind lernt bzw. welchen Entwicklungsschritt es geht, ist pädagogisch niemals sicher planbar oder steuerbar. Damit ein Kind sinnvoll lernt, ist pädagogisches Handeln dennoch unverzichtbar, da ein Kind nur schrittweise lernt. Es kann dann am ehesten lernen, wenn Anforderungen es weder unterfordern noch überfordern.
Piaget legt dar, dass Kindern altersgerecht begegnet werden muss. Pädagogen finden in den Altersangaben Piagets zwar Orientierungen hinsichtlich der kognitiven kindlichen Entwicklung, das darf sie aber nicht davon entlasten, im Umgang mit jedem Kind dessen individuellen Entwicklungsstand zu beobachten und entsprechend zu handeln.

Vertreter der Reformpädagogik forderten eine Berücksichtigung der kindlichen Bedürfnisse und Wünsche. Tatsächlich resultiert aus Piagets Theorie die Erkenntnis, dass Kindern hinreichend Zeit für das Durchleben ihrer Entwicklungsphasen zugestanden werden sollte. Wenn Kinder magisches oder animistisches Denken ohnehin aus sich selbst heraus überwinden, sollte man pädagogisch nicht anstreben, diese Prozesse zu beschleunigen. Das gilt nicht zuletzt auch deshalb, weil Kinder dieses Denken durchaus positiv erleben.

Zuletzt ermöglicht Piaget ein Verstehen von kindlichen Verhaltensweisen, das aus der Perspektive von Erwachsenen manchmal schwerfällt. Wenn man weiß und berücksichtigen kann, dass Kinder in der präoperationalen Phase noch weithin egozentrisch denken, kann man gelassener reagieren, wenn man erlebt, dass Kinder Auswirkungen ihres Verhaltens auf Mitmenschen nicht bedenken. Wenn man Kindern Verhaltensregeln erklären möchte, kann und muss man bedenken, dass Kinder bis zu einem gewissen Alter abstrakte Erläuterungen nicht nachvollziehen können.

Grundsätzlich lässt sich aber nicht voraussetzungslos davon ausgehen, dass sich das kindliche Denken konstruktiv entwickelt.

Im Mittelalter lernten die meisten Menschen deshalb kaum, formal zu denken, weil sie im Alltag nicht mit entsprechenden Anforderungen oder Aufgaben konfrontiert wurden.

Die tatsächlichen Erfahrungen, Aufforderungen, Vorbilder, Aufgaben oder auch Spielmöglichkeiten haben wesentlichen Einfluss auf die Entfaltungsmöglichkeiten von Kindern. Maria Montessori hat dieser Einsicht Rechnung getragen: Sie schuf Kindern eine vorbereitete Umgebung mit vielfältigen Materialien, damit Kinder im Umgang mit den gezielt vorbereiteten Materialien neue Entwicklungsschritte gehen können.

Zuletzt muss daran erinnert werden, dass Mündigkeit oder Moralität (im Sinne Kants) die Fähigkeit des formalen Denkens voraussetzen. Kinder können in diesem Sinne noch nicht mündig sein. Umgekehrt muss man Kindern und Jugendlichen die Ausbildung und Entfaltung formalen Denkens pädagogisch abverlangen, will man diese Kinder und Jugendlichen nicht um ihre spätere Mündigkeit „betrügen“.

3.2 Lawrence Kohlbergs Stufenmodell zur moralischen Entwicklung

Piaget fragt nicht nur, wie sich stufenweise das Denken der Kinder entwickelt, sondern er untersucht auch das moralische Bewusstsein des Kindes. In diesem Rahmen analysiert er die Entwicklung des Regelbewusstseins von Kindern:

Alter (ca.)	Anwendung der Regel	Bewusstsein der Regel
0 1 2	***1. Stadium*** (bis 2 Jahre) Motorische und individuelle Anwendung	
3 4 5 6	***2. Stadium*** (bis 2–5 Jahre) Egozentrische Anwendung	***1. Stadium*** Die Regeln sind nicht zwingend.
7 8 9 10	***3. Stadium*** (bis 7/8–10 Jahre) Beginnende Zusammenarbeit	***2. Stadium*** Die Regeln sind heilig und unantastbar.
11 12 13 14 15	***3. Stadium*** (bis 11–12 Jahre) Kodifizierung der Regeln	***3. Stadium*** Die Regeln stellen ein auf gegenseitigem Übereinkommen beruhendes Gesetz dar.

Abb. nach Garz, 96

Auf der Basis dieser Überlegungen hat Lawrence Kohlberg ein differenziertes Modell zur moralischen Entwicklung erarbeitet.

Die Stufen der moralischen Entwicklung nach Kohlberg

Kohlberg hat die Stufen der moralischen Erziehung an konkreten Dilemmata erläutert. Das bekannteste zeigt sich in der „Geschichte von Heinz".

BEISPIEL Die Frau von Heinz ist sterbenskrank. Sie kann nur durch ein Medikament gerettet werden, das ein Apotheker in der Stadt entwickelt hat. Dieser Apotheker verlangt einen Preis, der seine eigenen Herstellungskosten um das Zehnfache übersteigt. Heinz kann nur die Hälfte des Geldes aufbringen. Er bittet den Apotheker, ihm das Medikament billiger zu überlassen oder aber ihm zuzugestehen, den zweiten Teil der Summe später zu bezahlen. Beides lehnt der Apotheker ab. Daraufhin bricht Heinz bei diesem Apotheker ein und stiehlt das Medikament.
Darf er das tun? Warum (nicht)?

Kohlberg findet heraus, dass sich sowohl für als auch gegen das Handeln von Heinz moralische Argumente finden lassen. Insofern lässt sich nicht sagen, die eine Entscheidung wäre moralisch gut und die andere moralisch schlecht. Aber Kohlberg entdeckt, dass mögliche Begründungen für oder gegen das Tun von Heinz auf unterschiedlichen moralischen Niveaustufen formuliert werden.

Auf einer moralisch eher niedrigen Stufe kann man anführen: „Wenn man die Frau sterben lässt, kriegt man Schwierigkeiten." Umgekehrt kann man auf der gleichen Stufe erklären: „Man soll das Medikament nicht stehlen, weil man erwischt werden und ins Gefängnis kommen kann."

Auf einer moralisch höheren Stufe kann man erklären: „Wenn man seine Frau sterben lässt, ist man zwar die Angst los, nicht aber die Selbstvorwürfe." Auch auf dieser Stufe lässt sich gegenteilig argumentieren: „Man würde die Selbstachtung verlieren, wenn man sich von seinem Gefühl mitreißen ließe und langfristige Gesichtspunkte vergäße."

Kohlberg berücksichtigt, dass in vielen Situationen und Fällen das moralisch Richtige oder moralisch Falsche nicht einfach bestimmt werden kann. Menschen lassen sich daher zwar nicht dazu erziehen, das moralisch Richtige zu tun, sie können aber lernen, das eigene Tun in bewusster moralischer Verantwortung zu reflektieren und zu begründen.
Dieses Lernen erfolgt nach Kohlberg schrittweise und ist nicht von kognitiven Entwicklungsprozessen zu trennen. Kohlberg findet sechs Stufen der moralischen Entwicklung. Er beschreibt eine Entwicklung von einer heteronomen (fremdgesetzlichen) zu einer autonomen (selbstbestimmten) Moral.

Stufe 0:
Orientierung an Lust und Unlust (vormoralische Stufe)
Richtig und gut ist, was Spaß, Freude, Lust bereitet. Falsch und schlecht ist, was Unlust bereitet.

Präkonventionelle Ebene
Stufe 1:
Orientierung an Bestrafung und Gehorsam
Richtig und gut ist, was keine negativen Sanktionen nach sich zieht. Falsch und schlecht ist, was negative Sanktionen nach sich zieht.

Stufe 2:
Instrumentelle (instrumentell-hedonistische) Orientierung
Richtig und gut ist, was meinen Wünschen und den Wünschen anderer gleichermaßen gerecht wird. Damit vermeide ich Ärger und Auseinandersetzungen. Falsch und schlecht ist, etwas zu beanspruchen, was nicht auch der andere hat (ohne ihm „Ersatz" anzubieten), und sich damit bei der Verfolgung seiner eigenen Wünsche selbst Schwierigkeiten aufzubauen.

Konventionelle Ebene
Stufe 3:
Orientierung an personengebundener Zustimmung
Richtig und gut ist, womit ich anderen gefallen kann, mich beliebt machen kann. Falsch und schlecht ist, was Missfallen in meinem Umfeld (meiner Familie, meinem Freundeskreis) hervorruft.

Stufe 4:
Orientierung an Recht und Ordnung
Richtig und gut ist, sich gemäß den Regeln der Gemeinschaft bzw. Gesellschaft zu verhalten. Falsch und schlecht ist, diese Regeln zu verletzen bzw. zu übertreten.

Postkonventionelle Ebene
Stufe 5:
Sozialvertragsorientierung; Orientierung an gegenseitigen Übereinkünften
Richtig und gut ist, worüber Betroffene sich haben einigen können bzw. was alle Beteiligten akzeptieren könnten. Falsch und schlecht ist, wenn in meinem Handeln die Konsequenzen für andere Betroffene nicht berücksichtigt werden.

Stufe 6:
Orientierung an ethischen Prinzipien mit dem Anspruch universaler Gültigkeit
Richtig und gut ist ein Handeln, welches der Würde aller Betroffenen gerecht wird bzw. welches grundsätzlich Prinzipien der Menschlichkeit und Mitmenschlichkeit nicht verletzt. Falsch und schlecht sind Vereinbarungen, die zwar unmittelbar und kurzfristig für alle Beteiligten Vorteile mit sich bringen, langfristig und mittelbar aber fundamentale menschliche Prinzipien aushöhlen würden oder mittelbar Betroffenen schaden würden.

Nach Kohlberg können Menschen ihre Moralität nur Stufe für Stufe ausbilden. Wie bei Piaget müssen auch nach Kohlberg alle Stufen aufeinanderfolgend durchlaufen werden, um ggf. die höchste Stufe erreichen zu können. Kohlberg beurteilt skeptisch, ob alle Menschen die Stufen 5 oder 6 erreichen können.

Möglichkeiten der Förderung der moralischen Entwicklung nach Kohlberg

Primäres Mittel zur Förderung der moralischen Entwicklung ist für Kohlberg die Konfrontation von Kindern und Jugendlichen mit moralischen Dilemmata. Diese Dilemmata sollten so konstruiert sein, dass Kinder und Jugendliche herausgefordert werden, die jeweils erreichte Stufe des moralischen Bewusstseins um eine weitere Stufe zu überschreiten. In diesem Sinne könnte Schule im Unterricht verschiedener Fächer erheblich zur moralischen Bildung von Schülerinnen und Schülern beitragen.
Kohlberg begründete später „Just community schools“, in denen Schülerinnen und Schüler moralisches Handeln praktisch lernen und einüben sollen. Die Schülerinnen und Schüler dieser Schu-

len sollen Normen nicht blind folgen, sondern sich über Regeln und Werte austauschen und den schulischen Alltag mitbestimmen und mitgestalten dürfen. Es muss eingestanden werden, dass das Konzept der „Just community schools" eher in kleineren Schulen als in großen Schulen erfolgreich realisiert werden kann.

Moralische Entwicklung und Erziehung

Kohlbergs Stufenmodell hat weltweit große Beachtung gefunden. Es muss aber konstatiert werden, dass der Ansatz weitestgehend monologisch wie kognitivistisch verfährt. Damit bleiben wesentliche Voraussetzungen für moralisches Handeln außer Acht.

BEISPIEL Sybille Reinhard hat dargelegt, dass eine vermeintlich autonom-moralische Haltung vieler Schülerinnen und Schüler sich tatsächlich als konventionalistische Haltung erweist. Schülerinnen und Schüler nehmen die Haltung ein, die von ihnen erwartet wird. So kommen Schüler z. B. beim Thema „Ladendiebstahl" im Unterricht erst nach und nach und unter Lehrereinfluss zu einer Berücksichtigung „aller anderen" Betroffenen. Das legt die Vermutung nahe, dass sie eher äußeren Erwartungen nachkommen als den eigenen, also autonomen Überlegungen zu folgen. (Vgl. Reinhard 211ff.)

Das Beispiel Sybille Reinhards führt weiter vor Augen, dass aus moralischer Einsicht keineswegs zwingend ein entsprechendes Handeln erfolgen muss. Tatsächlich hat Kohlberg diesen Gesichtspunkt zu wenig bedacht.
Ob ein Mensch aufgrund seiner kognitiven Einsichten entsprechend handelt, ist auch abhängig von seinen affektiven Voraussetzungen und Bereitschaften. Insofern muss gefragt werden, welche affektive Entwicklung ein Mensch durchlaufen müsste, um die „Kraft" ausbilden zu können, moralisch zu handeln. Das gilt besonders bei belastenden Konflikten.
Pädagogisch folgt daraus, dass eine Förderung der moralischen

Entwicklung nicht allein auf kognitiver Ebene erfolgen kann, sondern immer in Kontexte sozialen und affektiven Lernens eingebunden sein muss.
Ähnlich wie Piaget die kognitiven Fähigkeiten von Kindern unterschätzt, bewertet Kohlberg ihre moralischen Fähigkeiten zu gering.

BEISPIEL Wenn ein fünfjähriger Junge beliebiges Schlagen in einer Schule deshalb unterlässt, weil es „andere Leute unglücklich macht“, so beweist er moralische Verantwortung. Wenn zehnjährige Kinder einem anderen Kind, das seine Semmel verloren hat, von ihren Semmeln abgeben, zeigen sie Mitgefühl und Solidarität. Richtig ist, dass Kinder nicht konsequent moralisch handeln und nicht frei von situativen Bedingungen bleiben. Auch sind sie in komplexen moralischen Konfliktsituationen überfordert. Sie können aber dennoch Mitgefühl zeigen und sind auch bereit, auf eigene Vorteile mit Blick auf Mitmenschen zu verzichten. (Vgl. Döbert, 495 ff.)

Ungeachtet dieser unterschiedlichen kritischen Einwände gegen Kohlbergs Modell ist sein Konzept für die Pädagogik bedeutsam. Kohlberg erläutert, dass mit Blick auf konkrete Entscheidungen die Frage nach dem moralisch Richtigen oder moralisch Falschen kaum eindeutig beantwortet werden kann. Damit wird er dem Anspruch einer nicht-affirmativen Erziehung und Bildung gerecht. Kohlberg will Kinder und Jugendliche nicht davon entlasten, zu lernen und sich moralisch zu entwickeln, aber er will ihnen keine moralische Auffassungen aufdrängen.
Aus Kohlbergs Konzept resultiert die pädagogische Aufforderung, moralisch zu denken. Mit der Einrichtung von „Just community schools“ wollte Kohlberg Prozesse unterstützen, die zu moralischem Handeln führen. Hinsichtlich dieser Aufgabe hätte er an Herbart anknüpfen können. Herbarts „Maßnahmen der Zucht“ verbinden in einem „erziehenden Unterricht“ moralisches Denken und Handeln. Die haltende und bestimmende Zucht hindern den zu Erziehenden am voreiligen fragwürdigen

Tun und fordern ihn zum Nachdenken über die Folgen seines Tuns auf. Die regelnde Zucht beinhaltet ein Nachdenken über moralische Fragen. Das gemeinsame Reflektieren von Dilemma-Beispielen könnte Bestandteil der regelnden Zucht sein. Die unterstützende Zucht bestärkt mit Lob und Tadel den zu Erziehenden, gemäß seiner eigenen moralischen Einsicht zu handeln. Diese Prinzipien pädagogischen Verhaltens könnten in Familien, Kindergärten, Schulen und anderen pädagogischen Institutionen Anwendung finden.
Entsprechende Maßnahmen sollten den Einsichten Kohlbergs Rechnung tragen, Kinder und Jugendliche niemals zu über- oder unterfordern. Eine Orientierung an moralischen Prinzipien kann Kindern und jüngeren Jugendlichen noch nicht abverlangt werden. Auch dürfen Kinder mit komplexen Entscheidungsfaktoren nicht konfrontiert werden.
Das bedeutet auch, dass Kinder die Herstellung von „Ordnungen" in größeren Gemeinschaften nicht leisten könnten. Eine entsprechende Mitbestimmung würde Kinder auffordern, zu Aufgaben Stellung zu beziehen, deren Tragweite sie nicht absehen könnten. Letztlich würden sie so nur unbemerkt von Erwachsenen manipuliert. Kinder öffentlich gegen Kriege protestieren zu lassen, stellt im Grunde eine Verführung dar, weil Kinder die Komplexität einer Entscheidung, die für oder gegen einen Krieg erfolgt, nicht erkennen können. Umso bedeutender wäre es, Kinder in ihrem Alltag in Entscheidungen einzubeziehen, deren Tragweite sie einschätzen können.

3.3 Sigmund Freuds Stufenmodell zur psychischen Entwicklung

Menschen werden durch ihre Erfahrungen im Lebenslauf geprägt. Dies geschieht auf bewusste, aber auch auf unbewusste Weise. Erfahrungen der frühen Lebensgeschichte können Denk- und Verhaltensweisen von Menschen auch noch in späten Lebensjahren steuern. Darum ist aus pädagogischer Sicht wichtig, die Bedeutung der Erfahrungen von Kindern und Jugendlichen im Prozess ihres Aufwachsens zu verstehen. So lassen sich Kinder und Jugendliche begleiten und fördern, dass sie sich mündig entwickeln können, also nicht abhängig von unbewältigten Erfahrungen und unbearbeiteten Gefühlsentwicklungen bleiben müssen. Darüber hinaus ist pädagogisch bedeutsam, dass Kinder sich nicht nur kognitiv und moralisch, sondern auch affektiv unbelastet entwickeln können.

Freuds Entdeckung und Analyse des Unbewussten

Sigmund Freud (1856–1939) gilt als Begründer der Psychoanalyse. Freud arbeitete als Nervenarzt mit Patienten, die physische Leiden infolge von unbearbeiteten Lebenserfahrungen entwickelten. Mühsam gelang es Freud, in Patientengesprächen solche belastenden Lebenserfahrungen in Erinnerung zu rufen. Er konnte vielfach erreichen, dass sich mit der Wiedergewinnung der Erinnerungen die physischen Krankheitssymptome reduzierten oder sogar vollständig verschwanden.

Freuds bedeutendste, aber auch umstrittenste Erkenntnis ist die Entdeckung des **Ödipuskonflikts**. Innerhalb der Behandlung unterschiedlicher Patientinnen und Patienten gewann Freud die Überzeugung, dass sich im Alter von 4 bis 5 Jahren jedes Kind in seinen andersgeschlechtlichen Elternteil verliebe und umgekehrt Gefühle der Abneigung gegen den gleichgeschlechtlichen Elternteil entwickle. So entstünden zugleich Schuldgefühle, die vielfach zu einer Verdrängung des Begehrens des andersgeschlechtlichen Elternteils führten, womit aber der Konflikt nicht bewältigt wäre. Das Kind kann nach Freud am Ende den Ödipuskonflikt konstruktiv überwinden, indem es sich mit dem gleichgeschlechtlichen Elternteil identifiziert, diesen idealisiert und ihm nacheifert. Es sucht Wege, dem anderen Elternteil so zu gefallen, wie es der gleichgeschlechtliche Elternteil tut. Das Kind löst sich zugleich von der „Liebe“ zum andersgeschlechtlichen

Elternteil, indem die Leistungen, die es erbringen will, neuen und hohen Stellenwert gewinnen.
Mit Blick auf diesen Ödipuskonflikt gewann Freud die Überzeugung, dass die zivilisatorischen Anforderungen einerseits und die menschliche Triebstruktur andererseits nicht leicht vereinbar seien. Die kulturellen Anforderungen müssten im Menschen immer auch „Unbehagen“ auslösen. Tatsächlich können Menschen in der Gesellschaft ihre Triebe nicht frei ausleben, sondern müssen sie kontrollieren.

Stufen der psychischen Entwicklung nach Freud

Freud glaubt, dass Kinder diese Triebkontrolle vom Tag der Geburt an lernen müssen. Er geht davon aus, dass das erste Organ der Lustempfindung der Mund ist: Das Kind erlebt beim Saugen an der mütterlichen Brust Lust und Wohlbehagen. Darum nannte Freud diese Phase die orale Phase. Welche Folgen aber hat es, wenn dem Kind diese Erfahrung in der oralen Phase verwehrt wird?
Mit der Reinlichkeitserziehung wird das Kind vor Verhaltensanforderungen gestellt. Vielleicht droht sogar eine Bestrafung, wenn es die Erwartungen nicht erfüllt. Das gilt insbesondere im Hinblick auf die sog. Sauberkeitserziehung. Kinder erleben ihre Ausscheidungen als Produkt von ihnen selbst und erfahren sie nicht als ekelhaft. Sie müssen diese aber sofort „abgeben“ und ihnen wird streng verboten, mit diesen zu „spielen“. Weiterhin lernen Kinder in dieser Phase, ihre Muskeln zu gebrauchen. Das gilt insbesondere für den Schließmuskel, der unter besonderer Aufsicht der Erwachsenen steht. Weil in diesem Kontext der „Anus“ hohe Bedeutung für das Kind hat, bezeichnet Freud diese Lebensphase dann als anale Phase.
Nach der Phase des Ödipuskonflikts konnte Freud in der kindlichen Entwicklung keinen Konflikt auffinden, an welchem er kindliches Lustempfinden festmachen konnte. Freud erklärte die mit einer Phase der sexuellen Inaktivität: die Latenzzeit.

Die Latenzzeit wird dann durch die Pubertät abgelöst, die mit einem heftigen Wiedererwachen der Sexualität verbunden ist.

Orale Phase (0. bis 1. Jahr)

Die Erfahrung von Lust und Unlust prägt das Erleben des Kindes.
Primäres Organ der Lusterfahrung ist der Mund.

▼

Anale Phase (2. bis 3. Jahr)

Die Erfahrung von Festhalten und Abgebenmüssen prägt das Erleben des Kindes. Primäres Organ der Lusterfahrung ist der Anus.

▼

Ödipale Phase (4. bis 5. Jahr)

Die Erfahrung von Begehren und Zurückweisung prägen das Erleben des Kindes. Die Genitalien werden als Organe der Lusterfahrung wahrgenommen.

▼

Latenzzeit (6. bis 12. Jahr)

Sexuelle Triebe und Wünsche werden „sublimiert".
Das Kind will jetzt Leistungen zeigen und sucht Anerkennung, erfährt aber auch Abweisung.

▼

Pubertät (13. bis 18. Jahr)

Erfahrungen sexueller Intimität gewinnen an Bedeutung.
Die Genitalien werden als Organe der Lusterfahrung aktiv erlebt.

Die psychische Struktur nach Freud

Freud ist der Ansicht, dass in allen Phasen Kinder und Jugendliche lernen, ihre Triebimpulse oder Wünsche vor dem Hintergrund gesellschaftlicher oder kultureller Erwartungen zu kon-

trollieren oder zu unterdrücken. Freud nimmt an, dass diese Lernprozesse weitgehend unbewusst ablaufen. Im Laufe ihrer Entwicklung internalisieren Kinder kulturelle Normen infolge von Verboten, Strafen, Vorgaben, Kritik, Ablehnung.
Vor diesem Hintergrund sieht er als Ziel der menschlichen Entwicklung, dass Menschen zwischen Triebimpulsen und Bedürfnissen (ES) einerseits und kulturellen Normen bzw. individuellem Gewissen (ÜBER-ICH) andererseits über das ICH vermitteln können.

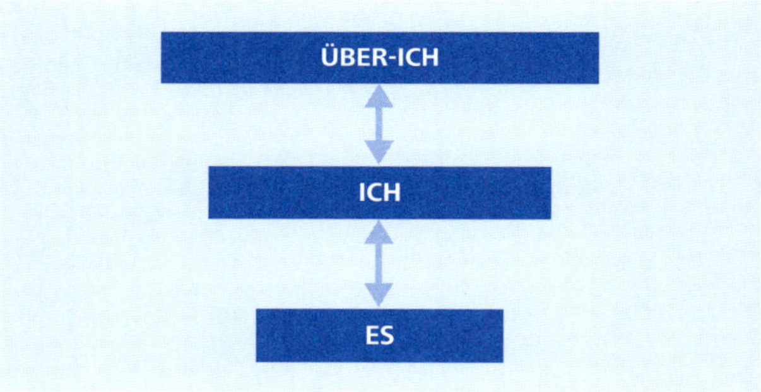

Es stellt sich die Frage, wie Menschen diese Vermittlung lernen können. Werden Kinder rigide im Sinne jeweils geltender kultureller Moralvorstellungen erzogen und immer wieder zur Triebunterdrückung gezwungen, kann dies destruktive Folgen nach sich ziehen. Eine kontinuierliche Triebunterdrückung kann zu Neurosen und Zwangsvorstellungen führen. Menschen, die streng zur Reinlichkeit erzogen wurden, können z. B. Waschzwänge ausbilden. Menschen, die sich selbst bestimmte Dinge nicht erlauben können, missachten ggf. Menschen, die sich diese Dinge erlauben, oder wollen sie vielleicht verfolgen und bestrafen.
In diesem Kontext darf das psychische Gewissen nicht mit dem moralischen Gewissen voreilig identifiziert werden. Daher muss Bestandteil jeder moralischen Erziehung sein, dass ein Mensch

lernt, sein eigenes psychisches Gewissen kritisch betrachten zu können.
Lange Zeit ging Freud davon aus, dass der Sexualtrieb, **Libido** (Lebenstrieb), die Triebfeder menschlichen Handelns sei. Aggressives oder sogar direkt gewalttätiges Verhalten von Menschen begriff er nicht als Ausdruck dieses Sexualtriebs, sondern als Folge der Unterdrückung dieses Triebs. Rigide Triebunterdrückung, so glaubte Freud, fördere die Bereitschaft zu gewalttätigem Handeln.
Die Brutalitäten im Ersten Weltkrieg führten zu einem Überdenken und zu einer Korrektur dieser Auffassung. Die Einsicht, dass Menschen zu brutaler Gewalt fähig und bereit waren, überzeugte Freud davon, dass neben der Libido ein weiterer grundlegender Trieb den Menschen präge: der **Destruktionstrieb** (Todestrieb). Der Mensch strebe psychisch nicht nur nach Entfaltung seiner Lüste, sondern auch nach Zerstörung und Tötung. Insofern prägten den Menschen zwei Triebe gleichermaßen: Libido und Destrudo.

MERKE
Der Mensch muss also in seinem Leben die Regungen sowohl des Lebens- als auch des Todestriebs bewältigen. Dies geschieht in Auseinandersetzung mit den Orientierungen und Normen seiner kulturellen und gesellschaftlichen Lebenswelt, die sich (unbewusst) in seinem Über-Ich abbilden.

Freuds grundsätzlich bedeutendste Einsicht ist die Erkenntnis über die Macht des Unbewussten. Er erläutert dies an den Phänomen der **Rationalisierung** und der **Projektion**. Mit Rationalisierungen verdrängen Menschen die Wirklichkeit, dass das eigene Handeln psychischen Motiven folgt oder Ausdruck unbewusster Triebunterdrückung ist.

BEISPIEL Wenn das Verhältnis von Kindern zu ihren Eltern schwierig war, ist es möglich, dass sich dies in einer ablehnenden Haltung gegenüber älteren Menschen oder Autoritäten niederschlägt. Aus tiefenpsychologischer Sicht stellen sie sich immer noch gegen ihre Eltern, können sich das aber nicht bewusstmachen: Sie haben internalisiert, dass sie ihre Eltern lieben und achten müssen. Bei der Kritik an älteren Menschen bemühen sie sich umso mehr, dies zu begründen. Sie suchen nach möglichen Schwächen und Fehlern, die sie ihnen begründet vorhalten können. Sie geben äußerlich vor, sich nicht bevormunden zu lassen, bleiben aber abhängig von ihren Gefühlen, die sie nur verdrängen, nicht aber aufarbeiten können. Letztlich haben sie ihre Gefühle der Ablehnung gegen die eigenen Eltern auf ältere Menschen projiziert.

In diesem Sinne können Menschen, ohne sich dessen bewusst zu sein, Wut und Hass, aber auch Wünsche und Hoffnungen auf Mitmenschen projizieren.

Erziehung und psychische Entwicklung

In der Pädagogik wird nach der Entwicklung des Menschen zum Menschen gefragt. Der Mensch soll sich als freies, sprachlich fähiges und damit vernunftbegabtes Wesen entwickeln und entfalten und sein Leben gemeinsam mit Mitmenschen sinnvoll gestalten können.

Freud betrachtet hauptsächlich den „psychischen Apparat“ des Menschen, weniger den Menschen selbst.

Tatsächlich aber kann ein Mensch glauben, „frei“ zu sein, wird aber doch von seinem Unbewussten dominiert. Diese Erkenntnis muss pädagogisch berücksichtigt werden. Das gilt auch und besonders mit Blick auf die Gewissensbildung. Moralische Urteile sollten nicht Resultate von verdrängten Erfahrungen oder Rationalisierungen sein.

Umgekehrt muss aus pädagogischer Sicht daran erinnert werden, dass ein Mensch sein Glück oder seinen Sinn im Leben nicht allein darin findet, wenn es ihm gelingt, sein Triebleben mit den jeweils vorherrschenden Normen und Orientierungen in der Gesellschaft zu vereinbaren.

3.4 Erik H. Eriksons Stufenmodell zur psychosexuellen und psychosozialen Entwicklung

Erik H. Erikson differenzierte einerseits die Freud'schen Phasen der psychischen Entwicklung, andererseits fragte er nach erzieherischen Verhaltensmaximen für Erziehende im Umgang mit Kindern in bestimmten Entwicklungsphasen. Erikson hat diese Phasen als Entwicklungsphasen betrachtet, die sich im Wechselspiel von innerpsychischen Prozessen und sozialen (gesellschaftlichen) Erfahrungen ausbilden. Dieser Prozess verläuft niemals geradlinig und konfliktfrei. Nach Erikson kann ein Mensch erst über Entwicklungskrisen reifen und sich entfalten. Damit sieht Erikson Entwicklungskrisen positiv. Wenn aber eine konstruktive psychische Entwicklung von den sozialen Erfahrungen eines Kindes oder Jugendlichen abhängt, so resultiert daraus eine besondere pädagogische Verantwortung für diese Entwicklung. Pädagogische Einflussnahme sollte nicht darauf abzielen, Krisen zu vermeiden, sondern stattdessen das Kind oder den Jugendlichen darin zu unterstützen, Krisen konstruktiv zu bewältigen. Wichtig bleibt der Gedanke Eriksons, dass die Ausbildung einer psychischen Struktur auch Resultat von sozialen und gesellschaftlichen Erfahrungen ist.

BEISPIEL Vor dem Hintergrund dieser Überlegungen beobachtete Bruno Bettelheim das Aufwachsen von Kindern in israelischen Kibbuzim. Die Kinder werden von Beginn an in der Gemeinschaft und auch für die Gemeinschaft erzogen. Sie entwickeln weniger intime Beziehungen zu einzelnen Personen (auch nicht zu ihren Eltern), als es in der europäischen oder amerikanischen Kultur der Fall ist. Diese Kinder bilden auf diese Weise eine psychische Struktur aus, die weniger auf sich selbst bezogen ist. Sie sorgen sich weniger um ihr eigenes Fortkommen als um ihre Rolle in der Gemeinschaft. Sie suchen weniger Erfolg für sich selbst, sondern vielmehr wollen sie sich in der Gemeinschaft als nützlich erweisen. Sie bleiben auch in dem Sinne eng

an der Gemeinschaft orientiert, dass sie kaum oder keine Interessen außerhalb der Gemeinschaft entfalten. (Bettelheim, 304 ff.)
Eriksons fundamentale Einsicht mit Blick auf erzieherisches Verhalten ist bedeutsam, zumal sie mit Blick auf alle Entwicklungsphasen in gleicher Weise gilt: Extreme Orientierungen von Kindern führen immer auch zu extremen Verhaltensweisen – und zwar immer in zwei extreme Richtungen, unabhängig davon, welcher extremen Orientierung ein Kind unterliegt.

Phasen der psychosozialen Entwicklung nach Erikson

1. **Phase bzw. Krise:**
   Urvertrauen gegen Urmisstrauen (0.–2. Jahr)
   Das Kind erlebt Nähe und Geborgenheit insbesondere bei der Mutter. Besonderen Stellenwert in der Begegnung zwischen ihr und dem Kind hat zunächst das Organ der ersten Lustempfindung: der Mund. Das Kind erlebt so ein tiefreichendes inneres Vertrauen. Erfahrungen des Kindes, bei denen das Gefühl der Geborgenheit gestört werden, sind unvermeidbar. Das Kind schreit und die Mutter kann nicht sofort bei ihm sein. Wenn das Kind Zähne bekommt, kann es beim Saugen beißen und muss dann zurückweisende Reaktionen erfahren. Solche Erfahrungen lassen im Kind „Misstrauen" entstehen. Diese Störungen bewirken aber, dass das Kind Aktivitäten beginnt und so seine eigene Entwicklung unterstützt. Darum ist „Misstrauen" des Kindes grundsätzlich entwicklungsfördernd. Ein Kind, das der Überfürsorge der Mutter nicht entwachsen kann, kann später hektisch handeln oder aber auffallend passiv bleiben. Das gilt ebenso für ein Kind, dass von seiner Mutter massiv vernachlässigt wurde.

2. **Phase bzw. Krise:**
   Autonomie gegen Scham und Zweifel (2.–3. Jahr)
   Erikson geht weiter als Freud und stellt heraus, dass das Kind in dieser Phase nicht nur erfährt, seine Muskeln gebrauchen

zu können, sondern auch seinen eigenen Willen ausbildet und artikuliert. Damit aber erfährt es auch Widerstände, Ablehnung und möglicherweise sogar Strafe. Die Sauberkeitserziehung gewinnt in diesem Rahmen deshalb hohe Bedeutung, weil menschliche Körperausscheidungen gesellschaftlich und kulturell oft als abstoßend angesehen werden. Dem Kind wird deutlich gemacht, dass bestimmtes Tun „schlecht" und verboten sei. Es verbindet solches Verhalten mit dem Gefühl von Scham und Selbstzweifel. Zugleich ist diese Altersphase aber eine Phase des Erkundens. Kinder erleben ihre Kräfte und Fähigkeiten. In diesem Sinne erfahren Kinder „Autonomie". Scham und Zweifel helfen dem Kind, Ansprüche der Gemeinschaft zu internalisieren und auszuhalten. Sie lernen so auch, ihren Willen und ihre Bedürfnisse zu kontrollieren und ggf. zu unterdrücken. Das ist pädagogisch gesehen sinnvoll, denn ein Mensch soll nicht sein Leben lang Sklave seiner Bedürfnisse bleiben. Das darf aber wiederum nicht in der Weise geschehen, dass jedwede Autonomie der Kinder unterdrückt werden dürfte.

Nicht wenige Wissenschaftler glauben, dass die Tatsache, dass in Deutschland zur Zeit des Nationalsozialismus nur sehr wenige Menschen bereit waren, im „Ungehorsam" gegen den Staat für die Rechte und Würde von Menschen einzutreten, auch Resultat einer dominierenden Erziehungspraxis in Deutschland gewesen sei, die auf Gehorsam und Unterordnung aufgebaut habe.

Eltern, die ihren Kindern beliebig Freiheiten zugestehen, können damit bewirken, dass ihre Kinder sich bald Autoritäten wünschen, denen sie sich dann gerne und kritiklos unterordnen. Auch gegenteilige Entwicklungen wären denkbar: Die Kinder könnten ebenso irgendwann jegliche Autorität ablehnen und mögliche Schamgefühle zu ignorieren versuchen. Sie würden so auch nicht mehr nach berechtigten Autoritäten fragen und keine Zweifel hegen, wenn sie möglicherweise Fragwürdiges tun wollten.

3. **Phase bzw. Krise:**
   Initiative gegen Schuldgefühl (4.–5. Jahr)
   Erikson berücksichtigt in dieser Phase Rivalitäten und Konkurrenzen der Kinder mit Geschwistern oder anderen Kindern und erweitert damit Freuds Annahme vom Ödipuskonflikt. Wenn ein Kind den andersgeschlechtlichen Elternteil „liebt" und Hassgefühle gegen den gleichgeschlechtlichen Elternteil entwickelt, bildet es zugleich Schuldgefühle aus, weil es auch den gleichgeschlechtlichen Elternteil „liebt". Ähnliche Konflikte erlebt es mit Geschwistern, die es als Konkurrenten – z. B. bei der Gewinnung der Zuneigung der Eltern – wahrnimmt, aber eben auch „liebt".
   Mögliche Schuldgefühle können Menschen hindern, auf fragwürdige Weise oder mit fragwürdigen Zielen die Initiative zu ergreifen. Nach Freud und Erikson ist diese dritte Lebensphase die Phase, in der die kindliche Gewissensbildung stattfindet. Kinder internalisieren jetzt nicht einfach Verbote und Normen, sie internalisieren diese auf eine Weise, dass sie einen Übertritt dieser Verbote und Normen zugleich als eine Verletzung von geliebten Menschen erleben.
   Pädagogisch ist wichtig, dass Kinder in dieser Zeit ein Gewissen ausbilden, auch wenn sie noch nicht in der Lage sind, selbst kritisch zu prüfen, was ihr Gewissen ihnen vorgibt. Ein zu rigides Gewissen könnte sie hindern, überhaupt im Leben „Initiative" ergreifen zu können.

4. **Phase bzw. Krise:**
   Werksinn gegen Minderwertigkeitsgefühl (6.–12. Jahr)
   Kinder wollen durch Leistungen Gefallen finden und suchen die Anerkennung ihrer Eltern, ihrer Lehrer, ihrer Freunde und Verwandten. Sie sind jetzt bereit, sich anzustrengen, um Ziele zu erreichen.
   Sie erleben aber auch Konkurrenz und müssen die Erfahrung machen und aushalten, dass sie bestimmte Erwartungen nicht erfüllen können oder dass andere Kinder bestimmte Leis-

tungen „besser“ erbringen können als sie selbst. Wenn Kinder eigenes Versagen erleben, erfahren sie sich selbst als minderwertig. Sich selbst als minderwertig zu erleben, kann nicht nur zu Leistungsbereitschaft motivieren, es führt auch zu einer realistischen Selbsteinschätzung. Umgekehrt dürfen solche Erfahrungen nicht ein solches Ausmaß gewinnen, dass Kinder völlig demotiviert würden.

5. Phase bzw. Krise:
Identität gegen Identitätsdiffusion (13.–16. Jahr)
Die fünfte psychosoziale Krise bedeutet eine radikale Veränderung im Übergang vom Kindes- zum Jugendalter. Hormonelle Veränderungen führen zu neuen Körperwahrnehmungen. Des Weiteren findet eine Ablösung vom Elternhaus und eine Zuwendung zu Peer-Gruppen statt. Verschiedene Einflüsse und Erfahrungen müssen die Jugendlichen bewältigen.

Jugendliche suchen neue Leitbilder und orientieren sich zeitweise an Idolen und Moden. Das ist oft nur ein Weg, um sich von ihrer bisherigen Lebensweise abzugrenzen. Erikson hat vorgeschlagen, ihnen ein sog. Moratorium einzuräumen, also eine Zeit, in der sie sich frei von unmittelbaren (Leistungs-) Erwartungen entwickeln können. Er hält sogar für sinnvoll, dass Jugendliche zeitweise den Schulbesuch unterbrechen, um Zeit für die eigene Selbstfindung zu haben.
Eltern müssen zulassen, dass Jugendliche jetzt ihre eigene Identität entwickeln. Sie müssen lernen, sich neu und anders mit ihren Kindern auseinanderzusetzen. Das heißt indes keineswegs, dass sie kritiklos alles hinnehmen sollten, was Jugendliche sagen und tun. Das heißt auch nicht, dass sie vollends auf Verbote verzichten könnten oder sollten. Aber sie müssen sich fragen, welche Verbote oder Gebote für Jugendliche noch sinnvoll sein können.
Erwachsene müssen begreifen, dass ihre Lebensorientierungen, die sie Jugendlichen anbieten, mit anderen Orientie-

rungen für Jugendliche konkurrieren. Erwachsene müssen somit versuchen zu überzeugen – durch Argumente, durch eigenes Vorbildverhalten.

Man muss eingestehen, dass der Weg der Identitätsfindung von Jugendlichen scheitern kann und dass Erwachsene niemals sicherstellen können, dass dieser Weg gelingt. Der Weg der Identitätsfindung ist nicht risikolos, indes würden alle Versuche, ein solches Risiko zu vermeiden, zugleich Versuche der Entmündigung sein.

6.–8. Phase bzw. Krise:

Intimität gegen Isolierung; Generativität gegen Stagnation; Integrität gegen Verzweiflung und Elend

Nach Erikson sind die fundamentalen Entwicklungskrisen des Menschen mit dem Erreichen des Erwachsenenalters keineswegs beendet, sie haben aber weniger pädagogische Bedeutung. Allerdings muss man einräumen, dass auch in späteren Lebensphasen pädagogische oder therapeutische Hilfe für Menschen bedeutsam sein kann.

So müssen Menschen nach der Pubertät lernen, tiefe und intime partnerschaftliche Beziehungen einzugehen. Später geht es darum, dauerhafte partnerschaftliche Beziehungen aufzubauen und Verantwortung zu übernehmen. Sie müssen zuletzt alle ihre Taten in ihr Leben integrieren.

Psychosoziale Entwicklung und Erziehung

Nach Erikson fördern extreme pädagogische Orientierungen extreme Lebenshaltungen oder Lebenswege von Menschen. Zugleich erläutert Erikson, dass Krisen grundsätzlich entwicklungsfördernd sind. Ist diese Annahme richtig, so ist es pädagogisch nicht erstrebenswert, Kinder oder Jugendliche vor Krisen bewahren zu wollen. Allerdings beinhaltet jede Krise auch Möglichkeiten des Scheiterns. Pädagogisch kann und muss Unterstützung gegeben werden, bewältigen aber muss jeder sie selbst, so wie er sich selbst entwickeln muss.

Erikson geht von der traditionellen Familie aus, die oft nicht mehr besteht. Das gilt auch im Hinblick auf Familien, in denen beide Eltern gemeinsam die Kinder erziehen. Auch in diesen Familien haben sich die elterlichen Rollen vielfach verändert.
In vaterlosen Familien neigen Mütter häufig dazu, eine besonders intensive emotionale Beziehung zu ihren Kindern pflegen zu wollen. Damit laufen sie Gefahr, die Kinder zu sehr zu binden und ihnen nicht erste Schritte des Ablösens zu ermöglichen. Aus tiefenpsychologischer Sicht können solche Kinder später auf der Suche nach einem unbewussten Gefühl tiefer innerer Sicherheit und Geborgenheit bleiben. Daraus könnte z. B. eine mangelhafte Motivation zum Lernen und Handeln erwachsen. Weiter besteht die Gefahr, dass Jungen, die ohne Väter aufwachsen, sich statt realer männlicher Vorbilder fragwürdige Idole als Vorbilder wählen. Problematisches gewaltorientiertes Verhalten von Jungen ließe sich so teilweise erklären. Pädagogisch ergibt sich aus dieser Einsicht die Konsequenz, dass angestrebt werden muss, dass Kinder in vaterlosen Familien männliche Bezugspersonen benötigen. Diese müssen für sie real und dauerhaft an Bedeutung gewinnen.

Erikson sieht Entwicklung oder Erziehung als gelungen an, wenn es jungen Menschen im Prozess ihres Aufwachsens gelingt, die Balance zwischen den jeweiligen extremen Orientierungspolen zu finden.
Dieser Gedanke ist aus pädagogischer Sicht nicht falsch, wobei immer auch das pädagogische Ziel der Mündigkeit im Blickfeld bleiben sollte. Mündigkeit meint indes mehr als Identitätsfindung. Mündigkeit meint auch die Fähigkeit, sich mit sich selbst und seiner Lebenswelt konstruktiv wie kritisch auseinandersetzen zu können. Umgekehrt muss bedacht werden, dass Mündigkeit kaum entstehen könnte, wenn unbewältigte Entwicklungskrisen sich fortwährend auf die Identität oder Persönlichkeit eines Menschen auswirken würden.
Erikson erinnert daran, dass Krisen in der Entwicklung bewältigt werden müssen, damit Mündigkeit überhaupt entstehen kann.

Pädagogen müssen wissen, dass krisenhafte Erfahrungen Menschen Schritt für Schritt von Abhängigkeiten insofern frei machen, als sie lernen, sich zunehmend eigenständig mit diesen Abhängigkeiten auseinanderzusetzen (z. B. Trieben und Bedürfnissen, Urteil der Eltern oder Gleichaltrigen, sozialen und gesellschaftlichen Normen).

3.5 Acht Maximen zur „produktiven Realitätsverarbeitung" von Jugendlichen nach Klaus Hurrelmann

Dass Krisen und Schwierigkeiten in der Entwicklung bewältigt werden müssen, hat auch Klaus Hurrelmann, Erziehungs-, Sozial- und Gesundheitswissenschaftler, ausführlich bedacht. Hurrelmann nimmt besonders die Phase der Jugend in den Blick. Er plädiert dafür, die Phase der Jugend in der Sozialwissenschaft oder Erziehungswissenschaft höher zu gewichten: Jugend sei nicht nur eine Übergangsphase, sondern stelle eine eigene und bedeutende Lebensphase dar.

Entwicklungsaufgaben des Jugendlichen

Hurrelmann spricht von besonderen Entwicklungsaufgaben des Jugendalters: Der Mensch muss im Umgang mit den Systemen „Körper, Psyche, soziale und psychische Umwelt" Entwicklungsleistungen erbringen. Insbesondere in dieser Altersphase erlebt der Jugendliche massive Veränderungen und seine Wahrnehmung hinsichtlich der bedeutenden Systeme seines Lebens verändert sich.

Der Jugendliche/die Jugendliche muss:

- intellektuelle und soziale Kompetenz ausbilden, um Anforderungen des Bildungssystems sowie des Berufslebens nachkommen zu können und auf diese Weise die Voraussetzung für eine zukünftige selbstständige Existenz zu schaffen;

- die eigene Geschlechtsrolle entfalten, Bindungsfähigkeiten ausbilden und eine Partnerschaft eingehen, so das Fundament für eine mögliche spätere Erziehung eigener Kinder legen;
- ein eigenes System von Werten und Normen ausbilden, an dem sich das eigene Handeln tatsächlich orientiert;
- einen eigenen Lebensstil finden und selbstständig angesichts vielfältiger Konsumierungs- wie Handlungsangebote wählen und bestimmen können.

Auf diese Weise trägt Hurrelmann dem pädagogischen Gedanken Rechnung, dass Jugendliche mündig werden sollen. Er betont, dass Jugendliche ihren eigenen Weg finden sollen und müssen, ohne dass gesellschaftliche Anforderungen ausgeblendet werden können. Eine kritische oder moralische Perspektive ist in seinen Überlegungen nicht grundlegend.

Die acht Maximen Hurrelmanns

Hurrelmann formuliert acht Thesen mit Blick auf die „produktive Realitätsverarbeitung" von Jugendlichen. Dabei spricht er von Maximen, da nach seiner Auffassung diese Gesichtspunkte im Umgang mit Jugendlichen Berücksichtigung finden müssten.

1. Maxime
Wie in jeder Lebensphase gestaltet sich im Jugendalter die Persönlichkeitsentwicklung in einem Wechselspiel von Anlage und Umwelt. Hierdurch werden die Grundstrukturen für Geschlechtsmerkmale definiert. (...) Die genetische Ausstattung legt Spiel- und Möglichkeitsräume für Entwicklung und Verhalten fest, die durch Umwelteinflüsse verändert und geformt werden.

2. Maxime
Im Jugendalter erreicht der Prozess der Sozialisation, verstanden als die dynamische und produktive Verarbeitung der inneren und äußeren Realität, eine besonders intensive Phase und zugleich für den gesamten weiteren Lebenslauf Muster bildenden Charakter. (...) Notwendig ist ständige „Arbeit an der eigenen Person", ein Bemühen um Strukturierung und Gestaltung der Persönlichkeit.

3. Maxime
Menschen im Jugendalter sind schöpferische Konstrukteure ihrer Persönlichkeit mit der Kompetenz zur eigengesteuerten Lebensführung.

4. Maxime
Die Lebensphase Jugend ist durch die lebensgeschichtlich erstmalige Chance gekennzeichnet, eine Ich-Identität zu entwickeln. Sie entsteht aus der Synthese von Individuation und Integration, die in einem spannungsreichen Prozess immer wieder neu hergestellt werden muss.

5. Maxime
Der Sozialisationsprozess im Jugendalter kann krisenhafte Formen annehmen, wenn es Jugendlichen nicht gelingt, Anforderungen der Individuation und der Integration aufeinander zu beziehen und miteinander zu verbinden. In diesem Fall werden die Entwicklungsaufgaben des Jugendalters nicht gelöst und es entsteht Entwicklungsdruck.

6. Maxime
Um die Entwicklungsaufgaben zu bewältigen und das Spannungsverhältnis von Individuations- und Integrationsanforderungen abzuarbeiten, sind neben individuellen Bewältigungsfähigkeiten („personale Ressourcen") auch soziale Unterstützungen durch die wichtigsten Bezugsgruppen („soziale Ressourcen") notwendig.

7. Maxime
Neben der Herkunftsfamilie sind Schulen, Ausbildungsstätten, Gleichaltrige und Medien als „Sozialisationsinstanzen" die wichtigsten Vermittler und Unterstützer im Entwicklungsprozess des Jugendalters. Günstig für die Sozialisation sind sich ergänzende und gegenseitig anregende Impulse dieser Instanzen.

8. Maxime
In westlichen Kulturen ist Jugendphase eine eigene Phase im Lebenslauf und nicht nur Übergangsphase.

Überblick: Die acht Maximen Hurrelmanns (Hurrelmann, 64 f.).

Hurrelmann geht davon aus, dass Menschen erst im Jugendalter eine bewusste Ich-Identität ausbilden. Wie Erikson sieht er, dass dieser Prozess der Ich-Findung krisenhaft und schmerzhaft sein kann. Mit der 6. und 7. Maxime deutet er pädagogische Konse-

quenzen an. Jugendliche brauchen „soziale Ressourcen", um die vielfältigen Aufgaben des Jugendalters bewältigen zu können. Hurrelmann nennt konkret Schulen, Ausbildungsstätten, Gleichaltrige, Medien und primär die Herkunftsfamilie. Das aber bedeutet, dass alle diese Instanzen oder Institutionen pädagogische Verantwortung sehen und tragen können müssten. Diesen Gesichtspunkt erkennt Hurrelmann, ohne ihn zu problematisieren. Medien oder auch Gleichaltrige berücksichtigen selten pädagogische Orientierungen. Welche Impulse werden tatsächlich gegeben? Welche Auseinandersetzungen erleben Jugendliche?
Müssten Jugendliche nicht zumindest wissen, dass ihr Verhalten gegenüber Gleichaltrigen diese immer auch mit prägen kann? Welches Verhalten wiederum kann Jugendliche tatsächlich fördern? Wo finden Jugendliche in Krisen Unterstützung, Trost oder einfach nur Ansprechpartner? Inwiefern sind sie schon selbst dafür verantwortlich, sich entsprechende Ressourcen aufzubauen?

Produktive Realitätsverarbeitung Jugendlicher und Erziehung

Wichtig bleibt die Einsicht Hurrelmanns, dass Jugendliche Realität selbst produktiv verarbeiten und bearbeiten, wenn auch nicht unabhängig von genetischen Dispositionen. Sie bedürfen aber der Unterstützung und auch der Aufforderung, dies zu leisten.
Möglicherweise hätte Hurrelmann verdeutlichen können, dass der individuelle Rückgriff von Jugendlichen auf soziale Ressourcen zur Bewältigung von Schwierigkeiten und Krisen auf sehr unterschiedliche Weisen erfolgen kann. Jugendliche sollen nicht erst Individuen werden, sie sind es schon. Wann und auf welche Weise sie sich in bestimmten Situationen an wen wenden, lässt sich pädagogisch weder bestimmen noch empfehlen. Allerdings können insbesondere Erwachsene darüber nachdenken, unter welchen Voraussetzungen sie als Ansprechpartner für Jugendli-

che wichtig werden könnten, wodurch sie sich ihnen als Vertrauenspersonen anbieten könnten.
Aus allgemeinpädagogischer Sicht bleibt wichtig, dass Jugendliche pädagogisch aufgefordert werden, nicht nur sich selbst zu sehen. Jugendliche sollen auch Verantwortung und Moralität ausbilden. Darum ist es wichtig, sie anzuregen, immer auch ihre Umwelt und Mitmenschen im Blick zu haben. Das anzuregen wäre auch Aufgabe der Menschen, die für sie zu „Ressourcen" werden. Jugendliche könnten an ihnen erfahren, dass Menschen nicht nur sich selbst sehen. Sie könnten in Auseinandersetzungen und Gesprächen mit ihnen lernen, den eigenen Blick über das unmittelbare eigene Umfeld oder den unmittelbaren Freundes- und Bekanntenkreis hinaus zu richten.

3.6 Entwicklung in der Gesellschaft: Sozialisation

Menschliche Entwicklung findet nicht im luftleeren Raum statt. Von Beginn ihres Lebens an entwickeln sich Menschen unter Mitmenschen. Sie müssen nicht nur in kleine und überschaubare Gemeinschaften (z. B. Familie) hineinwachsen, bald erweitert sich ihr Horizont über die Familie hinaus. Im Rahmen dieses Entwicklungsprozesses werden sie zunehmend mit den Regeln nicht nur ihrer Familie oder von Kindergärten und Schulen konfrontiert, sondern sie müssen auch gesellschaftliche Verhaltenserwartungen bewältigen lernen.
Aus pädagogischer Sicht ist dieser Prozess ambivalent zu betrachten. Tatsächlich entstehen gesellschaftliche Verhaltenserwartungen nicht primär auf der Basis von pädagogischen Überlegungen. Maßstäbe der Wirtschaft oder des Rechts oder auch der Politik entstehen zunächst selbst in diesen Bereichen (Praxen). Pädagogische Aufgabe ist es, Kinder und Jugendliche in einer Weise in gesellschaftliche Verhaltenserwartungen einzuführen, dass sie diese Erwartungen überhaupt bewältigen kön-

nen. Darüber hinaus sollten Kinder und Jugendliche zugleich befähigt werden, sich mit diesen Erwartungen kritisch auseinandersetzen zu können. Sie müssten letztlich lernen, an der Weiterentwicklung oder auch Korrektur von gesellschaftlichen Verhaltenserwartungen partizipieren zu können.
Aufgabe der Erziehungswissenschaft wäre weiter, die Praxen der Politik, des Rechts, der Ökonomie aus pädagogischer Sicht kritisch zu betrachten und ggf. zu kritisieren. Inwiefern stehen diese Praxen den Entwicklungsmöglichkeiten von Menschen entgegen? Kinderarbeit beispielsweise beschneidet viele Entwicklungs- und Lernmöglichkeiten von Kindern. Aber auch Wohnbedingungen, die ungestörte Konzentration und ungestörtes Lernen unmöglich machen, stehen der Entwicklung von Kindern entgegen.

Sozialisationsmodelle entstehen zumeist nicht in der Erziehungswissenschaft, sondern in der Soziologie. Sozialisationsmodelle fragen primär nach Entwicklungen der Gesellschaft und erst in einem zweiten Schritt nach Entwicklungen von Kindern und Jugendlichen oder überhaupt von Menschen in der Gesellschaft. Insofern müssen Sozialisationsmodelle in einer pädagogischen Perspektive gedeutet und bewertet werden.

Entwicklung und Sozialisation nach George Herbert Mead

Mead führt vor Augen, dass Kinder und Jugendliche im wachsenden Maße mit Anforderungen der gesellschaftlichen Welt konfrontiert werden. Er fragt, wie ihnen gelingen kann, diese Anforderungen zu bewältigen. Damit legt er besonderes Augenmerk auf die Entwicklungsfähigkeiten des Individuums.
Die entscheidenden Begriffe in der Konzeption Meads sind die Begriffe I, ME und SELF. Mit diesen Begriffen erläutert Mead, dass Menschen nicht wie Tiere instinktiv die Regeln ihrer Gemeinschaft annehmen, und erklärt, dass menschliches Lernen nicht einfach über ein Reiz-Reaktions-Schema erfolgt. Der

Mensch lernt in Interaktionsprozessen, die sich durch Gesten und Sprache auszeichnen. Menschen lernen Gesten zu deuten und zu verstehen. Sprache hilft ihnen, diese Gesten differenzierter begreifen zu können. Mead nennt Gesten, die in der menschlichen Interaktion bedeutend werden, „signifikante Symbole“. Über Sprache muss ein Mensch Gesten nicht mehr nur einseitig deuten. Sprache befähigt den Menschen vor allem, Handlungen gedanklich vorwegzunehmen und sich mögliche Folgen dieser Handlungen vor Augen zu führen.

Mead legt dar, dass Menschen eine Identität immer nur über Interaktionen ausbilden können. Dieser Gedanke ist auch pädagogisch relevant. Wenn pädagogisch gefordert wird, dass ein Mensch eine eigene und individuelle Identität ausbilden können soll, so kann das nicht bedeuten, dass er diese Identität nicht in Interaktionen mit Mitmenschen entwickeln soll bzw. muss.
Jeder Mensch entwickelt nach Mead seine Identität im Ausbalancieren von „ME“ und „I“. Mit „I“ beschreibt Mead das impulsive „Ich“, das spontan auf Erfahrungen reagiert, während das „ME“ dem Individuum vor Augen führt, wie es von Mitmenschen betrachtet wird.
Mead nimmt die Instanz des „SELF“ an, das zwischen „ME“ und „I“ vermittelt. Dieser Vermittlungsprozess kann nach Mead ein bewusster Prozess sein oder werden, weil der Mensch über Geist und Intelligenz verfügt („Mind“), mit denen er diese Anforderung bewältigen kann.

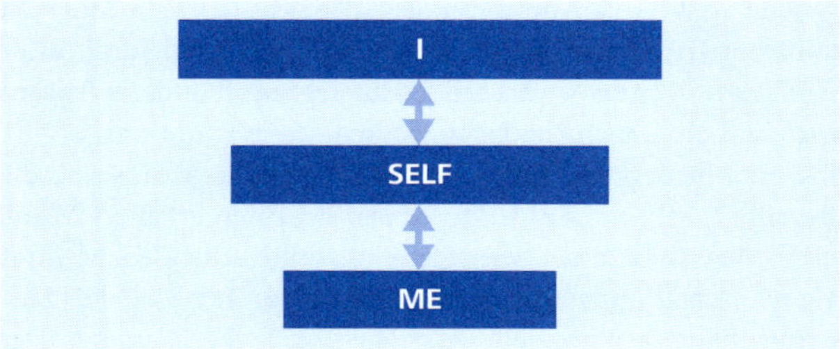

Mead beschreibt zwei bedeutende Stufungen im Entwicklungsprozess. Zunächst lebt das Kind in einem eingeschränkten sozialen Umfeld, primär in der Familie. Die Menschen, mit denen es zusammenlebt, sind Menschen, die ihm persönlich nahe sind und eine hohe Bedeutung haben. Mead spricht vom „signifikanten Anderen".

Mit dem Eintritt in vorschulische Einrichtungen und insbesondere in die Schule wird das Kind jetzt mit Menschen konfrontiert, die eine geringere persönliche Beziehung zu ihm haben. Diese Menschen unterscheiden sich in ihrer Beziehung von z. B. Familienmitgliedern zu dem Kind dadurch, dass sie Forderungen und Erwartungen an das Kind stellen, die unabhängig von seinen persönlichen Erfahrungen und Bedingungen gelten. Diese Menschen, so sagt Mead, sind für die Kinder Vertreter des „verallgemeinerten Anderen".

Mead unterscheidet des Weiteren zwischen „Play", dem freien (Rollen-)Spiel, und „Game", dem Spiel nach vorgegebenen Regeln. Das Kind muss lernen, ab einem bestimmten Lebensalter auch im Spiel feste und vorgegebene Regeln einzuhalten.

Pädagogisch folgt aus Meads Einsichten, dass Kindern nach und nach Entwicklungsschritte zugemutet werden müssen. Zugleich wäre nach Mead falsch, wenn erwartet würde, dass Kindergärten und Schulen jedes Kind in besonderer Weise individuell berücksichtigen würden.

In der gegenwärtigen Pädagogik wird vielfach postuliert, man müsse Kindern gerade in Schulen und Kindergärten individuell gerecht werden. Hingegen sollte man Meads Einsicht bedenken, dass ein Kind selbst lernen sollte, Erwartungen des „verallgemeinerten Anderen" zu bewältigen. Auf jeden Fall würde Mead widersprechen, wenn pädagogisch angestrebt würde, die Erwartungen des „verallgemeinerten Anderen" mit Blick auf die Individualität der Kinder zu reduzieren oder zu modifizieren. Tatsächlich muss aus pädagogischer Sicht selbstkritisch gefragt werden, ob Kinder und Jugendliche nicht auch dann auf Aufgaben und Anforderungen des gesellschaftlichen Lebens vorberei-

tet werden müssen, wenn dies mit Anstrengungen, Niederlagen und Enttäuschungen verbunden sein könnte. Mead vertraut auf die Fähigkeit von Kindern und Jugendlichen, solche Erfahrungen bewältigen zu können.
Pädagogisch betrachtet ist es sinnvoll, wenn Menschen erleben und lernen, dass sie mit Blick auf Ansprüche der Allgemeinheit eigene Interessen und Bedürfnisse zurückstellen. Sicherlich müssen sie auch lernen, nicht beliebig auf eigene Lebensansprüche zu verzichten. Es geht vielmehr darum, begründet zu fragen, wann Verzicht gerecht und sinnvoll ist und wann nicht.
Gegen Mead lässt sich einwenden, dass er eine kritische Betrachtung der gesellschaftlichen Wirklichkeit in sein Konzept nicht einbezieht. Grundsätzlich ließe sich sein Konzept widerspruchsfrei auf den nationalsozialistischen Staat oder das System des realen Sozialismus in der DDR beziehen. Insofern besteht die Gefahr, dass eine Orientierung an Meads Konzept eine affirmative Bildung und Erziehung begünstigen könnte.
Für jedes Gesellschaftssystem aber gilt, dass Menschen lernen müssen, Anforderungen des „verallgemeinerten Anderen“ zu begreifen und ihnen zu folgen. Diese Tatsache ist schon im Straßenverkehr von Bedeutung.

Der Ansatz Meads lässt sich sinnvoll auf Überlegungen Piagets, Kohlbergs und Eriksons beziehen. Anforderungen des „verallgemeinerten Anderen“ letztlich auch begreifen zu können, setzt die Fähigkeit des formalen Denkens voraus. Das gilt auch mit Blick auf eine (moralische) Bewertung dieser Anforderungen. Ohne Ausbildung einer eigenen Identität könnte eine Bewältigung dieser Anforderungen kaum dauerhaft gelingen.

Das Rollenkonzept des soziologischen Interaktionismus nach Lothar Krappmann

Krappmann greift Überlegungen Meads auf und entwickelt seine Gedanken weiter. Er setzt sich intensiv mit der Frage auseinander, wie Menschen in ihrem eigenen Interesse sich selbst

innerhalb einer Gesellschaft verändern und weiterentwickeln können.
Krappmann zieht Meads Überlegungen zur Identitätsentwicklung im Wechselspiel von „ME“ und „I“ heran. Er begreift „ME“ und „I“ nicht zwingend als Gegensatzpaar, sondern konstatiert, dass das „ME“ dem „I“ durchaus Entfaltungsmöglichkeiten eröffnen könne. Es sei denkbar, dass ein Mensch mit der Erfüllung der Erwartung von Mitmenschen zugleich Triebimpulsen nachgehen könne.

BEISPIEL Polizisten oder Feuerwehrmänner, die mutig und entschlossen in bestimmten Situationen eingreifen, kommen möglicherweise zugleich Ansprüchen des „ME“ wie des „I“ nach.

Anders als Mead reflektiert Krappmann zumindest grundsätzlich die jeweiligen gesellschaftlichen Bedingungen. Er weiß, dass nur in Gesellschaften, die nicht „totale Institutionen“ darstellen, Menschen eine eigene Identität ausbilden können. Wichtig ist auch sein Hinweis, dass Rollenerwartungen an Menschen häufig nicht eindeutig und widerspruchsfrei sind.
Nach Krappmann gewinnen Gestik, Mimik und Sprache daher eine hohe Bedeutung, weil Menschen sich über Ansprüche, Anforderungen, aber auch Wünsche verständigen müssen. Menschen müssen häufig neu aushandeln, was jeweils gelten soll und welche Anforderungen verbindlich sind. Diese Anforderungen können auf unterschiedliche Weise verbindlich sein. In solchen Prozessen der Auseinandersetzung ist wichtig, dass alle Betroffenen sich selbst darstellen und ihre Interessen und Bedürfnisse ausdrücken können. Umgekehrt müssen sie grundsätzlich bereit sein, auf die Befriedigung von eigenen Bedürfnissen zeitweise zu verzichten und anderen die Befriedung ihrer Bedürfnisse zuzugestehen.
Menschen müssen also lernen, Rollen nicht nur zu übernehmen, sondern Rollen auch selbst zu gestalten. Sie müssen nicht nur „Role-taking“, sondern auch „Role-making“ lernen. Das Gestal-

ten von Rollen setzt die Fähigkeit des „Balancierens" zwischen unterschiedlichen Erwartungen, Interessen und Bedürfnissen voraus.

Nach Krappmann finden Menschen im „Rollenspiel" keine festen und vorgegebenen Rollen vor. Sie müssen sich mit anderen „Rollenspielern" über die Ausgestaltung der Rollen verständigen. Dies gelingt insbesondere mithilfe der Sprache. Dass individuel-le Bedürfnisse und Rollenerwartungen übereinstimmen, setzt Krappmann nicht als gegeben voraus. Er glaubt aber an die Fähigkeit des Menschen, Rollenerwartungen mit Bedürfnissen sinnvoll verbinden zu können.

Menschen müssen sich ihre Identität in immer neuen „Rollenspielen" schrittweise selbst erarbeiten. Sie internalisieren Werte nicht mehr unmittelbar, sondern in Interaktionsprozessen. Das heißt nicht, dass sie sich nicht auch sozialen Normen unterwerfen müssen. Eine einmalige und besondere Identität (personal identity) muss sich immer auch als soziale Identität entfalten (social identity), also als eine Identität eines Menschen, der mit Mitmenschen zusammenlebt.

Identität ist die Herstellung von Gleichgewicht zwischen widersprüchlichen Erwartungen, eigenen Bedürfnissen und Anforderungen anderer, die Fähigkeit, sich als einmalig darzustellen und trotzdem Anerkennung zu finden.
(Vgl. Krappmann, 9)

Erster Ort der Sozialisation ist die Familie – Krappmann stimmt hier mit Mead überein. Kinder erleben ihre Eltern. Bald erfahren sie, dass ihre Eltern aus Vater und Mutter bestehen. Sie lernen früh, sich unterschiedlich gegenüber der Mutter und gegenüber dem Vater zu verhalten. Die Differenzierung der Verhaltensmuster schreitet weiter fort, wenn Geschwisterkinder in der Familie leben, möglicherweise kommen noch Großeltern und weitere Verwandte hinzu.

In solchen Prozessen erleben Kinder, dass Rollenerwartungen widersprüchlich sein können oder dass Anforderungen anderer

und eigene Bedürfnisse sich entgegenstehen. Sie machen auch die Erfahrung, dass sie nicht unbedingt die Anerkennung der anderen finden, wenn sie dem Bedürfnis folgen, sich als einmalig darzustellen.
Selbstdarstellung setzt voraus, dem Mitmenschen gerecht werden zu können. Das verlangt eine „Interpretation des Gegenüber". Auf dieser Basis kann dann ein „Verhandeln" stattfinden. Krappmann postuliert vier identitätsfördernde Fähigkeiten:

- Rollendistanz
- Ambiguitätstoleranz
- Identitätsdarstellung
- Role-taking bzw. Empathie

1. Rollendistanz: Menschen müssen sich selbst distanziert betrachten können, um sich nicht irreal einzuschätzen.
2. Ambiguitätstoleranz: Sie müssen aushalten können, dass Mitmenschen anders denken, empfinden und handeln, als sie es selbst für richtig halten würden. Das heißt nicht, dass sie jegliches Verhalten tolerieren müssen, sie können und müssen ggf. kritisieren. Dessen ungeachtet müssen sie anerkennen, dass sie sich mit demjenigen, dessen Denken und Handeln sie für falsch halten, auseinandersetzen müssen.
3. Identitätsdarstellung: Gerade in Auseinandersetzungen können sie sich als einmalig darstellen.
4. Role-taking/Empathie: Zuletzt müssen Menschen anstreben, den Mitmenschen in seinen Handlungsmotiven zu verstehen. Das beinhaltet, sich seine soziale Rolle vor Augen zu führen. Der Begriff der Empathie ist bei Krappmann weniger psychologisch, sondern mehr soziologisch zu begreifen. Beispiel: Welche Rollenerwartungen berücksichtigt ein Mensch bei seinem Verhalten?

Wie diese vier Fähigkeiten gelernt werden können, blendet Krappmann nicht aus. Er weist darauf hin, dass Intelligenzentwicklung und das Lernen von Empathie miteinander korrelieren.

Eltern, die das Denken ihrer Kinder fördern, fördern auch ihre Empathiefähigkeit. Weiterhin verweist Krappmann auf die Notwendigkeit sprachlicher Kompetenzen. Sprachförderung ist also zugleich Förderung der Ausbildung der genannten Fähigkeiten. So ermöglicht reflexiver Sprachgebrauch, sich die Differenz zwischen Aussagen und Motiven, die zu diesen Aussagen führen, bewusstzumachen. Weiter erläutert Krappmann die Bedeutung emotionaler Sicherheit für Lernprozesse. Diese könne nur entstehen, wenn alle Menschen (z. B. in einer Familie) bestrebt seien, allen ein Höchstmaß an Bedürfnisbefriedigung zuzugestehen.
Wie Hurrelmann hebt Krappmann die Bedeutung der Gleichaltrigengruppe hervor. Er geht jedoch weiter, indem er auch die Gleichaltrigengruppe der Kinder pädagogisch für bedeutend erklärt. In der Kindergruppe könnten Kinder andere „Rollen" einüben als z. B. in der Familie. Gerade aus Konflikten in Kindergruppen könne Lernen erwachsen. Nicht zuletzt seien in Kindergruppen Hierarchien oft weniger bedeutsam als in Familien.
Aus Krappmanns Einsichten und Forschungen ergeben sich pädagogisch weitreichende Konsequenzen. Menschen sind weder auf bestimmte Rollen noch auf ein bestimmtes Rollenverhalten festgelegt, sondern sie müssen lernen, Rollen zu wählen und selbst zu gestalten. Deshalb müssen sie vor allem darin unterstützt werden, identitätsfördernde Fähigkeiten auszubilden. Sicherlich können Kinder diese Fähigkeiten noch nicht in sehr jungen Jahren erwerben. Aber dieser Erwerb kann pädagogisch vorbereitet werden.
Dennoch: Die Ausbildung der identitätsfördernden Fähigkeiten allein führt noch keineswegs zur Mündigkeit eines Menschen. Auf der Basis dieser Fähigkeiten könnte ein Mensch die Stufe der „Zivilisierung" nach Kant erreichen und auf dieser Stufe verbleiben. Moralisierung lernt ein Mensch nur, wenn er aufgefordert wird, sich mit Fragen der Moral auseinanderzusetzen. Das wiederum setzt „Bildung" voraus.

3.7 Zusammenfassung: Entwicklung und Sozialisation aus pädagogischer Perspektive

Entwicklung findet immer vielseitig statt. Der Mensch entwickelt sich zugleich kognitiv, affektiv und moralisch. Er lernt und bildet Rollenverhalten aus. Im Kontext dieser vielen Entwicklungsschritte entsteht eine eigene Identität. Dieser Prozess verläuft nicht ohne Irritationen und Krisen für das Kind oder den Jugendlichen.

Kognitives, affektives und moralisches Lernen finden nicht nebeneinander statt, sondern bedingen einander. Störungen im Urvertrauen etwa begünstigen geistige Aktivitäten des Kleinkindes, umgekehrt können Vernachlässigungen in der oralen Phase die Folge haben, dass ein Kleinkind weniger seine Umwelt „erkunden" kann.

Aus pädagogischer Sicht müssen Erziehende einem Kind oder Jugendlichen mit Blick auf alle Entwicklungsebenen gerecht werden. Dazu müssen sie wissen, was sie zumuten oder erwarten dürfen. Sie müssen aber auch von Schwierigkeiten und Irritationen wissen, die Menschen in ihrer Entwicklung belasten können.

Menschliche Entwicklung findet niemals geradlinig statt. Das gilt keineswegs nur hinsichtlich der affektiven Entwicklung. Auch die geistige Entwicklung lässt sich nicht prognostizieren. So ist es denkbar, dass Kinder zunächst kaum sprechen, dann aber in kürzester Zeit ganze Sätze richtig bilden können. Das gilt auch für schulisches Lernen: Kinder können anscheinend einen Sachverhalt nicht nachvollziehen. In einem Moment aber begreifen sie und können von diesem Zeitpunkt an entsprechende Aufgabe bewältigen.

Weil man nie wissen kann, wie weit sich ein Mensch entwickeln kann, gibt es kein pädagogischer Kriterium, wann man die Entwicklungsförderung beendet. Die Tatsache allerdings, dass ein Mensch sich im Grunde immer selbst entwickelt, kann zur Entscheidung führen, eine Entwicklungsförderung zu beenden, wenn das betroffene Kind oder der betroffene Jugendliche erkennen lassen, dass sie diese spezifische Entwicklung nicht wollen. Wie lange darf man ein Kind oder einen Jugendlichen zwingen, seine Fähigkeiten im Spielen eines Instruments weiterzuentwickeln?

Entwicklung findet immer im gesellschaftlichen Kontext statt und ist damit „offen". Ein Mensch kann sich nur in Auseinandersetzung mit seiner sozialen und gesellschaftlichen Lebenswelt entwickeln. Seine Entwicklung wird zweifellos von dieser Lebenswelt und ihren historischen und kulturellen Gegebenheiten geprägt. Aber die menschliche Entwicklung wird nicht durch diese Lebenswelt determiniert. Der Mensch selbst kann und soll an seiner Entwicklung und Sozialisation von Beginn an und in zunehmendem Maße aktiv teilhaben. Er selbst soll von Beginn an Einfluss auf die eigene Entwicklung nehmen können.

Darum müssen Pädagoginnen und Pädagogen Kinder, wie sie sind, ernst nehmen und ihnen von Anfang an dialogisch begegnen. Das bedeutet nicht, dass Kinder und Erziehende gleichberechtigt sein können. Pädagogisch ist anzustreben, dass ein Mensch sich in seiner Welt in einer Weise entwickeln kann, dass er sich als einmaliger Mensch entfalten und zugleich an der Gestaltung dieser Welt aktiv partizipieren kann. Darum ist es wichtig, dass ein Mensch nicht einfach erzogen, sondern immer zugleich auch „gebildet" wird. Bildung ist dann Entwicklungsförderung, wenn ein Kind oder Jugendlicher so in Themen und Inhalte des gesellschaftlichen Lebens eingeführt wird, dass sie sich selbst mit diesen auseinandersetzen und innerhalb dieser Auseinandersetzung weiter entwickeln können.

Kinder können die Folgen ihres Tuns vielfach noch nicht abschätzen. Sie können auch nicht wissen, was sie lernen müssen, damit ihre Entwicklung sinnvoll gelingen kann. Dass ein Kind Triebkontrolle lernen muss, vermag es selbst noch nicht zu begreifen. Erziehende aber müssen ihm diesen Entwicklungsschritt dennoch zumuten, da dieser Schritt die Basis für weitere Entwicklungsschritte darstellt. Auch die pädagogische Einsicht, dass

Krisen entwicklungsfördernd sein können, kann das Kind selbst noch nicht haben. Pädagogisch bleibt also notwendig, solche Entwicklungsschritte zu fördern.
Daraus resultiert indes nicht das Recht der Pädagogen, die Entwicklung der Kinder nach eigenen Auffassungen, Zielen oder Werten auszurichten. Sie dürfen und müssen die Kinder aber immer neu zur Auseinandersetzung um Auffassungen, Ziele und Werte motivieren. Darum bleibt bedeutend, die pädagogischen Grundsätze einer Erziehung und einer Förderung von „Vielseitigkeit des Interesses" zu beachten. Erziehende müssen sich vor Augen führen, dass eine gezielte Entwicklungsförderung zwar notwendig ist, damit aber keine gezielte Charaktererziehung oder Charakterbildung stattfinden darf. Seinen Charakter muss ein Kind in vielseitiger Auseinandersetzung mit Themen und Inhalten und mit Personen seiner Lebenswelt selbst ausbilden. Auch seine gesellschaftliche Rolle muss das Kind im Verlaufe seiner Entwicklung und Sozialisation selbst finden.
Zweifellos erwachsen aus gesellschaftlichen und kulturellen Bedingungen Erwartungen an Menschen. Aus pädagogischer Sicht kann es aber nicht darum gehen, Menschen aufzufordern, diesen Erwartungen unmittelbar nachzukommen. Sicher lassen sich durch pädagogisches Handeln gesellschaftliche Zwänge und Mechanismen nicht einfach verändern oder abschaffen. Pädagogisches Handeln kann aber dazu beitragen, dass Menschen sich aktiv mit diesen Zwängen und Mechanismen auseinandersetzen.

4 Unbewältigte Entwicklungsschritte und -krisen

Menschliche Entwicklung kann scheitern. Dieses Scheitern muss nicht notwendig Folge „falschen" pädagogischen Handelns sein. Tatsächlich werden insbesondere Jugendliche mit Einsichten konfrontiert, die „zerreißen" können. Jugendliche wachsen in eine Welt sozialer Ungleichheiten und Ungerechtigkeiten hinein. Welche Folgerungen ziehen sie für sich daraus, wenn sie diese Wirklichkeit begreifen? Auch müssen sie Widersprüche in ihrem sozialen Umfeld erkennen und aushalten. Pädagogisch lassen sich diese Tatsachen nicht ausschalten. Entwicklungstheorien fragen nach Voraussetzungen für eine gelingende Entwicklung. Faktisch sind diese Voraussetzungen häufig nicht gegeben.

Unbewältigte Entwicklungskrisen können sich innerlich wie äußerlich niederschlagen. Äußerliche Reaktionen auf unbewältigte Krisen zeigen sich in deviantem (abweichendem) Verhalten und Gewalt, innere Reaktionen in Verweigerung oder Krankheit.

Der Arzt und Psychotherapeut Helm Stierlin benennt mit Blick auf die Familienerziehung zwei Szenarien, in denen die Prozesse, Individuation und demokratische Partnerschaftlichkeit zu fördern, scheitern können:

> *„Ich habe sie als Bindung und Ausstoßung dargestellt. Überwiegt ‚Bindung' – oder genauer verstrickende Bindung –, laufen auf verschiedensten (emotionalen, kognitiven, kommunikativen) Ebenen sich rekursiv verstärkende Prozesse ab, die dazu führen, dass ein Kind über Gebühr lange im Familienghetto festgehalten wird. Bei ‚Ausstoßung' wird dieses hingegen zu früh aus dem schützenden und nährenden Familienverband entlassen." (Stierlin, 533).*

Im ersten Fall werden Kinder und junge Erwachsene häufig anfällig für psychotische und psychosomative Störungen, insbe-

sondere Ess-Störungen. Im zweiten Fall korreliert eine vernachlässigende Ausstoßung deutlich mit einer Zunahme von Delinquenz, Suchtanfälligkeit, Orientierungslosigkeit und Gewaltbereitschaft. (Vgl. Stierlin, 533 ff.)
Die von Stierlin beschriebene Problematik gilt nicht nur hinsichtlich der Familie, sondern betrifft auch weitere Bezugsgruppen von Kindern und Jugendlichen.
Jedenfalls werden psychische Krankheiten sowie Gewaltorientierungen Jugendlicher im gesellschaftlichen Alltag beobachtet, sodass auch die Pädagogik diese Realität nicht ignorieren kann.

4.1 Gewalt als äußerliche Reaktion auf nicht bewältigte Entwicklungskrisen

Die Diskussion um die Ursachen der Gewalt wird kontrovers geführt. Klassische Aggressionstheorien können die jeweiligen Standpunkte anschaulich machen. Indes reichen diese klassischen Theorien kaum aus, aktuelle Formen der Jugendgewalt zu erklären.
Nicht entschieden ist bis heute die Frage, ob der Mensch mit einem angeborenen Aggressionstrieb geboren wird. Aufgabe der Pädagogik wäre dann, einen solchen Umgang mit diesem Aggressionstrieb zu ermöglichen, dass sich dieser nicht destruktiv auswirkt. Wenn aber Aggressivität erst Folge sozialer Erfahrungen ist oder gelernt wird, dann müsste gefragt werden, ob und wie menschliche Erfahrens- und Lernprozesse verändert werden können.

Klassische Theorien zu Ursachen von Gewalt und Aggression

Sigmund Freud nimmt zunächst nur einen Trieb des Menschen an: den Lebens- oder Sexualtrieb. Der Mensch strebe nach Lustbefriedigung. Unweigerlich aber muss der Mensch erleben, dass ihm Lustbefriedigung versagt wird und dass er sogar mit Gegenständen oder Anforderungen konfrontiert wird, die in ihm Unlust erzeugen. Darauf, so Freud, reagiert er mit Wut und Aggressionsbereitschaft. Die Brutalität der Menschen im Ersten Weltkrieg führte zu Freuds Annahme eines zweiten angeborenen Triebes: der Destruktions- oder Todestrieb.

Das 20. Jahrhundert weist auf eine Bereitschaft der Menschen zu brutalem Morden hin. Kriege in den letzten Jahrzehnten, in Ruanda oder im ehemaligen Jugoslawien, sind Beispiele für rohe Gewalt unter Menschen, die Jahre zuvor noch miteinander bekannt und befreundet waren. Somit ist die Sorge, dass es tatsächlich einen menschlichen Destruktionstrieb geben könnte, durchaus begründet.

Der Verhaltensforscher **Konrad Lorenz** geht von einem angeborenen menschlichen Aggressionstrieb aus. Dieser Trieb resultiere noch aus archaischen Zeiten der Menschheitsgeschichte. Der Aggressionstrieb des Menschen sei ursprünglich überlebensnotwendig gewesen. Menschen hätten wie Tiere ihre Reviere verteidigen müssen, auch seien Rangstreitigkeiten über Aggressionen geregelt worden. Unterdessen seien unmittelbare Aggressionen für das Zusammenleben nicht mehr notwendig, sie seien aber noch im Menschen verankert. Während früher eine natürliche Tötungshemmung Menschen am willkürlichen Töten gehindert habe, hätten technische Entwicklungen, wie die Erfindung von modernen Waffen, die Folge, dass diese Tötungshemmung kaum mehr wirksam sei.

Lorenz folgert, dass Menschen lernen müssten, ihre Aggressivität immer wieder nicht-destruktiv zu entladen. Eine Möglichkeit sieht er im Sport. Diese Möglichkeit bestehe sogar für diejenigen, die beim Sport nur Zuschauer seien. Fußballfans, die im Stadion Erregung, Wut und Aggressivität erlebten, könnten sich beim Zuschauen von Spielen im positiven Sinne abreagieren.

Einen anderen Ansatz vertritt **John Dollard**. Er erklärt, dass Aggressionen immer Folge von Frustrationen seien. Frustrationen erzeugten in Menschen Aggressivität. Würden weitere Frustra-

tionen folgen, wäre aggressives Handeln der Betroffenen fast unvermeidbar. Dollard postuliert, dass Menschen Alternativreaktionen bei Frustrationen lernen und einüben müssten.
Dagegen sieht **Albert Bandura** Aggressionen als Folge von Modellverhalten. Er konnte nachweisen, dass Kinder, die aggressives Verhalten sehen, dieses Verhalten nachahmen, wenn die Modelle ihre Aggressivität als befriedigend und erfolgreich erleben und Zuspruch erfahren. Banduras Theorie gewinnt deshalb hohe Aktualität, da in den Medien und besonders im Internet vielfach aggressives Modellverhalten präsentiert wird. (Vgl. zu den klassischen Agressionstheorien Zimmer, 215 ff.)

Insgesamt bestehen im Hinblick auf die menschliche Gewaltbereitschaft drei fundamentale Annahmen:
- Aggressionsbereitschaft ist angeboren.
- Aggressivität und Aggressionen sind die Folge von Frustrationen.
- Aggressivität resultiert aus der Nachahmung entsprechender Modelle.

Keine dieser Annahmen lässt sich als einzig sinnvolle Erklärung der menschlichen Gewaltbereitschaft beweisen.
Neuere Theorien, die versuchen Jugendgewalt zu erklären, greifen indirekt diese klassischen Aggressionstheorien auf.
Wilhelm Heitmeyer begreift Jugendgewalt als Folge persönlicher wie beruflicher Perspektivlosigkeit. Jugendliche, die gesellschaftlichen Erwartungen nicht nachkommen können, müssen sich als überflüssig ansehen. Heitmeyer weist darauf hin, dass in modernen Industriegesellschaften einerseits die Individualisierung und damit auch Freiheiten des Individuums zugenommen hätten, aber andererseits damit eine Überforderung für manche Jugendliche verbunden sein könnte, und zwar nicht nur im Hinblick auf Ausbildung und Beruf. Heitmeyer glaubt, dass so „Desintegrationspotenziale“ entstehen können. Gewalt sei dann eine Möglichkeit, der eigenen Verunsicherung erkennbar und vernehmbar Ausdruck zu verleihen.

Nach Heitmeyer kann Gewalt verschiedene Formen annehmen: Mit *expressiver Gewalt* finden Jugendliche Aufmerksamkeit. Je auffallender ihr Tun ist, umso mehr Beachtung finden sie. Mit *instrumenteller Gewalt* können sie vermeintliche Ziele verfolgen. Wenn sie glauben, dass Ausländer ihre Arbeitsplätze gefährden, verfolgen sie sie mit Gewalt, um sie zu bewegen, das Land zu verlassen. Diese instrumentelle Gewalt folgt nicht rationalen Erklärungen und Reflexionen. *Regressive Gewalt* ist der (unbewusste) Versuch, die eigene Desintegration wieder rückgängig zu machen. Indem Feindbilder konstruiert werden und gegen diese vermeintlichen „Feinde" Gewalt ausgeübt wird, strebt man an, seinen eigenen Platz in der Gesellschaft (wieder) zu gewinnen. Alle drei Formen der Gewalt führen nicht zu konstruktiven Lösungen der Problematik der betroffenen Gewalttäter.

Auch **Ferdinand Sutterlüty** begreift praktizierte Gewalt als Folge des Erlebens gesellschaftlicher Ausgrenzung. Sutterlüty zeigt, dass Jugendliche, die sich gesellschaftlich eher als ohnmächtig und hilflos erleben, mit der Anwendung von Gewalt eine besondere Befriedigung erleben. Er spricht von einer „epiphanischen Erfahrung". Bei Gewaltanwendung erleben sie, dass sich Menschen vor ihnen fürchten. Somit fühlen sie sich stark und bedeutend. Sie selbst werden wiederum von anderen Menschen in ähnlichen Lebenssituationen als Vorbilder wahrgenommen. Sutterlüty konnte dieses Phänomen insbesondere unter Hauptschülern in problematischen Wohnvierteln ausmachen.

Götz Eisenberg fragt nach möglichen Motiven von Amokläufern. Eisenberg greift Untersuchungen zur zunehmenden „Vaterlosigkeit" in Familien auf. Viele Kinder würden einerseits zu wenig oder umgekehrt eine zu einseitig bindende Zuwendung erfahren. Andererseits würden sie zu wenig durch positive Vaterfiguren zu Leistungsbereitschaft und Realitätssicht motiviert. Aus tiefenpsychologischer Sicht würden diese Kinder die orale Phase kaum verlassen und blieben so in erheblichem Maße narzisstisch. Daher könnten sie Enttäuschungen im realen Leben nur schwer ertragen. Ein Amoklauf stelle für sie eine Gelegenheit dar, sich großartig und besonders zu fühlen, ohne die Bedingungen der Realität zu achten. In diesem Sinne fänden die betroffenen Täter im Amoklauf tiefe innere Befriedigung: Sie erlebten ein so großartiges Gefühl, dass sie sogar bereit seien, ihren eigenen Tod dafür in Kauf zu nehmen.

Alle diese Versuche, Gewalt zu erklären, beruhen auf psychologischen, biologischen oder auch soziologischen Annahmen. Sie stellen keine pädagogischen Erklärungen dar. Unbestreitbar gewinnen gesellschaftliche Veränderungen mit Blick auf die Gewaltbereitschaft von Jugendlichen hohe Bedeutung. Pädagogisch können diese Veränderungen nur wenig beeinflusst werden. Es kann allerdings Aufklärung in dem Sinne erfolgen, dass Menschen, die erziehen, berücksichtigen können, welche Erfahrungen im Entwicklungsprozess die Entstehung von Gewaltbereitschaft fördern bzw. vermindern.

Eisenbergs Einsichten machen die hohe Bedeutung pädagogischer Verantwortung besonders von Eltern sichtbar. Sie führen weiterhin vor Augen, dass Defizite im elterlichen Umgang mit Kindern sich noch Jahrzehnte später negativ auswirken können.

Rainer Dollase hat mit Nachdruck darauf hingewiesen, dass aggressive Modelle nicht selten in Presse und Politik positiv dargestellt werden: „Es fällt auf, dass ‚Durchsetzungsfähigkeit', ‚Siegertypen', ‚Powertypen', dass Menschen, die man als frech und etwas zynisch bezeichnen würde, in der Presse gut wegkommen. Auch in der Politik und in der Wirtschaft kann man eine Person durchaus positiv kritisieren, wenn man sagt: ‚Der ist durchsetzungsfähig, ein bisschen frech und schnippisch, aber er bekommt, was er will'. Dass eine solche Beschreibung nicht als eine Horrorbeschreibung für einen asozialen Menschen empfunden wird, sondern als positive Äußerung, ist ein äußerst bedenklicher Zustand für eine Gesellschaft, die sich andererseits über das Ausmaß an Aggressivität und Gewalt erregt." (Dollase, 16)

Aus pädagogischer Sicht ist es daher notwendig, gesellschaftliche Orientierungen in ihren Folgen für Erziehung offenzulegen.

Mögliche erzieherische Maßnahmen gegen Jugendgewalt

Hans-Peter Nolting hat konkrete Ideen und Überlegungen zu Maßnahmen gegen Jugendgewalt vorgestellt. (Vgl. Nolting, 197 ff.) Er nennt fünf Maßnahmen:

- Aggressionen abreagieren – geht das?
- Die Anreger verändern
- Die Anreger anders bewerten
- Aggressionshemmungen fördern
- Alternatives Verhalten lernen

Studien beweisen, dass die Hoffnung, man könne Aggressionen abreagieren, wenig begründet ist. Wenn ein Mensch infolge eines konkreten Erlebnisses eine Aggression aufgebaut hat, kann er diese nicht einfach durch quasi-aggressive Handlungen wieder abbauen. Insofern ist auch die Annahme von Konrad Lorenz, durch Besuche von Sportveranstaltungen die eigene Aggressivität abreagieren zu können, wissenschaftlich nicht nachweisbar.

Hingegen können Menschen lernen und trainieren, Aggressionen nicht aufkommen zu lassen. Nolting zählt fünf Gesichtspunkte auf:

1. Verminderung von Provokationen und Herabsetzungen
2. Verminderung von Einengungen, Stressoren, Entbehrungen
3. Verminderung aggressiver Modelle, Symbole, Instrumente
4. Förderung positiver Anreger
5. „Anreizverlagerung“ auf alternatives Verhalten

Man kann lernen, Kritik zu üben, ohne den Kritisierten als Mensch herabzusetzen. Man kann Verbote begründen oder bei Einschränkungen Kompromisswege suchen. Eltern können anstreben, sich im Beisein ihrer Kinder nicht aggressiv zu verhalten. Kindern können Angebote gemacht werden, wie sie bei aggressionsfreien Spielen Spaß finden können. Eltern können nichtaggressives Auftreten ihrer Kinder würdigen und in bestimmten Fällen sogar belohnen.

Menschen können weiterhin lernen, weniger (positiv) auf aggressives Auftreten zu reagieren. Dies gelingt, wenn sie sich in Mitmenschen einfühlen, nicht voreilig Schuld zuweisen, aggressiven Modellen zu misstrauen gelernt haben und eingeübt haben, Konfliktsituationen zu entschärfen. Dies gelingt umso mehr, wenn sie eigene Ziele und Werte relativieren und nicht dazu neigen, Mitmenschen mit anderen Zielen und Werten voreilig zu verurteilen.

Menschen verfügen über Aggressionshemmungen. Wichtig wäre, dass sie sie wahrnehmen können und wollen. Aggressionen werden gehemmt, wenn man:

- sich das Leiden, das man anrichten könnte, bewusst macht,
- sich die eigenen negativen Folgen vor Augen führt, z. B. Bestrafung,
- moralische Werte ausbildet, die aggressivem Tun entgegenstehen.

Der letzte Gesichtspunkt erinnert daran, wie bedeutend eine Förderung der moralischen Entwicklung bezüglich einer Erziehung zur Gewaltlosigkeit ist.
Zuletzt schlägt Nolting systematisches Trainieren von alternativen Verhaltensweisen anstelle von Gewalt vor. Er nennt Entspannungsübungen, Einfühlungstraining, Rollenspiele, Training in Gesprächsführung usw. Diese Maßnahmen sind umfassend und aufwändig. Inwieweit diese z. B. im schulischen Alltag integriert werden könnten, wäre kritisch zu fragen.
Grundsätzlich ist pädagogisch anzustreben, dass Menschen Wege finden, wie sie gewaltarm miteinander umgehen können. Rainer Dollase hat in diesem Kontext fünf Gesichtspunkte benannt, wie die Institution Schule zum Aggressionsabbau beitragen könnte:

- Stabile, gerechte und transparente Ordnungen und Regeln entwickeln und ihre Einhaltung kontrollieren.
- Guter Unterricht und nette Lehrkräfte, Vermeidung von Leerlauf und Chaos im Unterricht hilft der Friedlichkeit.

- Die Auslöser von Aggressionen sind anders zu bewerten und es muss alternatives Verhalten gelernt werden.
- Wenn Elternhaus, Schule, Medien, religiöse und politische Systeme Friedlichkeit unterstützen.
- Wenn wir nicht nur die Siegerkultur, sondern auch eine Verliererkultur entwickeln, um den Benachteiligten unseres Systems eine humane Zukunftsperspektive zu ermöglichen.

Dollase macht so noch einmal die Komplexität der Gewalt- und Aggressionsproblematik deutlich. Möglicherweise ist die pädagogische Konsequenz aus seinen Forderungen, weniger eine Erziehung zur Gewaltarmut anzustreben, als vielmehr fundamentale pädagogische Gesichtspunkte von Erziehung, Bildung, Lern- und Entwicklungsförderung ernstzunehmen.

4.2 Krankheit als innerliche Reaktion auf nicht bewältigte Entwicklungskrisen

Psychosomatische Krankheiten sind meist Ausdruck innerer Reaktionen auf das Nichtbewältigen von Entwicklungsschritten oder Entwicklungsaufgaben. Jugendliche sind besonders für psychische Leiden und Krankheit anfällig (z. B. Schizophrenie, Depressivität, Anorexie, Bulimie). In solchen Fällen ist eine pädagogische Begleitung nicht mehr hilfreich und therapeutische Hilfen werden notwendig. Krankheiten kann man zwar pädagogisch nicht heilen, aber man kann und muss fragen, inwieweit pädagogisches Handeln dazu beitragen kann, die Entstehung von psychischen Leiden zu vermindern.

Magersucht in der Perspektive systemischen Denkens

Im Umgang mit magersüchtigen Jugendlichen hat die „Systemische Therapie" in den letzten Jahrzehnten an Bedeutung gewonnen. Systemisches Denken oder auch systemische Therapien können helfen, Beziehungen von Menschen zueinander oder zu sich selbst zu begreifen und daraus Folgerungen für das eigene Denken und Handeln zu ziehen.

Systemisches Denken geht davon aus, dass jeder Mensch seine Welt selbst „konstruiert". Welt wird niemals objektiv wahrgenommen, sondern wird auf der Basis des individuellen Erlebens und Wahrnehmens konstruiert. Menschen erleben und erfahren die Welt unterschiedlich. Systemisches Denken erkennt unterschiedliche Systeme nicht nur bei verschiedenen Menschen, sondern auch im jeweiligen Individuum selbst. Sowohl das Individuum als auch Menschen untereinander müssen somit anstreben, dass die vielen „Systeme" so miteinander und nebeneinander funktionieren, dass möglichst wenige „Störungen" entstehen.

Aus systemischer Sicht ergibt sich somit folgendes Postulat an pädagogisches Handeln: Menschen müssen in ihrer Entwicklung so gefördert werden, dass ihre inneren Systeme und ihr Leben in zwischenmenschlichen Systemen nicht in einem solchen Ausmaß Belastungen ausgesetzt werden, dass dies zu Überforderungen führt.

Wenn Wirklichkeit von jedem Menschen „konstruiert" wird, bedeutet das, dass Menschen miteinander immer darum ringen, was sie gemeinsam als Wirklichkeit betrachten wollen. Ob z. B. eine Äußerung oder eine Geste einen Menschen beleidigt, ist abhängig von seinem Begreifen von Wirklichkeit.

Menschen können aber auch Möglichkeitskonstruktionen entwickeln. Sie können sich Alternativen zur Wirklichkeit vorstellen oder wünschen. Das aber kann dazu führen, dass sie ihre Möglichkeitskonstruktionen und ihre Wirklichkeitskonstruktionen nicht sinnvoll miteinander verbinden können. Daraus kann Leiden resultieren, auf das Menschen oder die Systeme im Menschen reagieren. Aus diesen Leiden können Denk- und Verhaltensweisen erwachsen, die dazu beitragen, dass das Leiden reduziert werden kann. Diese Prozesse verlaufen nicht bewusst. Insofern lässt sich nicht ausschließen, dass diese reaktiven Verhaltensweisen das Leiden am Ende noch erhöhen.

Helm Stierlin hat in diesem Kontext besonders das System Familie in den Blick genommen. Stierlin erläutert, dass in Familien alle Mitglieder immer wieder neu lernen müssen, solche Beziehungen zu entfalten, in denen Abhängigkeit und Autonomie sich nicht gegenseitig ausschließen, sondern sich positiv bedingen können. Diese Beziehungen verändern sich unvermeidbar mit zunehmendem Alter der Kinder. In Familien müssen sich alle Beteiligten auch abgrenzen können, was Konflikte mit einschließt.

Stierlin hat die Extreme der verstrickenden Bindung einerseits und der Ausstoßung andererseits beschrieben. Eltern, die ihre Kinder zu eng an sich und an die Familie binden, behindern ihre individuelle Entwicklung. Eltern, die ihrem Kind zu wenig Fürsorge und Zuwendung geben, nehmen einem Kind die Sicherheit, sich selbst entwickeln zu können. Kinder, die in verstrickenden Bindungen aufwachsen, erleben diese Bindungen grundsätzlich positiv, sodass sie sich eher nicht direkt gegen das System Familie stellen.

In solchen „zentripetalen" Familien ist die Krankheit Magersucht häufig zu beobachten. In zentripetalen Familien steht die (Gesamt-)Familie im Mittelpunkt. Die Zusammengehörigkeit der Familie ist ein besonderer Wert. Abgrenzung wird eher beargwöhnt. Die Eltern in diesen Familien zeigen Selbstlosigkeit und Opferbereitschaft für die Familie. Mit Blick auf das vermeintliche Familienwohl stellen Selbstbeherrschung und Gefühlskontrolle für sie wichtige Maßstäbe dar. Häufig dominiert in diesen Familien Leistungsorientierung, die sich in Erfolgen in Schule und Beruf niederschlägt. „Gerechtigkeit" wird angestrebt und postuliert, Entscheidungen werden an diesem Maßstab gemessen.

Vor allem Mädchen erleben sich in diesen Familien unter Erwartungsdruck. Dieser Druck wird dadurch erhöht, dass Forderungen moralisch legitimiert werden und überdies von solchen Eltern stammen, die selbst opferbereit hinsichtlich ihrer Kinder handeln. Gefühle wie Wut oder sogar Hass können Kinder in solchen Familien nur schwer zulassen. Mädchen, die hungern, beweisen Selbstkontrolle im extremen Ausmaß. Selbstkontrolle wiederum gilt in diesen Familien als hoher Wert. Sie hungern so weit, dass sich die anderen Familienmitglieder Sorgen machen, und gewinnen so Kontrolle über die anderen. Auf diese Weise lassen sie die anderen leiden. Sie haben Macht nicht nur über ihren Körper, sondern auch innerhalb der Familie. Sie „rächen" sich so dafür, dass sie sich als Individuen nicht selbst entfalten konnten. Das System Familie zwingt ihnen diese Form der Rache oder der Machtausübung auf. Andere Formen des „Widerstands", wie z. B. offener Protest, sind für Mädchen aus solchen Familien nur schwer möglich.

Systemische Therapie und Magersucht

In der systemischen Therapie wird gefragt, wie sich die Krankheit Magersucht auf die Beziehungen in einer Familie auswirkt. Welche Änderungen im Verhältnis der Familienmitglieder zueinander werden durch diese Krankheit hervorgerufen? Eine bedeutende Methode der systemischen Therapie ist das zirkuläre Fragen. Diese Fragen helfen herauszufinden, welche Wirklichkeiten die Betroffenen jeweils erleben und welche Wirklichkeiten sie von ihren Mitmenschen annehmen.

BEISPIEL „Was denkst du, wie deine Mutter sich fühlt?" „Hat sich deine Beziehung zwischen dir und deiner Schwester jetzt verändert?" „Was meinst du, wie dein Bruder dich momentan sieht?"

Konstruktiv werden diese Fragen, wenn sie durch Fragen nach Möglichkeitskonstruktionen ergänzt werden:
„Wie meinst du, würde deine Mutter reagieren, wenn du wieder regelmäßig essen würdest?", „Was würden deine Eltern sagen, wenn du aus dem Elternhaus ausziehen?", „Wie würden deine Familie und deine Freunde reagieren, wenn du dein Studium abbrechen würdest"?

Gerade Fragen nach Möglichkeitskonstruktionen lassen sich auf vielfältige Weise stellen:

- Wunderfrage: „Was wäre, wenn Sie mit einem Mal nicht mehr magersüchtig wären?"
- Zukunftsfrage: „Wollen Sie auch in ferner Zukunft mit diesem Problem leben?"
- Als-ob-Frage: „Wie würden Ihre Eltern regieren, wenn Sie sagen würden, Sie wollten Ihre Eltern für längere Zeit nicht sehen?"

Weitere Fragemöglichkeiten ergänzen die Fragen zur Wirklichkeits- und Möglichkeitskonstruktion:

- Klassifikationsfragen: „Wer findet mehr, wer weniger Aufmerksamkeit?"
- Prozentfragen „Wie viel Prozent von Ihnen würden gerne das Elternhaus verlassen, wie viel würden bleiben wollen?"
- Übereinstimmungsfragen: „Stimmen Sie in dem Punkt mit Ihrer Schwester überein?"

Letztlich geht es darum, neue Verhaltensmuster auszubilden, sodass alle Beteiligten sich selbst besser entfalten können. Zirkuläre Fragen lassen sich auch mit Blick auf das „innere Parlament", auf die verschiedenen „Stimmen" in einem Menschen, stellen.

Jeder Mensch wird durch verschiedene innere Antriebe motiviert, die sein Handeln bestimmen.

- „Können Sie sich erlauben, ihre Eltern offen zu kritisieren?"
- „Wer in Ihnen sagt Ihnen, dass Sie niemals viel Alkohol trinken dürfen?"
- „Was wäre, wenn Sie es doch einmal täten?"

Systemische Therapie und pädagogisches Denken und Handeln

Man muss sich bewusstmachen, dass diese Vorgehens- und Frageweisen therapeutische Wege darstellen. Diese pädagogisch übernehmen zu wollen, birgt erhebliche Risiken. **Therapie strebt nach Gesundheit, Ziel pädagogischen Handelns ist Mündigkeit.** Mündigkeit kann auch belasten, z. B. wenn Menschen sich den Widersprüchen ihrer persönlichen, sozialen oder gesellschaftlichen Existenz stellen. Ob therapeutische und pädagogische Ziele vereinbar sein können, wäre kritisch zu reflektieren.

Allerdings resultiert aus systemischen Einsichten das pädagogische Postulat, Kinder und Jugendliche vor Überforderung zu schützen. Pädagogisch muss sensibel beobachtet werden, welche Erwartungen unterschiedliche Systeme an Kinder und Jugendliche stellen: Ist ein Kind mit Erwartungen der Schule einerseits und des Elternhauses andererseits überfordert?

Sicherlich müssten Familien dahingehend beraten werden, ihren Kindern Wege der Individuation und Selbstwerdung eröffnen zu können. Dazu zählt auch die Einsicht, dass Streitigkeiten keineswegs für problematisch gehalten werden müssen. Streitigkeiten helfen, Positionen zu klären, und stellen Wege dar, Durchsetzungsvermögen zu lernen.

Zuletzt muss auch der Gesichtspunkt des „inneren Parlaments" ernstgenommen werden. Kindern darf nur abverlangt werden, was sie kognitiv oder psychisch auch leisten können. Das bedeutet, dass man die Schwächen von Kindern anerkennt und ihnen hilft, diese schrittweise zu überwinden. Man muss Kinder so annehmen, wie sie sind, und darf sie nicht mit utopistischen Bildern von Kindern verwechseln. Insofern muss man auch ihre inneren Konflikte achten und entsprechend Rücksicht nehmen. Das fällt vielen Erwachsenen schwer. Diese Einsicht, die sich aus einer systemischen Sichtweise ergibt, ist eine alte pädagogische Einsicht, der Korczak Rechnung getragen hat, als er das Recht des Kindes, „so zu sein, wie es ist", postulierte.

Ob aus systemischem Denken fundamental neue pädagogische Einsichten oder Postulate resultieren, lässt sich bezweifeln. Man kann sagen, dass systemische Einsichten das pädagogische Postulat unterstreichen, Mündigkeit und Selbstständigkeit eines

Menschen zu fördern, und zugleich daran erinnern, dass Menschen immer in zwischenmenschlichen Beziehungen leben.
Der Gesichtspunkt der Moralität findet im systemischen Denken nur indirekt Berücksichtigung. Innerhalb einer therapeutischen Perspektive, in der Gesundheit im Vordergrund steht, ist das zweifellos richtig und sinnvoll. In einer pädagogischen Perspektive aber geht es um mehr, als darum, dass Systeme mit- und nebeneinander funktionieren können. Menschen sollen lernen, verantwortlich zu handeln, mit Blick auf sich selbst, ihre Mitmenschen, auf Gegenwart und Zukunft.

4.3 Zusammenfassung: Unbewältigte Entwicklungsschritte und -krisen

Entwicklungs- und Sozialisationskrisen oder auch das Scheitern von Menschen in Entwicklungs- und Sozialisationsprozessen stellen pädagogische Herausforderungen dar, sind aber keineswegs immer pädagogisch zu erklären oder auf pädagogisches Verhalten zurückzuführen.
Die Bedingungen der Sozialisation entstehen im gesamtgesellschaftlichen Rahmen. Dieser Rahmen kann pädagogisch zwar beeinflusst, nicht aber bestimmt werden. Darüber hinaus muss auch pädagogisch anerkannt werden, dass die Entwicklung eines Menschen niemals prognostiziert werden kann. Das gilt einmal deshalb, weil Menschen individuell und damit unterschiedlich sind und somit auf verschiedene Art und Weise mit Erfahrungen umgehen. Zweitens gilt es auch deshalb, weil Lebenswege auch durch einmalige und besondere Begebenheiten mitgeprägt werden. Aus pädagogischer Sicht kann nicht verhindert werden, dass sich Enttäuschungen in und aus persönlichen Beziehungen ergeben. Pädagogik kann versuchen, Menschen Wege zu eröffnen, um Krisen zu bewältigen.
Bildung kann Menschen befähigen, vielfältige Lebensmöglichkeiten zu entdecken. Sie kann Menschen helfen, sich selbst und

die gesellschaftliche Welt, in der sie leben, besser zu verstehen. Bildung kann Menschen darin unterstützen, Interessen und Aufgaben, die das eigene Leben bereichern, zu finden. Erziehung kann Menschen in einer Weise fördern, dass sie weder zu sehr überfordert noch zu sehr unterfordert werden.
Diese Maßstäbe gewinnen an Bedeutung, wenn Menschen aufgrund defizitärer Lebenserfahrungen im Prozess ihrer Entwicklung und Sozialisation vor Schwierigkeiten stehen. Diese Menschen können und müssen besondere pädagogische Begleitung erfahren, dass sie sich nicht nur aufgefordert, sondern auch ermutigt sehen, sich ihren Schwierigkeiten zu stellen. Ob die pädagogische Unterstützung zur Überwindung solcher Schwierigkeiten beitragen kann, ist nicht allein vom pädagogischen Handeln abhängig, sondern auch von der Bereitschaft des betroffenen Menschen und den gegebenen sozialen und gesellschaftlichen Bedingungen.
Bei dramatischen Entwicklungskrisen, wie z. B. Magersucht, wird therapeutisches Handeln notwendig. Langfristig muss bedacht werden, inwieweit therapeutische und pädagogische Maßnahmen aufeinander abgestimmt werden können, um sowohl zur Gesundheit als auch zur Mündigkeit betroffener Menschen beizutragen.
Ebenso wäre es wünschenswert, wenn z. B. in der Politik oder auch in der Wirtschaft pädagogische Hinweise ernster genommen würden.
In der Alltagspraxis müssen Ziele häufig bescheiden formuliert werden. Hohe Ansprüche von Mündigkeit können mit Blick auf Menschen in sozialer oder psychischer Not leicht zynisch klingen. Auch Moralität lässt sich kaum von Menschen fordern, die an alltäglichen Aufgaben im Leben scheitern. Hier muss eine Pädagogik, die Entwicklung fördern will, auf einer anderen Stufe ansetzen.
Pädagogisch müssen Menschen – und nicht nur Kinder und Jugendliche – als die angesehen werden, die sie sind. Ansprüche, ihre Entwicklung zu fördern, müssen sich immer am gegebenen

Stand ihrer Entwicklung orientieren. In diesem Kontext sollten sich Pädagoginnen und Pädagogen bewusstmachen, dass Menschen vielfach widersprüchlich agieren. Letztlich kann kein Mensch von sich in Anspruch nehmen, ohne Entwicklungsdefizite zu bestehen. Janusz Korczak hat wiederholt darauf hingewiesen.

Es ist bekannt, dass nationalsozialistische Massenmörder liebevolle Väter ihrer Kinder waren. Umgekehrt weiß man von literarischen Autoren, deren Werk durch eine humane Ausrichtung gekennzeichnet ist, dass sie im Alltag mit Mitmenschen rücksichtslos, egoistisch und ungerecht umgegangen sind. Viele der „Retter" im Nationalsozialismus waren Menschen mit geringer Bildung und sie stammten aus niedrigen sozialen Schichten. Hingegen kollaborierten viele Universitätsprofessoren – auch und gerade in der Pädagogik – kritiklos und opportunistisch mit den nationalsozialistischen Machthabern. Die Krankheit Magersucht ist sehr häufig in Familien höherer und gebildeter sozialer Schichten anzutreffen.

Einsichten einer narrativen Pädagogik führen vor Augen, dass Entwicklung nicht ausschließlich theoretisch beurteilt und bewertet werden kann. Theoretisches Wissen über Entwicklung kann eine Orientierung für pädagogisches Handeln geben, sie aber nicht ersetzen: „Das Wort ist Bundesgenosse, aber nicht Stellvertreter." (Korczak, 272) Insofern muss pädagogisch selbstkritisch gefragt werden, wie Menschen ihre Entwicklung und Entwicklungsschritte selbst erleben, empfinden und bewerten.

Entwicklungsförderung kann anstreben, Entwicklung in einer Weise zu realisieren, dass das Leben eines Menschen gelingt. Ob dieses Streben erfolgreich sein kann, muss offen bleiben. Es gilt, dass jeder Mensch sich nur selbst entwickelt. Das kann einschließen, dass sein Leben wenig gelingt – auch in seinen eigenen Augen. Des Weiteren können gesellschaftliche Bedingungen Entwicklungsmöglichkeiten und -schritten eines Menschen entgegenstehen. Sie können auch dazu beitragen, dass ein Mensch infolge seiner Entwicklungsfortschritte Konflikte und Schwierigkeiten auf sich nehmen muss, die sein Leben belasten. Wer im Sinne Kohlbergs moralisch hohe Stufen erreicht hat und in einem totalitären Staat leben muss, sieht sich leicht mit Realitäten konfrontiert, die seinen Ansprüchen mit Blick auf soziale Anerkennung oder auch Bedürfnisbefriedigung entgegenstehen könnten, wenn er sich im Sinne der eigenen Überzeugung „moralisch" verhalten würde.

Pädagogisch muss gewusst und bedacht werden, dass Menschen immer nur gemeinsam um ihre Entwicklung als Menschen ringen können. Pädagogisches Wissen oder auch Wissen um Stufen der Entwicklung und Sozialisation können helfen, dieses „Ringen" in einer Weise zu gestalten, dass Menschen wirklich „fortschreiten" oder sich „höher entwickeln" können. Das aber muss immer wieder neu angestrebt werden.

5 Pädagogik, Gesellschaft und Politik

5.1 Gesellschaft als notwendiger Bestandteil von Erziehung und Bildung

Gesellschaft ist Bestandteil pädagogischen Handelns. Erziehung antwortet auf die anthropologische Tatsache, dass der Mensch bei seiner Geburt genetisch nicht auf eine bestimmte Lebensform angelegt ist und eine lange Zeit auf die Hilfe anderer angewiesen ist, bevor er aus eigener Kraft sein Leben führen kann. Der Mensch wächst notwendigerweise in einen soziokulturellen Zusammenhang hinein, der nicht genetisch, sondern geschichtlich bestimmt ist. Bevor der Mensch „ich" sagen kann, ist er schon in historisch-soziale Lebensformen eingebunden und wird gesellschaftlich geprägt. Der Ansatz modernen pädagogischen Denkens und Handelns ist es, das Subjektwerden nicht dem Zufall zu überlassen. Der Heranwachsende soll vielmehr dabei unterstützt werden, sich zu einem mündigen, d. h. sachlich argumentierenden, ethisch qualifiziert urteilenden und sinnvoll handelnden Menschen zu entwickeln.

Pädagogisches Handeln will Kinder und Jugendliche so in gesellschaftliche Lebensformen einführen, dass sie nicht von ihnen überwältigt werden, sondern sich in ein vernünftiges Verhältnis zu ihnen setzen können. Sie sollen und müssen entscheiden, inwiefern sie die Kontinuität der kulturellen Lebensformen und tradierten Werte gewährleisten wollen, da sie die ältere Generation irgendwann ablösen.

Dass mit den kulturellen Überlieferungen kritisch-prüfend umgegangen werden kann und soll, wird vor allem in der europäischen Aufklärung zum Thema. Wir leben, wie zu Zeiten Kants, immer noch nicht in einem aufgeklärten Zeitalter, sondern in einem Zeitalter der Aufklärung.

5.2 Erziehung in vormodernen Gesellschaften

In vormodernen (auch vorneuzeitlichen, alteuropäischen) Gesellschaften hatte Erziehung das Ziel, in die bestehenden Sitten und Gebräuche durch Teilhabe am alltäglichen Leben einzuführen. In solchen Gesellschaften waren die Biographien der Menschen durch Tradition vorbestimmt. Was man zum Leben braucht, lernte man im sozialen Nahbereich – im Haus, bei den Eltern und Geschwistern, bei Verwandten und dem Dienstpersonal. Wer als Kind eines Bauern geboren wurde, übernahm den Hof oder arbeitete als Landarbeiter für andere Bauern.

Der 1758 in der Nähe von Würzburg aufwachsende Johann Baptist Schad berichtet:

> *„Als ein Kind von vier Jahren hatte ich eine Herde junger Gänse zu besorgen, so dass ich sie nicht bloß auf die Weide treiben und daselbst hüten, sondern auch für das nötige Futter derselben, das auf dem Felde mühsam aufzusuchen war, im Hause sorgen musste. So musste ich auch späterhin für das Hornvieh Futter auf dem Felde grasen und in Körben nach Hause tragen, und im Herbste dasselbe auf Wiesen hüten. Sobald ich von der Schule nach Hause kam, war schon eine Arbeit für mich bestimmt, so dass ich nie Ruhe auf längere Zeit genießen durfte."*
> *(Schad, 91)*

Auch die Erziehung im Adel war durch den Grundsatz der Eingewöhnung in eine traditionelle Lebensform geprägt. Johann Friedrich Klöden (1786–1856) berichtet über die Erziehung seines Vaters, der einer verarmten Adelsfamilie angehört:

> *„Die Erziehung meines Vaters (...) war eine Junkererziehung, wie sie in jenen Zeiten unzähligen seiner Standesgenossen zuteil wurde. Die Mittel reichten nicht aus, einen Erzieher zu halten. Man musste sich ohne denselben behelfen. Hans Gottfried (Klödens Großvater) nahm seinen Sohn fleißig mit auf die Jagd, was dieser überaus gern sah, und gar bald war er ein brauchbares*

Mitglied jedes Jagdzuges. Dabei machte er die Bekanntschaft seiner benachbarten Standesgenossen (...) und war oft in deren Hause, oder schloss sich ihren Jagdzügen ohne seinen Vater an. Schreiben, Lesen und Rechnen lernte Joachim Friedrich in der Dorfschule, und dies nach der Meinung des Vaters in hinreichendem Maße. Oft hatte er ihm gesagt: ‚Lerne Lesen, Schreiben und Rechnen, mehr brauchst du nicht, und damit kommst du durch die ganze Welt!' Den Religionsunterricht erteilte der Prediger Hindenburg in Badingen. Damit war der ganze wissenschaftliche Unterricht abgeschlossen; alles andere fiel den ritterlichen Übungen anheim, in denen mein Vater excellierte."
(Klöden, 53)

Die Vorstellung, dass die Menschen mit der Geburt auf bestimmte Lebensformen und -läufe angelegt waren, bestimmen noch Ende des 18. Jahrhunderts die Vorschläge des preußischen Justizministers Karl Abraham von Zedlitz (1731–1793) zur Verbesserung der preußischen Schulen:

„Wenn der Schulunterricht den Endzweck haben soll, die Menschen besser und für ihr bürgerliches Leben brauchbar zu machen, so ist es ungerecht, den Bauer wie ein Tier aufwachsen, ihn einige Redensarten, die ihm nie erklärt werden, auswendig lernen zu lassen; und es ist eine Torheit, den künftigen Schneider, Tischler, Krämer wie einen künftigen Konsistorialrat oder Schulrektor zu erziehen, sie alle Lateinisch, Griechisch, Hebräisch zu lehren und den Unterricht in Kenntnissen, die jene nötig haben, ganz zu übergehen oder diese Kenntnisse für sie unverständlich und unanwendbar vorzutragen. Daraus folgt also, dass der Bauer anders als der künftige Gewerbe oder mechanische Handwerke treibende Bürger und dieser wiederum anders als der künftige Gelehrte oder zu höhern Ämtern des Staates bestimmte Jüngling unterrichtet werden muss. Folglich ergeben sich drei Abteilungen aller Schulen des Staates, nämlich: 1. Bauern-, 2. Bürger- und 3. Gelehrte Schulen."
(von Zedlitz, 70)

Erziehung ist in einem solchen gesellschaftlichen Zusammenhang das, was heute „Sozialisation“ genannt wird: Übernahme von Traditionen, Sitten und Lebensformen. Gesteigert wird die Verpflichtung auf gesellschaftlich vorgegebene Lebensläufe bei der Erziehung von Mädchen. Der katholische Theologe Johann Michael Sailer schreibt 1831:

> *„Das Weib ist als Weib für den Kreis des Hauses geschaffen. Ein Weib außer dem Hause ist außer seinem Elemente. In dem Hause ist das Weib dem Manne Gattin, den Kindern Mutter, dem Hause selber Frau, lebt für den Mann, für die Kinder, für das Haus. Sobald das Weib außer dem Hause glänzen, in Versammlungen außer dem Hause gefallen, in der großen Welt gelten will, hat es den Charakter des Weibes verleugnet.“*
> *(Sailer, 175)*

Diese Vorstellungen von der „natürlichen“ oder „göttlichen“ Bestimmung der Frau werden im Verlaufe des 19. und 20. Jahrhunderts nur mühsam überwunden. Selbst die Aktivistinnen der Frauenbewegung im ausgehenden 19. Jahrhundert denken noch in diesem Rahmen.

> *„Es ist wahr, dass das besondere und eigentümliche Wesensmerkmal der Frau darin liegt, Kinder zu gebären (...). Diejenigen, die durchs Leben gehen, ohne diesen besonderen Grundzug ihrer Bestimmung zu erfüllen, haben das schönste Ziel des Frauenlebens nicht erreicht. Aber auch wenn man Mutterschaft stets als die heiligste Aufgabe betrachten soll, zu der die Frau fähig ist, so soll in Anerkennung dieser Tatsache doch nicht übersehen werden, dass es daneben verschiedene andere Bereiche gibt, wo die Frau ihre Fähigkeiten nutzbringend einbringen kann.“*
> *(Woodhull/Claflin, zit. n. Beck-Gernsheim, 64)*

Aus pädagogischer Sicht ist gegen solche Positionen geltend zu machen, dass sie nicht den mit „Bildsamkeit“ und „Mündigkeit“ formulierten Ansprüchen entsprechen. Mädchen und Frauen besitzen keine besondere „Natur“, die sie zwingend auf bestimmte Lebensformen und -läufe festlegt.

Gemeinsam ist der Standeserziehung und der traditionsgeleiteten Mädchenerziehung, dass sie die Adressaten des pädagogischen Handelns so auf Ziele verpflichten, dass die Heranwachsenden ihre Berechtigung nicht kritisch prüfen können. Die gesellschaftlichen Verhältnisse, die kulturellen Traditionen bleiben die unbefragte Norm. Erziehung wird als Eingewöhnung und Anpassung zu Sozialisation. Die mit „Bildsamkeit" und „Mündigkeit" gesetzten Ansprüche an pädagogisches Denken und Handeln können sich nicht entfalten. Die fortschrittlichen Denker des späten 18. und beginnenden 19. Jahrhunderts (z. B. Rousseau, Kant, Herbart, Humboldt, Schleiermacher) sind die Ersten, die Erziehung und Bildung als Führung zur Selbstbestimmung denken. Realgeschichtlich dauert es lange, bis sich ihre Vorstellungen in der Praxis des Familienlebens, der Schule und Arbeitswelt durchsetzen. Auch heute noch sind die Versprechen ihrer Theorien nicht vollständig eingelöst.

5.3 Erziehung in nicht-demokratischen Verhältnissen

Auch in autoritären und diktatorischen Staaten der jüngeren Vergangenheit wurde Erziehung im Sinne des Systems instrumentalisiert. Aufgabe pädagogischen Handelns war die kritiklose Anpassung der Heranwachsenden an politische oder religiös legitimierte gesellschaftliche und politische Verhältnisse. Das Erziehungs- und Bildungssystem wurde für die Durchsetzung politischer Ziele benutzt.

Ein markantes Beispiel ist die Erziehung in der Zeit der nationalsozialistischen Diktatur. Hitler hat 1938 die totalitären Absichten des nationalsozialistischen Staates ebenso anschaulich wie unmissverständlich beschrieben:

> *„Dann kommt eine neue deutsche Jugend, und die dressieren wir schon von ganz klein an für diesen neuen Staat... Diese Jugend, die lernt ja nicht anderes als deutsch denken, deutsch*

handeln, und wenn nun diese Knaben mit zehn Jahren in unsere Organisation hineinkommen und dort oft zum ersten Male überhaupt eine frische Luft bekommen und fühlen, dann kommen sie vier Jahre später vom Jungvolk in die Hitlerjugend, und dort behalten wir sie wieder vier Jahre, und dann geben wir sie erst recht nicht zurück in die Hände unserer alten Klassen- und Standeserzeuger, sondern dann nehmen wir sie sofort in die Partei, in die Arbeitsfront, in die SA oder in die SS, in das NSKK (nationalsozialistisches Kraftfahrerkorps) usw., und sie werden nicht mehr frei ihr ganzes Leben. Und wenn mir einer sagt, ja, da werden aber doch immer noch welche übrigbleiben: Der Nationalsozialismus steht nicht am Ende seiner Tage, sondern erst am Anfang."
(Hitler, Rede 1938)

Die Schule erwähnt Hitler hier nicht. Aber auch sie geriet schnell nach der Machtergreifung im Jahre 1933 in den Zugriff des nationalsozialistischen Staates. Reichsinnenminister Frick gibt in diesem Jahr die Unterordnung des Schülers unter das „Volksganze" als oberstes Erziehungsziel der Schule aus.

„Die nationale Revolution gibt der deutschen Schule und ihrer Erziehungsaufgabe ein neues Gesetz: Die deutsche Schule hat den politischen Menschen zu bilden, der in allem Denken und Handeln dienend und opfernd in seinem Volke wurzelt und der Geschichte und dem Schicksal seines Staates ganz und unabtrennbar zuinnerst verbunden ist."
(zit. n. Gamm, 74)

5

Der „Wehrertüchtigung" durch „geländesportliche Übungen" sollte dabei besondere Aufmerksamkeit gewidmet werden. Mitte der dreißiger Jahre wurde über die Neugestaltung der Lehrpläne und Unterrichtsmittel die Indoktrination im Sinne der nationalsozialistischen Ideologie als hauptsächliche Aufgabe der Schule gestärkt. In die Lehrpläne wurden Inhalte wie Vererbungslehre, Rassekunde oder Bevölkerungspolitik aufgenommen und die Schulfächer in den Dienst der nationalsozialistischen Erziehung gestellt. Das geschah z. B. über manipulative Aufgabenstellungen in den Lehrbüchern. Selbst im Mathematikunterricht wurde über Textaufgaben diese Ausrichtung vorangetrieben. Die Schülerinnen und Schüler sollten z. B. die Kosten für die Betreuung von behinderten oder kriminell gewordenen Menschen mit denen vergleichen, die Familien und Kindern zugute kommen könnten.

> *„Der Bau einer Irrenanstalt erfordert 6 Millionen Reichsmark. Wie viele Siedlungen zu je 15 000 Reichsmark hätte man davon bauen können?“*
> *(Focke/Reimer, 89)*

Über dienstrechtliche Maßnahmen der Schulbürokratie wurden auch die Lehrer im Sinne der nationalsozialistischen Ideologie „ausgerichtet“. Wenn sie ihre demokratische oder sozialistische Einstellung nicht aufgaben, drohte die Entlassung aus dem Schuldienst. 1936 waren 97 % der Lehrerschaft Mitglied im Nationalsozialistischen Lehrerbund. Jüdische Schülerinnen und Schüler wurden im Verlaufe der dreißiger Jahre immer mehr aus den Schulen verdrängt.

Auch in der DDR wurde das Bildungssystem zur kritikfreien, ideologischen Ausrichtung der Schülerinnen und Schüler auf die politischen Ziele des Staates und seiner führenden Partei, der Sozialistischen Einheitspartei Deutschlands (SED), benutzt. Die SED verstand sich als „marxistisch-leninistische Partei der Arbeiterklasse“, die die DDR autoritär und zentralistisch beherrschte („Diktatur des Proletariats“). Nach dem Selbstverständnis der SED sollte dadurch verhindert werden, dass nach der Abschaffung des Kapitalismus die Ausbeutung der arbeitenden Bevölkerung durch die Besitzer der Betriebe wieder aufleben konnte. Die DDR war westlichster Teil des Herrschaftsbereichs der Sowjetunion und sah sich von den Staaten des kapitalistischen Westens besonders bedroht.
Die politische Instrumentalisierung der Pädagogik war in den Gesetzen und Erlassen klar geregelt. So heißt es in der „Verord-

nung über Pflichten und Rechte der Lehrkräfte der Volksbildung und Berufsbildung" aus dem Jahre 1979:

> *„Es ist Aufgabe der Pädagogen, die Kinder, Schüler, Lehrlinge und Werktätigen in der Erwachsenenbildung zu guten Staatsbürgern, zu Patrioten ihres sozialistischen Vaterlandes und zu proletarischen Internationalisten zu erziehen. Die Pädagogen orientieren sich in ihrer Bildungs- und Erziehungsarbeit am Programm der Sozialistischen Einheitspartei Deutschlands." (Verordnung über Pflichten und Rechte der Lehrkräfte, 1)*

In der Einleitung zu der in der DDR verbreiteten „Einführung in die Allgemeine Didaktik" (Unterrichtslehre) von Lothar Klingberg wird das konkretisiert:

> *„Die wichtigste erzieherische Aufgabe der sozialistischen Schule ist die Entwicklung des sozialistischen Bewusstseins der Kinder und Jugendlichen, die Erziehung aller Schüler zum Klassenstandpunkt der Arbeiterklasse. (...) Im Unterricht der sozialistischen Schule der DDR werden im Zusammenhang mit der sozialistischen Bewusstseinsbildung weitere Persönlichkeitseigenschaften entwickelt, die für die Bürger unseres Staates charakteristisch sind: Die Überzeugung vom Sieg und von der Überlegenheit des Sozialismus, die Parteinahme für die Politik der Arbeiterklasse und ihrer Partei, die Teilnahme am Kampf um die Sicherung des Friedens und den gesellschaftlichen Fortschritt, das Bekenntnis zum proletarischen Internationalismus und zur Völkerfreundschaft, sozialistische Disziplin und Kollektivität." (Klingberg, 35 f.)*

Außerhalb der Schule waren die meisten Schülerinnen und Schüler in der Freien Deutschen Jugend (FDJ) organisiert. In den letzten Jahren der DDR waren es etwa 2,3 Millionen, also 88 % der Schülerschaft. Hauptaufgabe der FDJ war neben der ideologischen Ausrichtung der Jugendlichen die Bereitstellung und Unterstützung von Freizeitangeboten. Dazu zählten Jugendclubs mit politischen, naturwissenschaftlichen und technischen Veranstaltungen, aber auch Unterhaltungsangebote oder Ferienlager für Jugendliche. Es war für viele Jugendliche attraktiv, Mitglied zu sein, weil man z.B. leichter den Führerschein machen konnte und bei entsprechendem Einsatz „gesellschaftliches Engagement" attestiert bekam. Neben dem Abitur war dies Voraussetzung, einen Studienplatz zu bekommen.

In einem Lexikon, das in der DDR erschien, werden die Ziele der Organisation 1973 so beschrieben:
„Die FDJ sieht in der Teilnahme der Jugend an der allseitigen Stärkung der DDR ihren wichtigsten Beitrag im Kampf zur Überwindung des Imperialismus. Sie erzieht ihre Mitglieder im Geiste der Prinzipien des proletarischen und sozialistischen Internationalismus, der Freundschaft und brüderlichen Solidarität der Jugend aller Länder, besonders aber zur Sowjetunion. Die FDJ organisiert die Verbreitung des Marxismus-Leninismus und hilft den jungen Menschen beim Studium der Werke der Klassiker des Marxismus-Leninismus und der Beschlüsse der SED." (Meyers Neues Lexikon, 131 f.)

Die Übereinstimmungen mit den Zielen der Schule fallen auf. Wie im Nationalsozialismus wird auch in der DDR die pädagogische Praxis der politischen untergeordnet: Es besteht ein hierarchisches Verhältnis. In solchen Verhältnissen ist es nicht vorgesehen, sich unter sachlichen und ethischen Ansprüchen selbst zu bestimmen. Bildung als Selbstbestimmung ist nicht das Ziel pädagogischen Handelns, wohl aber ideologische Indoktrination und Menschenformung.

5.4 Erziehung in demokratischen, offenen Gesellschaften

In offenen, demokratischen Gesellschaften ist es gelungen, ein nicht-hierarchisches Verhältnis der gesellschaftlichen Teilpraxen zu organisieren. Solche Praxisbereiche sind neben der Pädagogik z.B. die Politik, die Wirtschaft, das Recht, die Religion, die Wissenschaft oder die Kunst. Dietrich Benners Begriff des „nicht-hierarchischen" Verhältnisses kennzeichnet, was sein soll: Keine Praxis soll die andere dominieren oder bestimmen, weil jede ihre eigene, nicht ersetzbare Grundidee besitzt. Das leitende pädagogische Prinzip, den Heranwachsenden dialogisch zur Mündigkeit zu führen, kann nicht durch das politische oder ökonomische System übernommen werden. Würde Erziehung politisch kontrolliert, würde sie wie in der Zeit der nationalsozialistischen Diktatur zur Indoktrination herabsinken, würde das Teilsystem Wirtschaft aus seiner Interessenlage heraus Erziehung organisieren, kämen Schulung, training on the job, Ausbildung wirtschaftlich nützlicher Verhaltensweisen, „Schlüsselqualifikationen", aber eben nicht die Bildung einer kritischen, sachlich und ethisch qualifizierten Urteilsfähigkeit heraus.

Wie also sollte das nicht-hierarchische Verhältnis gestaltet werden? Zunächst ist festzuhalten, dass es keine Antwort auf diese Frage gibt, die alle Situationen und Konstellationen dauerhaft erfasst. Das nicht-hierarchische Verhältnis der gesellschaftlichen Teilpraxen zueinander ist nach Benner ein „regulatives Prinzip", eine durch Vernunft gesetzte Idealvorstellung, dem die wirklichen Verhältnisse mehr oder weniger genügen, mit dessen Hilfe sie aber beurteilt werden können. Man kann demnach Grundsätze für die Zusammenarbeit der Teilpraxen benennen, kommt aber nicht um die Aufgabe herum, die sich immer verändernde gesellschaftliche Gesamtpraxis genau zu analysieren und zu beurteilen.

Weiterhin gilt, dass jede Praxis in jeder anderen thematisiert werden kann. Ökonomische Themen gehören z. B. zum Lehrplan des schulischen Unterrichts. Dabei geht es nicht nur um Einführung in wirtschaftliche Sachverhalte, sondern auch um deren kritische Prüfung, also nicht nur um Sachwissen, sondern auch um Urteilsbildung. Umgekehrt ist das Bildungswesen auch Thema in der Teilpraxis Wirtschaft. So gibt es die Bildungsökonomie als Teildisziplin der Wirtschaftswissenschaften. Sie beschäftigt sich mit der Auswirkung von Qualifikationen, die in Schulen und außerschulischen Einrichtungen erworben werden, auf betriebs- und volkswirtschaftlichen Erträge. Das wirtschaftlich nutzbare Wissen der Mitarbeiter wird als „Humankapital" bezeichnet. Wie die physische Arbeitskraft auch ist das ein Produktionsfaktor. Aus wirtschaftlicher Sicht interessiert, ob sich die Investitionen ins Schulsystem im Hinblick auf den wirtschaftlichen Ertrag lohnen. Die Pädagogik wird ja tatsächlich mit dem Geld finanziert, das in der Teilpraxis Wirtschaft erarbeitet wird. Sie muss deshalb anerkennen, dass sie auf die Wirtschaft angewiesen ist. Umgekehrt ist die Wirtschaft auf die Leistungen der pädagogischen Teilpraxis angewiesen. Sie benötigt z. B. die Qualifikationen, die Motivationen und das kritische Potenzial der Absolventen des Schulsystems.

Die wechselseitigen Abhängigkeiten der Teilpraxen Wirtschaft und Pädagogik führen zu einem Grundsatz der produktiven Zusammenarbeit: Man sollte in der Lage sein, sich aus dem Blickwinkel der jeweils anderen Praxis wahrzunehmen. Man sollte in Beziehung bringen könnte, wie man selbst und die andere Praxis über „Erziehung" und „Wirtschaft" denken. Das ist der erste Grundsatz, an denen sich die Zusammenarbeit der Teilpraxen ausrichten sollte.

In der Regel führt das nicht zu harmonischer Übereinstimmung. Die Interessen können hart aufeinanderprallen, wenn etwa Wirtschaftsverbände bestimmte Qualifikationen von den Schulabgängern oder Pädagogen eine bessere finanzielle Ausstattung ihres Bereichs einfordern. Es gibt eine Kritik der Teilpraxis Wirtschaft an der pädagogischen Teilpraxis, es gibt aber auch eine pädagogische Gesellschaftskritik, die sich auf andere Teilpraxen richten kann. Dies ist dann der Fall, wenn die sozialen, politischen oder religiösen Verhältnisse einer Subjektwerdung im Sinne von Bildung als Selbstbestimmung entgegenstehen.

In demokratischen Gesellschaften werden solche Kontroversen öffentlich und zivil ausgetragen – über die Medien, über Demonstrationen, über die Aktivierung von Verbündeten. Die in einer demokratischen Öffentlichkeit ausgetragene zivile Kontroverse ist der zweite Grundsatz, an der sich die Zusammenarbeit der Teilpraxen orientieren sollte. Die ausgehandelten „Lösungen" sind immer vorläufig. Sie können und sollen der Dynamik der gesamtgesellschaftlichen Entwicklung nicht entgegenstehen. Angesichts dieses komplexen, dynamischen Gefüges ist der dritte Grundsatz leicht nachzuvollziehen: Es übersteigt die Möglichkeiten einer Praxis, alleine und ausschließlich aus eigener Kraft gesamtgesellschaftliche Probleme lösen zu wollen. Gewalttätiges Verhalten von Jugendlichen kann in der Regel nicht allein mit pädagogischen Mitteln reduziert werden. Die Pädagogik kann leisten: Aufklärung über Ursachen von Gewalt, Führung zur argumentativen Auseinandersetzung mit Motiven für aggressives Verhalten, Hilfe bei der Prüfung des Selbstverhältnisses des Jugendlichen im Hinblick auf den Einsatz von Gewalt etc. Pädagogisch können aber nicht die gesellschaftlichen und wirtschaftlichen Bedingungen von Gewalt bearbeitet werden (z. B. Arbeitslosigkeit, Desintegration, mediale Verwahrlosung).

5.5 Aktuelle soziale und politische Herausforderungen für die Pädagogik

Enttraditionalisierung und Individualisierung

In modernen Gesellschaften verlieren die traditionalen, identitätsverbürgenden (z. B. religiösen) Orientierungen ihre Kraft. Das Verhältnis zu ihnen wird gebrochen und reflexiv. Die „Entzauberung" der Welt (Max Weber) ist Konsequenz der neuzeitlichen Rationalität, die durch Wissenschaft und Technik immer mehr Bereiche für die Menschen beherrschbar macht. Es gibt aber auch Gegenbewegungen, die im Zeichen einer teilweise fundamentalistischen Rückbesinnung auf religiöse Deutungssysteme die verlorenen Sicherheiten wiedergewinnen wollen. Die Folge solch auseinanderstrebender Prozesse ist eine Pluralität von Lebensformen, die sich scharf gegeneinander abgrenzen.

Das kann Unsicherheiten verstärken. Die verschiedenen Lebensstile und normativen Orientierungsmuster werden als wenig verlässlich und festgefügt erlebt, d. h., es gibt immer Alternativen. Andererseits verschafft die Vielfalt der Lebensformen die Möglichkeit, Rückhalt bei Gleichgesinnten zu finden. Wer einen exzentrischen Lebensstil bevorzugt, muss heute nicht als sozial ausgegrenzter Einzelgänger leben. Zumindest in den Ballungszentren gibt es heute genügend Gelegenheiten, um Kontakte zu Menschen zu finden, die gleiche Werteprioritäten setzen.
In der Soziologie spricht man in diesem Kontext von Individualisierung: Die Biographie der Menschen wird aus vorgegebenen, traditionellen Fixierungen herausgelöst. Sie wird offen und entscheidungsabhängig. Der Einzelne muss selbst entscheiden, da die Biographie nicht mehr durch Traditionen bestimmt ist und alternative Lebensmöglichkeiten offenstehen.

> *„Die Anteile der prinzipiell entscheidungsverschlossenen Lebensmöglichkeiten nehmen ab, und die Anteile der entscheidungsoffenen, selbst herzustellenden Biographie nehmen zu. (...) In der individualisierten Gesellschaft muss der Einzelne (...) bei Strafe seiner permanenten Benachteiligung lernen, sich selbst als Handlungszentrum, als Planungsbüro in Bezug auf seinen eigenen Lebenslauf, seine Fähigkeiten, Orientierungen, Partnerschaften usw. zu begreifen" (Beck, 12f.).*

In den achtziger und neunziger Jahren ist eine philosophische Position sehr einflussreich geworden, die die gesteigerten Formen von Pluralität und Dissens als Befreiung aus Identitätszwängen und Konformismus begrüßt. Die Gegenwart ist danach das Zeitalter einer radikalisierten Moderne oder „Postmoderne". Es gebe keine einheitlichen Deutungen vom Wesen des Menschen oder von Verlauf der Geschichte mehr. Der Verlust der großen, sinngebenden Erzählungen, wie sie die Religion oder politische Ideologien geliefert hätten, und die Aufgabe verbindlicher Leitideen führe zu einem Gewinn an Autonomie. An die Stelle der alten Zwänge soll die Sensibilität für die Unterschiede, die Ab-

weichung, das Spiel mit den Möglichkeiten treten. Die Kunst, die ästhetische Erfahrung, die Irritation des Üblichen, die ästhetische Kompetenz als Sensorium für Pluralität werden zu auch pädagogisch zu fördernden Fähigkeiten.
Aus pädagogischer Sicht ist zunächst die Feststellung wichtig, dass angesichts der Pluralität sich auch die Möglichkeiten, Kinder zu erziehen, vervielfältigen. Vieles ist nicht mehr selbstverständlich, sondern muss zwischen den Partnern ausgehandelt werden: Sollen wir heiraten oder nicht? Wann sollen die Kinder kommen? Wollen wir überhaupt Kinder? Wie viele? Wer soll sie betreuen? Wessen Namen sollen sie erhalten? Wer von uns steckt beruflich zurück? Welche Werte sollen die Erziehung bestimmen? Viele Partnerschaften zerbrechen, sodass Kinder immer häufiger bei alleinerziehenden Elternteilen oder in Patchworkfamilien aufwachsen. Der Rückgang der Geburten in der Multi-Options-Gesellschaft (Gesellschaft der vielen Möglichkeiten) führt dazu, dass immer mehr Kinder als Einzelkinder aufwachsen und das Zusammenleben mit Geschwistern nicht kennen. Aus pädagogischer Sicht ist es daher notwendig, solche Erfahrungen, die im Alltag nicht mehr gemacht werden können, künstlich zu tradieren, etwa durch Erzählungen.
Angesichts der Optionsvielfalt und des Zwangs zur Selbstorganisation ist darauf zu verweisen, dass nicht allein die selbst getroffenen Entscheidungen über den Lebensverlauf zu Bildung führen. Individualisierung kann auch bedeuten, äußeren Anreizen bei der Selbstorganisation zu folgen und sich im Sinne ökonomischer Interessen flexibel selbst zu formen. Bildung setzt dagegen voraus, sich sachkundig zu machen und seine Entscheidungen ethisch verantwortet zu treffen.

Heterogenität und Interkulturalität

Die Pluralität der Lebensformen wird durch die Zuwanderung (Migration) gesteigert. Die Geschichte der Migration fängt in Deutschland nicht erst in den sechziger Jahren mit den „Gastar-

beitern“ an. Als mitteleuropäisches Land hat Deutschland ständig Ein- und Abwanderungsbewegungen erlebt. Nach dem Zweiten Weltkrieg kamen vor allem die Vertriebenen aus den östlichen Gebieten des einstiges deutschen Reichs sowie „Volksdeutsche“ aus den Ländern Osteuropas und des Balkans. Insgesamt betraf die oft gewaltsam herbeigeführte Migration mehr als 12 Millionen Menschen, die vor allem in die Westzonen und die spätere Bundesrepublik zogen. Hinzu kam die Abwanderung aus der sowjetischen Besatzungszone und der DDR, die in den fünfziger Jahren anschwoll und 1961 zum Bau der Mauer führte.
Der anhaltende Bedarf an Arbeitskräften, die in der dynamisch wachsenden Wirtschaft in der Bundesrepublik dringend gebraucht wurden, wurde seit Mitte der fünfziger Jahre und verstärkt in den sechziger Jahren mit Arbeitsmigranten aus dem Mittelmeerraum gedeckt, den sog. Gastarbeitern. Die Bundesrepublik schloss zu diesem Zweck Verträge mit Staaten wie Italien, Spanien, Jugoslawien und Griechenland, später auch Portugal und Türkei. Dieser Form der Migration setzte der „Anwerbestopp“ 1973 ein Ende. Zuwanderung aus den Mittelmeerländern gab und gibt es aber weiterhin durch den Nachzug von Familienangehörigen vieler der inzwischen zum Verbleib in Deutschland entschlossenen Arbeitsmigranten. Besonders in den neunziger Jahren, nach dem Zusammenbruch der sog. sozialistischen Staaten im Herrschaftsbereich der ehemaligen Sowjetunion, zogen viele deutschstämmige Menschen, „Spätaussiedler“ genannt, aus diesen Gegenden (z. B. Kasachstan oder Rumänien) in das wiedervereinigte Deutschland. Obwohl als Deutsche geführt und mit deutscher Staatsangehörigkeit ausgestattet, stellten sich für diese Gruppe von Zuwanderern ähnliche kulturelle und sprachliche Probleme bei der Integration in die neue Heimat wie bei den Ausländern aus den südlichen Ländern.
In den neunziger Jahren wuchs auch die Zahl der Asylbewerber an, die nach § 16 des Grundgesetzes Aufnahme in der Bundesrepublik finden können, wenn sie aus politischen Gründen in ihrer Heimat verfolgt werden. Vor allem der Bürgerkrieg im ehe-

maligen Jugoslawien, die bürgerkriegsähnlichen Auseinandersetzungen im Osten der Türkei zwischen Türken und Kurden sowie die politischen Verwerfungen in Afrika führten zu starken Flüchtlingsbewegungen.
Heute geben über 15 Millionen Menschen in der Bundesrepublik an, einen „Migrationshintergrund“ zu haben. Das sind mehr als 18 % der Gesamtbevölkerung. In einigen Stadtteilen von Großstädten sind Vorschulkinder und Neugeborene mit Migrationshintergrund inzwischen in der Mehrzahl. Neben den deutschstämmigen Aussiedlern aus den osteuropäischen Ländern und der Sowjetunion stellen Menschen aus der Türkei und dem früheren Jugoslawien den größten Anteil an Migranten.
Beim Gebrauch der Begriffe für die Zuwanderer ist sorgfältig zu unterscheiden: So sind „Ausländer“ Menschen, die keinen deutschen Pass besitzen. Ist der in Deutschland geborene und aufgewachsene Sohn türkischer Eltern also ein Ausländer, weil er keinen deutschen Pass hat? Und ist der in Kasachstan geborene und aufgewachsene Sohn deutschstämmiger Eltern, der mit 17 Jahren nach Deutschland kommt und sofort die deutsche Staatsangehörigkeit erhält, ein Deutscher? Die Unsicherheiten bei der Bezeichnung von Menschen mit Migrationshintergrund spiegeln die Einstellungen zu ihnen wider. Lange wurde angenommen, dass die „Gastarbeiter“ wieder in ihre Heimatländer zurückkehren würden. Die politische Diskussion um die Frage, ob sich Deutschland als Einwanderungsland verstehen müsse und welche Konsequenzen daraus zu ziehen seien, ist jedenfalls noch nicht beendet.
Auf die Herausforderungen, die durch die wachsende kulturelle und ethnische Heterogenität entstehen, versucht die „interkulturelle Pädagogik“ Antworten zu geben. Zunächst wurde in den sechziger und siebziger Jahren mit einer Doppelstrategie auf die neue Situation reagiert. Ganz im Sinne der Vorstellung, dass Gastarbeiter auf Zeit in Deutschland arbeiten, um dann in ihre Herkunftsländer zurückzukehren, wurden den „Gastarbeiterkindern“ sowohl Hilfen angeboten, sich zeitweise in Deutschland

zu integrieren (z. B. durch Erlernen der deutschen Sprache), als auch ihre nationalen Identitäten zu erhalten (z. B. durch muttersprachlichen Ergänzungsunterricht). Solche Konzepte einer „Ausländerpädagogik" gerieten in den achtziger Jahren in die Kritik, als klar war, dass die Zuwanderung auch Einwanderung auf Dauer bedeutete. Die „interkulturelle Pädagogik" in einer „multikulturellen Gesellschaft" trat an die Stelle der offensichtlich veralteten Vorstellungen. Die Existenz unterschiedlicher Kulturen wurde anerkannt und ihre prinzipielle Gleichberechtigung unterstellt. Auch hier ist genau zu prüfen, was unter dem Begriff „interkulturell" verstanden wird. Viele Konzepte beschreiben mit diesem Begriff Bemühungen, Heranwachsende dabei zu unterstützen, den Dialog und Austausch zwischen den Kulturen förderlich zu gestalten. Die „kulturelle Kompetenz", die entstehen soll, ist geprägt durch die Fähigkeit, für andere Kulturen aufgeschlossen zu sein sowie respektvoll, konstruktiv und dialogisch mit ihnen umzugehen.
Eine Gefahr ist bei solch gut gemeinten Ansätzen zu erkennen: Häufig wird von einem Kulturbegriff ausgegangen, der eine lange Tradition hat und prägend fortwirkt. Die Kultur ist danach die vereinheitlichende Bezeichnung für sämtliche Tätigkeiten eines Volkes. Sie ist ethnisch fundiert und sozial vereinheitlicht, inselartig und kugelhaft geschlossen. Damit wird sie zum Instrument der Abgrenzung: Wir mit unserer Kultur, die anderen mit ihrer Kultur. Kultur wird zur Bildung kollektiver und individueller Identitäten benutzt und zur Konstruktion von Fremdheit oder Andersheit (Alterität). Der Fremde, der Andere wird zum Gegenbild des Eigenen. Das kann einerseits als Idealisierung funktionieren, wenn z. B. das Bild des „edlen Wilden" gemalt wird, der ideale und erwünschte Eigenschaften (Ursprünglichkeit, Spontaneität, Authentizität) verkörpert. Andererseits kann der Fremde auch zur Bedrohung stilisiert werden. In diesem Falle repräsentiert er negativ bewertete Eigenschaften wie Aggressivität, Impulsivität, Geldgier oder Hinterhältigkeit. In jedem Fall mobilisiert das Fremde starke Emotionen und Fanta-

sien, deren Inhalte und Dynamik oft unbewusst bleiben. Die französische Psychoanalytikerin Julia Kristeva hat deshalb die These vertreten, das Fremde, das wir am Anderen wahrzunehmen glauben, sei in Wirklichkeit das auf diesen Anderen projizierte eigene Unbewusste. Der Fremde verkörpert insofern mein Ich-Ideal oder verdrängte, nicht anerkannte Anteile meines Ich. Die Unterstellung einer Homogenität der Kulturen kann auch in die „Identitätsfalle“ führen. Der Einzelne wird als der typische Vertreter „seiner“ Kultur wahrgenommen. Er wird zum Träger von Merkmalen, die dieser Kultur – im Unterschied zur eigenen – zugeschrieben werden. Diese Schematisierung führt zu einer selektiven Wahrnehmung, die die Vielfalt und Vielgestaltigkeit der Eigenschaften und Bezüge, in die der einzelne Mensch verstrickt ist, reduziert. Ein Mensch ist Mann, Sohn, Vater, Onkel, Anwalt, Brillen- und Glatzenträger, Kölner, italienischer Herkunft etc. Die vielen Zugehörigkeiten werden ignoriert. Eine wird herausgenommen und der Einzelne in der Wahrnehmung auf diese reduziert: Er verhält sich typisch italienisch.

Die Vorstellung einheitlicher, abgeschlossener Kulturen, denen Menschen eindeutig zugeordnet werden können, unterschlägt die Komplexität und Pluralität heutiger „spätmoderner“ Verhältnisse. Die gesellschaftlichen Entwicklungen haben zu neuartigen kulturellen Formationen geführt, die die alten nationalen, separatistischen Identitäten aufgelöst haben. Als Beispiel kann die „Pop-Kultur“ angeführt werden. Sie erreicht über die audiovisuellen Medien vor allem junge Menschen in vielen Staaten und prägt z. B. Musikgeschmack, Kleidung, Freizeitgestaltung etc. Die rasante Ausbreitung des Internets verstärkt diese Entwicklungen. Hinzu kommt, dass die Menschen so mobil wie nie zuvor geworden sind. Sie reisen in nahe und ferne Gegenden. Auch die Globalisierung der Wirtschaft führt zu vielfältigen Verbindungen mit Menschen aus anderen Ländern, zu Auslandsaufenthalten und Austauschen. Die Migrationsbewegungen der letzten Jahrzehnte haben nicht nur das Gesicht der Metropolen verändert, sondern auch ländliche Regionen erreicht. Der Begriff

„Transkulturalität“ (Welsch) beschreibt die entgrenzten, vernetzten, in Bewegung geratenen Kulturen und Identitäten. Dieser Begriff setzt sich von den Vorstellungen einer abgeschlossenen nationalen Kultur und Identität ab, die in Begriffen wie „multikulturelle Gesellschaft“ oder „interkulturelle Erziehung“ enthalten sind. Dieser Begriff bezieht sich sowohl auf die Makroebene der Kulturen als auch auf die Mikroebene der Identitäten der Individuen. Für die meisten Menschen seien heute mehrfache kulturelle Anschlüsse entscheidend: Wir sind kulturelle Mischlinge mit „hybriden“ (aus unterschiedlichen Teilen zusammengesetzten) Identitäten.

Neuere Ansätze der „interkulturellen Pädagogik“ haben die Einwände gegen ein verengendes Verständnis von Kultur und Identität aufgegriffen und im Hinblick auf transkulturelle Konzepte weiterentwickelt. Nach Holzbrecher geht die interkulturelle Pädagogik von einem erweiterten Kulturbegriff aus: Kultur wird als unabgeschlossener Prozess verstanden und kultureller Pluralismus positiv bewertet. Ziel ist deshalb nicht die kritiklose Anpassung einer ethnischen Gruppe an die Mehrheitsgesellschaft (Assimilation) und auch kein beziehungsloses Nebeneinander. Ziel ist eine Subjektentwicklung, die sich in dialogischen Prozessen mit Fremdheit auseinandersetzt. Es sollen die Fähigkeiten entwickelt werden, dem anderen Raum zu geben für seine Entwicklungen, sensibel zu werden für Zwischenräume, Übergänge und Verwandlungen, Grenzen zu wahren und zu überwinden, um Spielräume für die Gestaltung des Selbst zu gewinnen. Um das zu erreichen, schlägt Holzbrecher u. a. Folgendes vor (vgl. Holzbrecher 1997, 150 ff.):

- Reiseerfahrungen berichten und reflektieren;
- die Konstruktion der „Wirklichkeit“ im Hinblick auf das Fremde in den audio-visuellen Massenmedien analysieren;
- die Entstehung und die Funktionen geschlossener, fundamentalistischer Weltbilder aufdecken;
- die Ängste im Umgang mit Fremden thematisieren;

- die Bilder von Angst auslösenden Gruppen von „Fremden“ sammeln, beschreiben und selbstreflexiv auswerten.
  Auch sollten Schulen sich öffnen, z. B. durch:
- Schüler- und Lehreraustausch;
- Kooperation mit internationalen Organisationen;
- antirassistische Aktionsbündnisse;
- interkulturelle Trainingscamps und Projekte.

Wolfgang Nieke hat für den vernünftigen Umgang mit interkulturellen Konflikten ein Verfahren vorgeschlagen, das sieben Schritte umfasst:

1. Den Konflikt von allen beteiligten Seiten her beschreiben.
2. Die Deutungen aller Beteiligten ermitteln und nach allen erforderlichen Stützungen fragen.
3. Die Betroffenen zu Wort kommen lassen oder – wenn das nicht möglich ist – virtuelle Diskurse führen.
4. Die konträren Positionen aus dem Hintergrund der Deutungen begründen, zunächst noch ohne eigene Wertung.
5. Eine Lösung des Konflikts suchen und begründen.
6. Die Wertentscheidung der Beteiligten deutlich werden lassen.
7. Lösungsweg: Prinzip der situativen Geltung von Normen. Situative Geltung von Normen meint, dass ein gefundener Kompromiss nicht als universalisierbar bzw. als auf andere Konflikte übertragbar begriffen wird. (Vgl. Nieke, 245 ff.)

Aus bildungstheoretischer Perspektive sind die neueren Entwicklungen der interkulturellen Pädagogik zu begrüßen, weil sie die auf Anpassung an die Mehrheitskultur gerichteten Sozialisationsansätze überwinden. Bildung bedeutet immer auch Bruch mit der Sozialisation. Aufgabe und Herausforderung von Bildung ist das Befragen und Prüfen von kulturellen Zuständen und Entwicklungen sowie von personalen Identitäten, die über die Identifikation mit einer Kultur konstruiert werden. Das bezieht sich sowohl auf die mehrheitlich vorherrschenden kulturellen

Orientierungen als auch auf die der Minderheiten. Aufgabe pädagogischen Handelns ist es, Heranwachsende und Erwachsene zu befähigen, dies vernünftig zu gestalten. Die Entscheidungen darüber, wie ein sinnvolles Leben unter den heutigen globalisierten Bedingungen von Multikulturalität aussehen kann, hat die Pädagogik aber nicht von sich aus zu treffen. Das bleibt dem selbstverantwortlichen Handeln der Adressaten pädagogischen Handelns überlassen. Zuzugestehen ist, dass diese Position in einen unauflösbaren Widerspruch gerät. Die bildungstheoretisch wirksamen Vorstellungen von Selbstbestimmung und Vernunft, die Orientierung an den Maximen des auf die Klärung der Sachen gerichteten Argumentierens und der Menschenwürde, die den Menschen mit Kant als Zweck an sich selbst sieht und verbietet, ihn als Mittel zu fremden Zwecken zu benutzen. Die Vorstellungen sind „westlichen" Ursprungs, d. h. im Kontext der durch griechische Philosophie, christliche Religion und europäische und nordamerikanische „Aufklärung" geprägten Kultur entstanden.

Mit Wolfgang Nieke kann man einen „aufgeklärten Eurozentrismus" als Möglichkeit sehen, mit der Dilemmasituation umzugehen. Der aufgeklärte Eurozentrismus verbindet die größtmögliche Offenheit für andere Kulturen mit dem gleichzeitigen Eingeständnis, dass man nicht anders kann, als die Orientierung an universalisierbaren Prinzipien (in Gestalt des kategorischen Imperativs) für richtig zu halten. Auch hier zeigt sich: Interkulturelle Bildung ist keine Harmonieveranstaltung, sondern auf den zivilen Umgang mit Konflikten angelegt.

Bildungsungleichheit und Bildungsgerechtigkeit

In der bildungspolitischen Öffentlichkeit wird seit der Veröffentlichung der Ergebnisse der ersten PISA-Studie im Jahre 2001 wieder intensiv über „Bildungsungleichheit" und „Bildungsgerechtigkeit" diskutiert. Das Thema stand schon vorher des Öfteren im Mittelpunkt der Aufmerksamkeit (z. B. in den späten

sechziger und frühen siebziger Jahren). Die ungleiche Verteilung von Bildungschancen ist in der Tat ein Kern- und Dauerproblem moderner Gesellschaften. Zu beachten ist, dass sich „Bildung“ im politischen Sprachgebrauch auf Phänomene wie den Zusammenhang von sozialer Schicht und Schulabschluss oder auf verwertbare Qualifikationen bezieht. Der Begriff wird also nicht wie in der Pädagogik und im bildungstheoretischen Sinne als Führung zur Selbstbestimmung verstanden.
PISA ist die Abkürzung für **P**rogramme for **I**nternational **S**tudent **A**ssessment (Programm zur internationalen Schülerbewertung). Es steht für ein internationales Programm zur vergleichenden Untersuchung von Schulleistungen. Träger ist die OECD (Organisation für wirtschaftliche Zusammenarbeit und Entwicklung). Die OECD ist eine Vereinigung von dreißig wirtschaftlich stark entwickelten Staaten, die marktwirtschaftlich und demokratisch organisiert sind. Die Vergleichsuntersuchungen finden alle drei Jahre statt. Dabei werden unterschiedliche Schwerpunkte gesetzt: Lesekompetenz, mathematische Kompetenz, naturwissenschaftliche Grundbildung. Der didaktische Ansatz von PISA basiert auf der Vorstellung, über die Messung von Schulwissen hinauszugehen. Es soll die Fähigkeit erfasst werden, bereichsspezifisches Wissen und bereichsspezifische Fertigkeiten zur Bewältigung von authentischen Problemen des gesellschaftlichen Alltags einzusetzen. Dies wird mit dem Begriff „literacy“ bezeichnet. Bei der ersten Testrunde waren insgesamt 180 000 Schülerinnen und Schüler aus 28 OECD-Staaten und 4 anderen Staaten beteiligt. Allein in Deutschland wurden etwa 5 000 Schülerinnen und Schüler getestet. Um die internationale Vergleichbarkeit zu gewährleisten, wurde die getestete Zielpopulation durch das Lebensalter, 15 Jahre, definiert und nicht durch die Zugehörigkeit zu einer Jahrgangsstufe. In einem zweiten Schritt wurden die Tests innerhalb Deutschlands auf eine Population von 50 000 Schülerinnen und Schülern ausgeweitet, um u. a. die Schülerleistungen innerhalb der 16 Bundesländern zu vergleichen.

Einige Ergebnisse der ersten PISA-Studie sind:

- Deutschland erreicht mit 484 Punkten (OECD-Mittelwert: 500 Punkte) im Bereich der Lesekompetenz Platz 22 unter 32 Nationen. Den Spitzenplatz belegt Finnland mit 546 Punkten, Brasilien ist Schlusslicht mit 396 Punkten.
- Überdurchschnittlich stark ausgeprägt (fast 10 %) ist in Deutschland die Teilgruppe derjenigen unterhalb der niedrigsten Lesestufe (OECD-Durchschnitt 6 %). Weitere 13 % befinden sich auf Kompetenzstufe 1. Damit kann fast ein Viertel der Schülerinnen und Schüler am Ende der achten Klasse nur mit Mühe lesen oder versteht Texte nur auf einem elementaren Niveau.
- Schwächen zeigen sich insbesondere bei anspruchsvolleren Aufgaben, die ein inhaltliches Verständnis von Sachverhalten verlangen und die nicht durch die Reproduktion von angelerntem Wissen gelöst werden können.
- In Deutschland ist der Abstand zwischen den schwächsten 5 % und den 5 % stärksten Leserinnen und Lesern größer als in allen anderen Ländern.
- Zur Spitzengruppe gehören in Deutschland weniger Schülerinnen und Schüler als in anderen Ländern: 9 % im Vergleich zu 15 % und mehr in einigen anderen Ländern (OECD-Durchschnitt 9–10 %).
- 15-jährige Schüler(innen), die nicht gern lesen, sind in Deutschland mit 42 % sehr häufig (zum Vergleich: 23 % in Finnland).
- Schülerinnen und Schüler aus Hauptschulen schneiden bei gleichen kognitiven Fähigkeiten und vergleichbarer sozialer Herkunft schlechter ab als Schülerinnen und Schüler des Gymnasiums.
- Die Leistungsunterschiede sind in keinem anderen Land so stark durch die soziale Herkunft bedingt wie in Deutschland: Der Unterschied zwischen Schülerinnen und Schülern aus der oberen und der unteren Sozialschicht liegt bei 111 Punkten – in Korea, Finnland und Japan nur bei 25–50 Punkten.

Dieser Befund hat besondere Aufmerksamkeit hervorgerufen.

- In allen Ländern schneiden Migrantenkinder schlechter als Muttersprachler ab. In Deutschland ist der Unterschied besonders stark ausgeprägt. Dabei ist zu beachten, dass vor allem Menschen in Deutschland eingewandert sind, die auch in ihren Heimatländern zu den bildungsfernen Schichten gehören.
- Unter deutschen Schülerinnen und Schülern ist der Anteil derjenigen, die am Schulanfang zurückgestellt und/oder während der Schulzeit nicht altersgemäß versetzt worden sind, mit 36 % überdurchschnittlich hoch. Von den 15-Jährigen haben in Deutschland fast 16 % nur die 8. Klasse erreicht, während es im OECD-Durchschnitt weniger als 6 % sind.
- Ein hoher Anteil von Abschlüssen, die mit dem Abitur vergleichbare Berechtigungen verleihen, führt zu einem niedrigen Durchschnittswert bei den Leistungen.
- Im Mittelwert unterscheiden sich die Leistungen zwischen den verschiedenen Schulformen erheblich. Es gibt jedoch Schnittmengen: Sehr gute Hauptschüler erbringen Leistungen auf dem Niveau durchschnittlicher der Gymnasialschüler.

Diese Ergebnisse haben in den letzten Jahren zu zahlreichen Reformaktivitäten der zuständigen Schul- bzw. Kultusministerien geführt:

- Einführung von zentralen Prüfungen und Lernstandserhebungen,
- Stärkung der individuellen Förderung,
- Ausbau der Angebote im Bereich der Frühförderung und Vorschulerziehung,
- verstärkte Bemühungen um die Förderung der sprachlichen Fähigkeiten von Kindern mit Migrationshintergrund,
- Anstrengungen, die Zahl der „Sitzenbleiber“ zu reduzieren,
- Ausbau von Ganztagsangeboten in Schulen,
- Kontrolle und Unterstützung von Schulen.

Aus bildungstheoretischer Perspektive ist auch darauf hinzuweisen, dass „literacy" als Fähigkeit, Probleme des gesellschaftlichen Alltags zu bewältigen, das pädagogische und didaktische Handeln auf Anpassung an die bestehenden Verhältnisse verkürzt. Das untergräbt den Anspruch von Bildung, die immer auch auf ein reflektiertes Urteil über das Bestehende zielt. Eine Gefahr, die von PISA ausgeht, liegt in der nicht diskutierten Einführung eines neuen didaktischen Ansatzes, der im Unterschied zum erziehenden Unterricht auf Sozialisation angelegt ist.

Starke Aufmerksamkeit haben besonders die Befunde zur anhaltenden ungleichen Verteilung der Bildungschancen und der Bildungsbeteiligung im Hinblick auf die sozialen Schichten und die Migranten gefunden. Wie konnte es kommen, dass trotz des immer größeren Anteils an höheren Bildungsabschlüssen solche sozialen Ungleichheiten offenbar wurden? Es wurde mit Nachdruck vorgetragen, die Institutionen des Bildungswesens müssten mehr tun, um die ungleiche Bildungsbeteiligung zu kompensieren. „Bildungsgerechtigkeit" müsse verwirklicht werden. „Gerechtigkeit" bedeutet in diesem Zusammenhang Gleichheit der Beteiligung von unterschiedlichen sozialen Gruppen der „Bildung" (im Sinne von höheren Qualifikationen und Bildungsabschlüssen).

Als eine der Ursachen für die geringeren Bildungserfolge von Kindern aus bildungsfernen Schichten wird das gegliederte Schulsystem angeführt, das die Schülerinnen und Schüler zu früh, nach dem 4. Schuljahr, in unterschiedliche Schulformen einsortiere. Integrierte Schulsysteme (Gesamtschulen) in Kombination mit einem Ganztagsbetrieb könnten dagegen die Schullaufbahnen länger offenhalten und mehr Schülerinnen und Schülern zu höheren Schulabschlüssen verhelfen.

Offensichtlich gibt es darüber hinaus weitere Ursachen, die mit der familiären Herkunft zusammenhängen: Kinder aus bildungsfernen Schichten sind nicht nur im Bereich des in der Familie erworbenen Wissens und Könnens benachteiligt. Sie verfügen auch nicht über Fähigkeiten und Einstellungen, die für den

Schulerfolg förderlich sind. Im Anschluss an den französischen Soziologen Pierre Bourdieu (1930–2002) spricht man in diesem Zusammenhang von dem „kulturellen Kapital", über das die Familien verfügen oder eben nicht. Während das „ökonomische Kapital" die finanziellen Möglichkeiten und das „soziale Kapital" die Beziehungen betrifft, bezeichnet das kulturelle Kapital ein Bündel von Einstellungen und Wissensbeständen, die in der familiären Sozialisation verinnerlicht werden. Das inkorporierte (verinnerlichte) kulturelle Kapital gehört zum „Habitus", der den gesamten Lebensstil, die Sprache und den Geschmack einer Person umfasst. In bildungsnahen Familien verinnerlichen die Kinder beispielsweise, dass Fernsehen weniger wert ist als Theater, dass man klassische Musik oder Jazz hört, nicht aber massenhaft verbreitete Pop-Musik, dass man ein Musikinstrument spielt, dass Thomas Mann als Autor höher einzuschätzen ist als Rosamunde Pilcher. Man verinnerlicht einen Lebensstil: Man weiß, wie man sich zu bestimmten Feiern kleidet, mit welchen Themen man Konversation macht, wie man mit Menschen in bestimmten beruflichen oder informellen Situationen umgeht.
Weiterhin beeinflusst der soziale Status der Eltern das Engagement für die Bildung der Kinder. Für Eltern aus unteren Schichten ist höhere Bildung nicht notwendig, um den sozialen Status zu erhalten. Dass die Kinder Abitur machen und studieren, ist aus dieser Perspektive ein Investitionsrisiko. Man agiert auch bei dem Wunsch, den sozialen Aufstieg der Kinder zu unterstützen, eher vorsichtig und lenkt die Kinder auf einen mittleren Schulabschluss. In Mittelschichtfamilien haben Bildung und Schulabschlüsse schon deshalb einen anderen Wert, weil sie notwendige Voraussetzungen dafür sind, sozialen Abstieg zu vermeiden.
Hinzu kommt, dass der kontinuierliche Anstieg an höheren Bildungsabschlüssen die Konkurrenzsituation verschärft. Um sich zu unterscheiden, werden weitere Qualifikationen wichtig: Praktika, Auslandsaufenthalte, Fremdsprachenkenntnisse etc. Mittelschichtfamilien wissen darum und können ihre Kinder entsprechend unterstützen. Sie kennen sich im Dschungel der

Bildungsangebote aus und wissen sie zu nutzen (kulturelles Kapital), sie setzen die notwendigen ökonomischen Ressourcen ein (ökonomisches Kapital) und nutzen ihre Beziehungen (soziales Kapital).
Die Reproduktion sozialer Ungleichheit durch das Bildungssystem ist also durch viele Faktoren bedingt. Kann das Bildungssystem Ungleichheit abbauen? Kann es daran mitarbeiten, Chancenungleichheit zu mindern und „Bildungsgerechtigkeit" herzustellen?
Zunächst ist festzustellen, dass das Bildungssystem über Frühförderung, gezielte Förderangebote und durchlässige Strukturen Benachteiligungen ausgleichen kann. Wenn aber mit „Bildungsgerechtigkeit" gemeint ist, dass Gleichheit hergestellt werden soll, dann ist die pädagogische Praxis überfordert, und zwar unabhängig davon, ob „Gerechtigkeit als Gleichheit" überhaupt eine realistische oder sinnvolle Handlungsperspektive ist. Zum Ausgleich sozialer Unterschiede müssen verschiedene Praxen zusammenwirken. Es sind vor allem politische und ökonomische Anstrengungen notwendig. Wenn das Ziel pädagogischen Handelns Bildung als Selbstbestimmung ist, kann sie über erziehenden Unterricht und Einführung in gesellschaftliche Handlungsfelder die Voraussetzungen dafür schaffen, dass die Individuen vernünftig handeln können. Das politische Handeln selbst kann und will Pädagogik aber nicht übernehmen.

5.6 Zusammenfassung: Pädagogik, Gesellschaft und Politik

Der Mensch kommt als ein Wesen auf die Welt, das lange Zeit auf die Hilfe anderer angewiesen ist. Bevor er selbstständig denken kann, ist er Teil einer Gesellschaft mit bestimmten Lebensformen, Regeln, Werten und einem überlieferten Bestand an Erfahrung und Wissen. Die nachwachsenden Generationen werden in bestehende und tradierte soziokulturelle Zusammenhänge eingeführt. Dazu gibt es aus anthropologischen Gründen keine Alternative. Aus pädagogischer Perspektive geht es dabei nicht einfach um Sozialisation: Die Heranwachsenden sollen vielmehr so in die bestehenden Verhältnisse eingeführt werden, dass sie ihnen gegenüber frei und damit zu Erwachsenen werden. Sie sollen lernen, aktiv und aus eigener Verantwortung an der Gestaltung der gesellschaftlichen Welt zu partizipieren. Sie müssen dies auch lernen, weil die älteren Generationen irgendwann abtreten werden.

Dieses pädagogische Verständnis des Verhältnisses von Erziehung und Gesellschaft setzt sich zuerst in westlichen, neuzeitlichen Gesellschaften etwa seit dem 18. Jahrhundert durch. Es ist auch auf politische Rahmenbedingungen angewiesen. Man kann vor diesem Hintergrund vereinfachend mehrere Typen des Verhältnisses von Pädagogik, Politik und Gesellschaft unterscheiden:

- In vormodernen Gesellschaften werden Kinder und Jugendliche schon von der Geburt an auf festgelegte Lebensformen und Lebensläufe vorbereitet. Erziehung findet stände- und geschlechtsrollenspezifisch statt. Heranwachsenden wird nicht die Möglichkeit zugestanden, auf ihre gesellschaftlich festgelegten Bestimmungen Einfluss zu nehmen.
- In nicht-demokratischen Gesellschaften finden Erziehung und Bildung einseitig ideologisch statt. Die Möglichkeit, die politisch-ideologischen Vorgaben kritisch zu prüfen, wird nicht eingeräumt. Insbesondere Kindergärten, Schulen und Universitäten müssen starren ideologischen Vorgaben folgen.
- In demokratisch-offenen Gesellschaften findet eine gesellschaftliche Bestimmung von Lebensläufen oder Lebensorientierungen von Kindern und Jugendlichen nicht mehr einseitig statt. An Erziehung und Bildung werden unterschiedliche Erwartungen aus den jeweils verschiedenen gesellschaftlichen Teilpraxen (z. B. Ökonomie, Religion) herangetragen.

Die pädagogische Praxis ist aber nicht das ausführende Organ der anderen Praxisbereiche. Ihre Aufgabe ist es, Kinder und Jugendliche so zu erziehen und bilden, dass sie befähigt werden, angesichts unterschiedlicher und z.T. sogar widersprüchlicher gesellschaftlicher Erwartungen ihre „Bestimmung" oder ihren Lebensweg selbst suchen bzw. wählen zu können.

Offene und demokratische Gesellschaften konfrontieren die pädagogische Praxis mit vielfältigen Herausforderungen:

- Traditionelle Lebensformen und Deutungsmuster werden hinterfragt und teilweise aufgegeben, ohne dass zwangsläufig ein gesellschaftlicher Konsens über neue Deutungen und Lebensformen hergestellt wird. Menschen müssen individuell Lebenswege und -orientierungen suchen (Individualisierung). Zugleich bleibt ihnen die Aufgabe, in sozialen Gemeinschaften und gesamtgesellschaftlich das Leben sinnvoll und vernünftig zu gestalten.
- Die Heterogenität moderner Gesellschaften wird durch Migrationsbewegungen gesteigert. Sie sind ein charakteristisches Merkmal unserer globalisierten Welt. Wir leben in zunehmend multikulturellen Gesellschaften. Menschen, die durch unterschiedliche kulturelle Traditionen geprägt sind, müssen lernen, sinnvoll miteinander zu leben. Darüber hinaus entstehen in den medialisierten und globalisierten Verhältnissen ständig neue kulturelle Orientierungen und Werte – gerade unter Jugendlichen. Die Vorstellung von einheitlichen, gegeneinander abgeschlossenen Kulturen ist nicht mehr haltbar. Pädagogisch folgt daraus, dass der durch „Bildung" gesetzte Anspruch eine verstärkte, aktuelle Bedeutung gewinnt. Kinder und Jugendliche müssen lernen, sich mit eigenen und fremden kulturellen Orientierungen kritisch auseinanderzusetzen und konstruktiv an der Gestaltung eines Lebens mit unterschiedlichen kulturellen Bezügen teilzuhaben.
- Offene und demokratische Gesellschaften sind durch soziale

Ungleichheit geprägt. Im pädagogischen Bereich wird dies als „Bildungsungleichheit" zum Thema. Nach dem Prinzip der Bildsamkeit gibt es kein pädagogisches Kriterium, das ungleiche Bildungschancen von Kindern und Jugendlichen legitimiert. Die bestehenden sozialen Ungleichheiten und die daraus folgenden ungleichen Bildungschancen können nicht allein von der pädagogischen Praxis beseitigt werden. Diese kann und sollte aber anstreben, ungleiche Bildungschancen von Kindern und Jugendlichen zu minimieren – z. B. durch besondere Fördermaßnahmen oder durch das Verhindern von frühen Ausgrenzungen bei Bildungsprozessen. Zugleich sollte sie im Sinne einer pädagogischen Gesellschaftskritik darauf hinweisen, dass gesellschaftliche Strukturen und Entwicklungen immer dann pädagogisch fragwürdig werden, wenn sie die Möglichkeiten für Bildung als Selbstbestimmung mehr begrenzen als erweitern.

Sicherlich sind in offenen Gesellschaften die Chancen für eine Erziehung und Bildung zur „Mündigkeit" ungleich höher als in traditionellen oder nicht-demokratischen Gesellschaften. Aber offene, dynamisch sich verändernde Gesellschaften bringen immer neue pädagogische Herausforderungen hervor, die nicht unterschätzt werden dürfen. Pädagogische Förderung in offenen Gesellschaften kann Bildung als Selbstbestimmung wirkungsvoll unterstützen. Sie ist aber auch aufwändig, häufig mühsam und gefährdet. Ohne Konflikte und Widersprüche ist sie nicht zu realisieren.

6 Pädagogische Institutionen

6.1 Pädagogische Institutionen und gesellschaftliche Erwartungen

Pädagogische Institutionen werden notwendig, wenn Kinder und Jugendliche nicht mehr im Alltag das Wissen und die Kompetenzen erwerben können, die sie für die Anforderungen und Aufgaben in ihrem zukünftigen gesellschaftlichen Leben benötigen. In diesem Sinne ist die Einrichtung von pädagogischen Institutionen, z. B. Schulen, gesellschaftlich notwendig.

Wie in Kap. 1 dargelegt, ist damit noch nicht entschieden, welche Ziele der schulischen Bildung und Erziehung zugeschrieben werden sollen und müssen. Die Schule muss Schülerinnen und Schüler darauf vorbereiten, die unterschiedlichen Praxen des Lebens zu begreifen und innerhalb dieser Praxen handlungsfähig zu werden. Aus pädagogischer Perspektive sollen Schülerinnen und Schüler nicht nur lernen, in den unterschiedlichen Praxen tätig werden zu können. Sie sollen auch befähigt werden, das Leben, Handeln und Denken innerhalb dieser Praxen kritisch zu beurteilen und zu bewerten, um ggf. diese Praxen mit verändern zu können.

Umgekehrt bestehen Erwartungen der jeweiligen Praxen an die Schule: Es wird erwartet, dass Kinder und Jugendliche in der pädagogischen Praxis so auf die gesellschaftliche Lebenswelt vorbereitet werden, dass sie in den Praxen kompetent und qualifiziert agieren können. Die Wirtschaft erwartet nicht nur fachliches Wissen und fachliche Qualifikationen, sondern zugleich überfachliche Fähigkeiten oder Einstellungen wie Leistungsbereitschaft, Ausdauer, Teamfähigkeit u. a.

In diesem Sinne kann die pädagogische Institution Schule niemals nur aus pädagogischer Perspektive betrachtet werden. Das gilt nicht zuletzt auch deshalb, weil die Einrichtung von Schulen

nicht allein durch Pädagoginnen und Pädagogen erfolgen kann. Grundsätzlich gilt dies für alle pädagogischen Institutionen. Pädagogische Institutionen verursachen Kosten. Schulen müssen gebaut und unterhalten werden, Unterrichtsmaterial muss zur Verfügung gestellt und Lehrerinnen und Lehrer müssen eingestellt und besoldet werden. In der Regel sind Schulen Einrichtungen des Staates und stehen unter dessen Aufsicht. Der Staat orientiert sich primär an politischen Zielen, muss zugleich aber auch die Bedingungen des wirtschaftlichen oder auch religiösen Lebens berücksichtigen.
Insofern nehmen immer zugleich – auf direkte wie indirekte Weise – verschiedene Interessengruppen (gesellschaftliche „Mächte") Einfluss auf die Schule.

BEISPIEL Die gegenwärtigen bildungspolitischen Veränderungen – Zentralabitur, Einführung von Leistungsstandards, Vergleichsarbeiten – sind eine Reaktion auf die Resultate der PISA-Studie. Diese Studie wies nach, dass die Qualifikationen der deutschen Schülerinnen und Schüler hinsichtlich Textverstehens, mathematischer und naturwissenschaftlicher Kompetenzen im internationalen Vergleich nur mittelmäßig oder sogar nur schwach ausgebildet waren. Aus diesen Resultaten erwuchs die Sorge, dass deutsche Schulabgänger auch im Arbeitsleben weniger Qualifikationen ausbilden als Schulabgänger anderer Staaten. Angesichts der internationalen Konkurrenz müsste langfristig ein wirtschaftlicher Abschwung befürchtet werden. Diese Sorge veranlasste Politiker, Veränderungen und Reformen in Schulen einzufordern und durchzusetzen. Die gegenwärtigen bildungspolitischen Veränderungen resultieren insofern weniger aus pädagogischen Einsichten, sondern vielmehr aus (vermeintlichen) wirtschaftlichen oder politischen Erfordernissen.

Da Schule also niemals ausschließlich von pädagogischen Kräften realisiert werden kann, hat Wolfgang Fischer die Schule als „parapädagogische Institution" (Fischer) bezeichnet.

6.2 Pädagogische Institutionen als „Schonräume"

Die Schule erfüllt nicht nur Erwartungen des gesellschaftlichen Lebens. In der Schule werden Qualifikationen erworben, die im Alltag nicht einfach gelernt werden können, die für die Bewältigung des Alltags aber nötig sind (z. B. Lesen und Schreiben). Dieser Umstand löst Schulen aus dem direkten gesellschaftlichen Leben heraus. Schulen stellen pädagogische „Schonräume" dar, in denen besondere pädagogische Orientierungen Berücksichtigung finden. Lernen kann in einer Weise organisiert werden, wie es außerschulisch nicht möglich wäre.
Auch Kinderheime, Jugendzentren oder andere sozialpädagogische Einrichtungen stellen solche Schonräume dar. Außerhalb ihrer Familien oder anderer alltäglicher Lebensräume erfahren Kinder und Jugendliche hier eine besondere pädagogische Förderung.

Warum pädagogische Institutionen Schonräume sein müssen, hat Pestalozzi im „Stanser Brief" vor Augen geführt:

> *„Ich mußte am Anfang die armen Kinder wegen Mangel an Betten des Nachts zum Teil heimschicken. Diese alle kamen dann am Morgen mit Ungeziefer beladen zurück. Die meisten dieser Kinder waren, da sie eintraten, in dem Zustand, den die äußerste Zurücksetzung der Menschennatur allgemein zu seiner notwendigen Folge haben muß. Viele trafen mit eingewurzelter Krätze ein, daß sie kaum gehen konnten, viele mit aufgebrochenen Köpfen, viele mit Hudeln, die mit Ungeziefer beladen waren, viele hager wie ausgezehrte Gerippe (…) Zwischen hinein einige Zärtlinge, die zum Teil ehemals in einem gemächlichen Zustand lebten; diese waren voll Ansprüche, hielten zusammen, warfen auf die Bettel- und Hausarmenkinder Verachtung, fanden sich in dieser neuen Gleichheit nicht wohl und die Besorgung der Armen, wie sie war, war mit ihren allen Genießungen nicht übereinstimmend, folglich ihren Wünschen*

nicht entsprechend. Träge Untätigkeit, Mangel an Übung der Geistesanlagen und wesentlicher körperlicher Fertigkeiten waren allgemein." (Pestalozzi, 224 f.)

Pestalozzi muss erleben, dass seine erzieherischen Versuche in den Familien der Kinder unterlaufen werden. Sauberkeit und Hygiene finden in den Familien dieser Kinder keinerlei Berücksichtigung. Die Kinder können das Einhalten von grundlegenden Regeln der Sauberkeit und Hygiene also nur an Orten außerhalb der Familien lernen. In ähnlicher Weise betrifft das auch ihre Haltungen und Einstellungen. Sie können sie nur dann verändern, wenn sie außerhalb ihrer Familien Erfahrungen machen, die zur Bereitschaft führen, ursprüngliche Einstellungen oder Verhaltensweisen schrittweise zu ändern.
Zugleich muss berücksichtigt werden, dass ein pädagogischer Schonraum nicht das alltägliche Leben der Menschen abbildet, sondern ein Raum ist, der in besonderer Weise pädagogisch eingerichtet ist. Insofern müssen Pädagoginnen und Pädagogen anerkennen, dass das Leben außerhalb dieses Schonraums anderen Orientierungen folgt. Ziel des pädagogischen Handelns ist also nicht, das Leben im pädagogischen Schonraum zu lernen, sondern außerhalb dieses Schonraums leben und handeln zu können. In diesem Kontext muss weiter bedacht werden, dass pädagogische Schonräume „künstlich" hergestellte Räume darstellen. Das Lernen der Kinder und Jugendlichen dort ist immer geplantes und organisiertes Lernen. Selbst die Freiarbeit in Montessori-Einrichtungen findet im von Pädagogen eingerichteten „Kinderhaus" statt. Dort wählen die Kinder von Pädagogen vorbereitete Materialien aus.

Gegenwärtig finden viele Versuche statt, die Schule zur außerschulischen Lebenswelt zu öffnen. Bei Exkursionen oder Projekten verlassen die Schülerinnen und Schüler den Lernort Schule, um außerschulisch zu lernen. Zunehmend wird gefordert, dass Schülerinnen und Schüler nicht nur außerschulisch lernen, sondern auch handeln und sich engagieren sollen. Diese Forderung ist nicht unproblematisch. Wenn Schülerinnen und Schüler außerschulisch handeln, können sie nicht darauf bauen, dass eine pädagogische Rücksichtnahme erfolgt. Sicher wäre es unproblematisch, wenn sich Grundschüler in einer Bäckerei beim Herstellen von Broten beteiligen würden. Sollen Schulen aber beispielsweise politische Demonstrationen organisieren? Darf die pädagogische Institution ein Eingreifen in das politische Leben organisieren? Würden so Schülerinnen und Schüler nicht manipuliert? Wer würde bestimmen, wofür oder wogegen demonstriert werden müsste oder dürfte?

Eine zu weitreichende Öffnung würde bald den Schonraum Schule gefährden. Umgekehrt muss aber hingenommen werden, dass außerpädagogisches Leben in der Schule nur sehr begrenzt stattfinden kann. Die Schule kann und darf nicht allein „das Leben" sein. Nicht zuletzt dient es der Förderung von Mündigkeit, wenn Schülerinnen und Schüler schulisches Lernen und außerschulische Erfahrungen selbst und ohne direkte Beeinflussungen aufeinander beziehen und so tatsächlich selbst lernen.

6.3 Aufgaben pädagogischer Institutionen

Man unterscheidet zwischen schulischen und sozialpädagischen Institutionen:

Institutionen mit Schwerpunkt Bildung: Kindergärten, Schulen, Hochschulen	**Institutionen mit Schwerpunkt Erziehung: Kindertagesstätten, Jugendzentren, Beratungsstellen**
Vermittlung von Wissen und Kompetenzen Erweiterung des Horizonts mit Blick auf Geschichte, Geographie, Naturwissenschaften u. a. m. Lernen in Auseinandersetzung mit anderen Lebenspraxen (z. B. Politik, Wirtschaft)	Vermittlung von Handlungsorientierungen und Haltungen Ermöglichen von sozialen Erfahrungen Lernen in der (unmittelbaren und alltäglichen) Lebenspraxis

Es gilt zwar grundsätzlich das Postulat Herbarts, dass Erziehung und Unterricht nicht getrennt werden dürfen, dennoch müssen unterschiedliche Schwerpunktsetzungen in den einzelnen Institutionen anerkannt werden. In Vorschulen und Schulen werden der nachwachsenden Generation Wissen und Kompetenzen vermittelt, die sie befähigen sollen, nach der Schulzeit persönlich, beruflich und politisch in der Gesellschaft handeln zu können. Da die Vermittlung solcher Qualifikationen gesellschaftlich unverzichtbar ist, besteht in fast allen Ländern der Welt Schul- oder zumindest Bildungspflicht.
Sozialpädagogische Einrichtungen können meist freiwillig besucht oder aufgesucht werden. Sie stellen Angebote dar, in denen Kinder und Jugendliche besondere Handlungs- und Erfahrensmöglichkeiten finden. Des Weiteren bestehen vielfältige Institutionen, die Menschen in Problem- oder Notsituationen Hilfen anbieten. Mit dieser „erziehenden“ Unterstützung können sie lernen, solche Situationen zu bewältigen. Sozialpädagogische Einrichtungen werden vom Staat, von Religionsgemeinschaften, Vereinen oder Verbänden getragen. Diese wiederum verfolgen niemals nur pädagogische Ziele.

BEISPIEL Viele pädagogische Institutionen werden von christlichen Kirchen geführt. Oft wählen Eltern solche christlichen pädagogischen Institutionen bewusst aus, weil sie eine Vermittlung christlicher Werte für ihre Kinder für wünschenswert halten. Pädagogisch betrachtet ist das durchaus legitim. Problematisch würden Erziehung und Bildung in solchen Institutionen erst dann, wenn Kinder und Jugendlichen einseitig zu christlichen Orientierungen gedrängt würden. Es ist z. B. legitim, im Unterricht Sachverhalte oder Inhalte aus einer christlichen Perspektive zu betrachten. Es dürfte aber nicht sein, dass Schülerinnen und Schüler nicht auch andere Perspektiven kennen lernen könnten.

Aus pädagogischer Sicht müssen daher die Ziele aller pädagogischen Institutionen kritisch in den Blick genommen werden:

- Was wird jeweils unter „Mündigkeit" verstanden?
- Welche Werte oder Tugenden werden favorisiert?
- Welche Fähigkeiten und Interessen werden bevorzugt und welche vernachlässigt?
- Welche ideologischen Orientierungen werden vermittelt?
- Welches Wissen wird weitergegeben, welches Wissen wird gering geschätzt?

In der bürgerlichen Gesellschaft hat die Schule von Beginn an einen besonderen Stellenwert. Sie wird als Mittel gesehen, gesellschaftlichen Fortschritt im doppelten Sinne zu forcieren:

1. Über die höhere Qualifizierung von immer mehr Menschen können ökonomischer Fortschritt und zunehmender Wohlstand eingeleitet werden.
2. Bildung und Erziehung können mit Blick auf die moralische, ästhetische, intellektuelle, physische und psychische Entwicklung zu einer schrittweisen Vervollkommnung des gesamten Menschengeschlechts beitragen.

In der bürgerlichen Gesellschaft entsteht bald die Frage, worin „menschheitlicher Fortschritt" bestehe. Die Emanzipation des Bürgertums gegenüber dem Adel beruhte vor allem auf den „Leistungen" der Bürger. Diese konnten sich darauf berufen, intellektuell, wissenschaftlich, aber vor allem ökonomisch zum Fortschritt beizutragen. Nicht alle Menschen konnten dies gleichermaßen tun. In Manufakturen, später Fabriken und Industriebetrieben, üben die Menschen unterschiedliche Tätigkeiten aus. Für ihre unterschiedlichen „Leistungen" werden sie unterschiedlich bezahlt. Der erwirtschaftete Gewinn fließt den Eigentümern der Betriebe zu.

Bis heute ist die bürgerliche Gesellschaft durch weitreichende soziale Ungleichheit bestimmt. Diese soziale Ungleichheit wird vielfach als gesellschaftlich legitim betrachtet, da sie als Folge unterschiedlicher Leistungen der Bürger begriffen wird. In diesem Kontext gewinnt die Schule in der bürgerlichen Gesellschaft

eine besondere Funktion. Die Schule soll dazu beitragen, die (jungen) Menschen nach ihren Leistungen zu bewerten, zu selektieren und ihnen so zukünftige Aufgabenfelder zuzuweisen (Allokation).
Die Schule der bürgerlichen Gesellschaft hat somit drei zentrale Aufgaben:

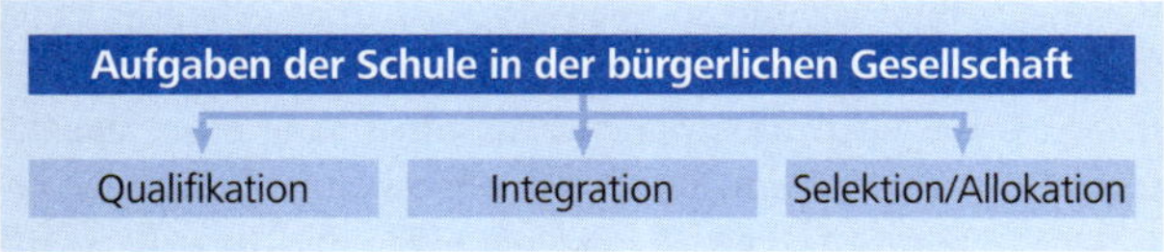

Die Gesellschaft erwartet von der Schule, dass sie Schülerinnen und Schüler nach Leistungen differenziert und damit zur Leistungsselektion der Menschen beiträgt. Tatsächlich bestimmt die Schule über Noten und Abschlüsse der Schülerinnen und Schüler wesentlich über die weiteren Lebenschancen der Jugendlichen. Dieser Aufgabe kann sie sich nicht entziehen. Würde die Schule etwa auf Notengebung verzichten, so würden Schüler wie Eltern erwarten, dass sie die Schülerinnen und Schüler angemessen auf unvermeidbar folgenden Qualifikationsprüfungen vorbereiten würde. Letztlich würde die faktische Selektion nur verlagert, die Schule bliebe am Prozess der Selektion beteiligt – wenn auch weniger direkt.

6.4 Schule und soziale Ungleichheit in der bürgerlichen Gesellschaft

Einerseits trägt die Schule zur gesellschaftlichen Ungleichheit bei, zugleich wirkt die bestehende gesellschaftliche Ungleichheit auch auf die Schule zurück. Schülerinnen und Schüler mit erheblichen unterschiedlichen Voraussetzungen (kognitive, soziale, kulturelle) spiegeln die gesellschaftliche Ungleichheit wider. Während der gesamten Schulzeit bleiben außerschulische Einflüsse auf die Schülerschaft bestehen und haben Einfluss auf die schulischen Erfolge.

BEISPIEL Zugänge zum Lesen werden schon in Familien eröffnet. Untersuchungen im Rahmen der PISA-Studie konnten nachweisen, dass Lesen besonders gefördert wird, wenn man „eine anregende Leseumwelt und Lesevorbilder, die ihre Orientierung verbindlich und kompetent zu erkennen geben", erleben kann. „Hierzu gehört auch das Erleben, dass das Lesen belohnend ist und auch im sozialen Zusammenhang Sinn macht." (Artelt u. a., 133) Die Schule kann versuchen, defizitäre Erfahrungen zu kompensieren. Der bleibende Einfluss der außerschulischen Lebenswelt der Schüler lässt sich dadurch nicht aufheben.

Nicht alle Schülerinnen und Schüler können die kulturellen Orientierungen, die in der Schule vermittelt werden, konstruktiv auf ihre Lebenswelt beziehen. Dadurch werden ihnen das schulische Lernen und die schulische Integration erschwert.
Diese Tatsache betrifft auch den pädagogischen Anspruch der Schule, eine vielseitige Bildung zu vermitteln und damit die Entwicklung des Menschen zum Menschen zu unterstützen. Ob die angestrebte „vielseitige Bildung" alle Schüler erreichen oder ansprechen kann, ist allein aufgrund des Anspruchs nicht entschieden. Aus dieser Problematik erwächst die Frage, ob in der Schule alle Schülerinnen und Schüler die gleiche Bildung erfahren sollen oder können. An diesem Punkt entstehen häufig schulpolitische Kontroversen. Sollen Schülerinnen und Schüler unterschiedlich in der Schule gebildet werden? Sollen sie sogar unterschiedliche Schulen oder Schulformen besuchen?
Die Vertreter einer differenzierenden Bildung berufen sich auf unterschiedliche Begabungen der Schüler. Aus pädagogischer Sicht findet sich kein Kriterium, eine Begabungsförderung von Kindern und Jugendlichen einzuschränken, zumal sich die Begabungen oft erst in Bildungs- und Erziehungsprozessen erweisen. Allerdings ist unbestreitbar, dass Schülerinnen und Schüler

schulische Aufgaben und Inhalte unterschiedlich bewältigen können. Daraus folgt, dass im schulischen Alltag kaum auf eine Differenzierung verzichtet werden kann. Bildungspolitisch wird kontrovers diskutiert, ob diese Differenzierung über unterschiedliche Schulformen oder innerhalb einer Gemeinschaftsschule erfolgen sollte. Die prinzipielle Problematik ist weder auf dem einen noch auf dem anderen Weg zu lösen. Wie Menschen sich bei bestmöglicher Förderung entwickeln, stellt sich immer erst im Förderungsprozess selbst heraus. Den Förderungsmöglichkeiten in der Schule sind aber dadurch Grenzen gesetzt, dass nur wenige Lehrerinnen und Lehrer sehr viele Schülerinnen und Schüler pädagogisch begleiten können.

In der Schule wird auf unterschiedlichen Wegen versucht, diese Problematik zu bewältigen. Verschiedene Unterrichtsmethoden sollen das selbstständige Lernen der Schüler besser fördern. Gegenwärtig wird insbesondere das kooperative Lernen propagiert: Schülerinnen und Schüler bewältigen Aufgaben miteinander, während der Lehrer sich zurücknimmt und die Lernprozesse nur noch moderiert. Allerdings muss kritisch gefragt werden, ob Schülerinnen und Schüler auf diesem Weg (im Sinne Herbarts) immer Schritte der Systematisierung, Besinnung und Vertiefung gehen können. Über kooperatives Lernen lassen sich möglicherweise mehr Schülerinnen und Schüler für schulische Aktivitäten gewinnen, über die sachliche und fachliche Qualität ihrer Lernprozesse ist damit nicht entschieden. Ebenfalls lässt das kooperative Lernen offen, welche Schülerinnen und Schüler bei dieser Form des Lernens ihre Möglichkeiten erfolgreich und welche ihre Möglichkeiten wenig erfolgreich entfalten können.

Unbestreitbar ist, dass Schülerinnen und Schüler, die schulischen Leistungsanforderungen weniger gewachsen sind, sich oft als „Verlierer“ erleben. Darüber hinaus müssen sie fürchten, aufgrund ihrer schwachen schulischen Leistungen auch berufliche Nachteile zu erleben. Die Perspektivlosigkeit solcher Schülerinnen und Schüler kann ein Motiv für Gewalthandlungen sein. Die Schule aber kann diese Problematik nicht auflösen, da die gesellschaftlichen Leistungserwartungen durch Schule und Pädagogik nicht verändert werden können. Ebenso hat die Schule keinen direkten Einfluss auf die Bedingungen gesellschaftlichen Aufstiegs und Abstiegs.

Dennoch sollte die Schule nicht nur die Vorbereitung auf das Berufsleben im Blick haben. Bildung betrifft den „ganzen Menschen" und somit nicht nur seine berufliche Zukunft. Durch Förderung einer „Vielseitigkeit des Interesses" kann die Schule Lebensmöglichkeiten eröffnen. Sie kann dazu beitragen, dass Schülerinnen und Schüler lernen, Lebensentscheidungen privater, beruflicher oder politischer Natur bewusst und verantwortlich zu treffen. Sie kann die Schülerinnen und Schüler auch ermuntern, sich kritisch mit der Frage der sozialen Ungleichheit im Land auseinanderzusetzen.

Keineswegs beruht soziale Ungleichheit ausschließlich auf unterschiedlichen Leistungen der Individuen. Von Beginn ihres Lebens wachsen Menschen unter unterschiedlichen Lebensbedingungen auf. Sie erfahren auf verschiedene Art und Weise Förderung und Unterstützung. Überdies ließe sich über die „Wertigkeit" von Berufen streiten – sowohl hinsichtlich des beruflichen Status als auch hinsichtlich der Besoldung. Solche Fragen und Themen sollten im Unterricht nicht tabuiert werden.

Dass die Schule nicht nur pädagogisch fördern kann, sondern auch auslesen muss, ist so lange nicht zu verhindern, so lange der Widerspruch zwischen Gleichheit und Ungleichheit gesellschaftlich nicht bewältigt werden kann. Indem sich der Widerspruch verschärft, spitzt sich auch die Problematik für die Schule und in der Schule zu. Dieser Widerspruch ist weder pädagogisch noch politisch zu lösen. Lösbar wäre dieser Widerspruch, wenn die Menschen – z. B. in der Schule – gelernt hätten, wie Ungleichheit überwunden oder reduziert werden kann. Das können sie dort aber nur begrenzt lernen, weil die Schule selbst durch Ungleichheit bestimmt wird. Widersprüche, die nicht einfach aufgelöst werden können, nennt man Antinomien. Insofern lässt sich von einem wechselseitigen Bezug von **pädagogischer Anti-**

nomie der Schule und politischer Antinomie der Gesellschaft sprechen. (Vgl. Kemper, 138)
Wenn die Schule auf das Bewältigen von Anforderungen des gesellschaftlichen Lebens vorbereitet, so bedeutet das, dass die Schule zwar als pädagogischer Schonraum eingerichtet werden kann und muss, die Praxis dieses Schonraums aber nicht allein nach pädagogischen Gesichtspunkten hergestellt werden kann. Die Schulen streben zwar an, gesellschaftliche Anforderungen in pädagogische zu überführen, sie können aber nicht verhindern, Schülerinnen und Schüler auch mit schwierigen und belastenden Aufgaben zu konfrontieren und ihnen Anstrengungen, Bedürfnis- und Interessenunterdrückung zuzumuten

BEISPIEL Fremdsprachenerwerb ist für viele Schüler mühsam und erfordert kontinuierliches und diszipliniertes Lernen. Fremdsprachenerwerb wiederum setzt grammatisches Wissen voraus, das ebenfalls zwingend angeeignet werden muss.

Die Schule als pädagogischer Schonraum sucht Wege, auf denen es Kindern und Jugendlichen gelingt, sich gesellschaftlich unverzichtbares Wissen und unverzichtbare Fähigkeiten anzueignen. In diesem Prozess sollen sie sich weiterentwickeln können, ohne diesen Prozess als bedrückend oder unterdrückend erleben zu müssen. Die oben angesprochene Schulkritik Ellen Keys zeigt, dass dieser Aspekt nicht immer Beachtung fand. Key kritisiert einen „Seelenmord“ der Kinder an Schulen und behauptet:
„Der Kenntnisdrang, die Selbsttätigkeit und die Beobachtungsgabe, die die Kinder dorthin mitbringen, sind nach Schluss der Schulzeit in der Regel verschwunden, ohne sich in Kenntnisse oder Interessen umgesetzt zu haben.“ (Key, 95)

Keys Forderung, das Kind „in Frieden zu lassen“, lässt sich aus pädagogischer Sicht nicht legitimieren. Denn Kinder müssen auch dann auf die realen Anforderungen der gesellschaftlichen Wirklichkeit vorbereitet werden, wenn daraus Belastungen und Zumutungen erwachsen können.

Schulpädagogik und Didaktik streben an, die widersprüchlichen Erwartungen an die Schule konstruktiv zu vermitteln. Die Schulpädagogik versucht, in der Schule ein solches Leben und Lernen zu ermöglichen, dass die Schülerinnen und Schüler Kompetenzen und Wissen systematisch erweitern, sich zugleich aber in der Schule wohlfühlen und Möglichkeiten finden, ihre individuellen Interessen und Fähigkeiten zu entdecken und zu entfalten.
Didaktisch soll Unterricht in einer Weise geplant und durchgeführt werden, dass Schülerinnen und Schüler fachspezifische wie allgemeine Kompetenzen erwerben und dies als Erweiterung ihres Horizonts und ihrer Lebens- und Handlungsmöglichkeiten erfahren, ohne sich als überfordert zu erleben.

6.5 Schulischer Unterricht und Wissenschaftsorientierung

Im demokratischen Staat wird die Schule öffentlich kontrolliert und verantwortet. Schulorganisation, Richtlinien und Lehrpläne werden von demokratisch gewählten Vertretern entschieden. Damit unterliegt die Schule keinen beliebigen Machtinteressen, auch wenn von unterschiedlichen gesellschaftlichen „Mächten" Forderungen an die Schule gestellt werden. Im demokratischen Staat werden die Inhalte des schulischen Lernens nicht einseitig von Vertretern bestimmter Ideologien vorgegeben, wie es in den totalitären Staaten der Fall war und ist. Das schließt aber nicht aus, dass in demokratischen Staaten die jeweils regierenden politischen Parteien versuchen, eigene Orientierungen, Normen oder Werte über die Schule an nachfolgende Generationen weiterzugeben.

BEISPIEL Immer wieder postulieren Politiker eine Werteerziehung in der Schule. Diese Forderung wird z. B. massiv nach Gewalttaten in Schulen erhoben. Politiker verbinden mit dem Postulat der Werteerziehung zumeist die Vermittlung bestimm-

ter konkreter Werte und Tugenden. Die sog. Kopfnoten, die das Leistungs- und Sozialverhalten von Schülerinnen und Schülern mit Ziffernzensuren bewerten, stellen einen solchen Versuch dar.
Tatsächlich findet so aber nur Disziplinierung, nicht aber Werteerziehung statt. Die Schüler geben sich leistungs- oder kooperationsbereit, um mögliche Sanktionen in Form von schlechten Noten zu entgegnen und nicht aufgrund eigener Einsicht. So findet aber gerade kein „erziehender Unterricht“ statt.

Der Unterricht im demokratischen Staat erfolgt wissenschaftsorientiert. Inhalte und Themen in den einzelnen Unterrichtsfächern werden in Auseinandersetzung mit wissenschaftlichen Einsichten und Methoden bestimmt. Eine Wissenschaftsorientierung in den Unterrichtsfächern kann gewährleisten, dass eine einseitige Beeinflussung von Schülerinnen und Schülern nicht oder nur wenig stattfindet. Auch bereitet eine Wissenschaftsorientierung auf „Mündigkeit“ vor. Denn erst in Auseinandersetzung mit unterschiedlichen Einsichten und Verfahren lernt ein Mensch, selbst entscheiden zu können, was er für richtig oder falsch, gut oder schlecht hält. Wissenschaftsorientierung muss daher grundsätzlich für alle Schulformen und Schulstufen gelten. Das schließt nicht aus, dass kindgerechte Wege gesucht werden, Schülerinnen und Schülern entsprechendes Wissen und entsprechende Verfahren näherzubringen. Ziel der Schule ist es, Schülerinnen und Schüler zuerst wissenschaftsorientiert und dann wissenschaftspropädeutisch zu qualifizieren, um so nach der Schulzeit im Studium wissenschaftlich arbeiten zu können oder kompetent mit Aussagen und Vorschlägen der Wissenschaft umgehen zu können.
Allerdings darf nicht übersehen werden, dass Wissenschaft nicht frei von Interessen ist. Auseinandersetzungen um Forschungen oder um deren Legitimität belegen das. Hinterfragt werden sollte stets, wem jeweils welche wissenschaftlichen Forschungen und Einsichten dienen.

6.6 Alternative Schulen: Auswege aus den Widersprüchen der Schule?

Keine Schulreform und auch keine sog. alternative Schule können den gesellschaftlichen Widerspruch zwischen Gleichheit und Ungleichheit aufheben. Sie können auch nicht die widersprüchlichen Ansprüche an die Schule zwischen Fördern und Auslesen vollständig ausblenden. Sie können aber dazu beitragen, Ungleichheit zu vermindern und so die Mechanismen der Selektion zu entschärfen. Das darf nicht darüber hinwegtäuschen, dass die Verminderung gesellschaftlicher Ungleichheit eine gesamtgesellschaftliche Aufgabe darstellt, die nicht nur pädagogisch, sondern insbesondere auch ökonomisch und politisch gewollt sein muss.
Alternative Schulkonzepte finden Anklang, weil sie in Aussicht stellen, Probleme des schulischen Lernens besser bewältigen zu können als staatliche Regelschulen. Alternative Schulen lassen sich unterscheiden in:

- Schulen, die unter Anerkennung staatlicher Richtlinien und Lehrpläne besondere pädagogische Methoden und Organisationsformen realisieren,
- Schulen, die unabhängig von staatlichen Richtlinien und Lehrplänen eigenen pädagogischen Auffassungen und Maximen folgen.

Für die erste Variante stehen die Montessorischulen, für die zweite die Waldorfschulen.

Montessorischulen: Alternative pädagogische Wege in der Regelschule

Maria Montessoris pädagogisches Denken und Handeln war geprägt vom Glauben an die Fähigkeiten des Kindes, sich selbst sinnvoll entwickeln zu können. Ihre Auseinandersetzung mit Schriften der Ärzte J. M. Gaspard Itard und Edouard Seguin über die Erziehung von Taubstummen und geistig Behinderten bestärkte sie in ihrer Überzeugung, wie sehr staatliche Institutionen Kinder an einer möglichen positiven Entwicklung hindern. Sie selbst stellte bei der Beobachtung von Kindern fest, wie weitreichend Kinder sich in Tätigkeiten vertiefen können. Sie nannte dieses Phänomen „Polarisation der Aufmerksamkeit". Montessori folgerte aus dieser Beobachtung, dass alle Kinder lernwillig seien, wenn sie nur hinreichend Anregungen vorfinden und zugleich nie gegen ihren Willen zum Bewältigen bestimmter Lernanforderungen gezwungen werden.

Anfang 1907 begründete Montessori in einem Stadtviertel von Rom ein „Casa di Bambini". Vielfältigste Materialien sollten die Kinder motivieren, selbstständig zu handeln und Lernerfahrungen zu sammeln. Nach zuerst widerwilligem Verhalten der Kinder, die meist aus armen Familien stammten, entwickelten die Kinder immer mehr Interesse an den Materialien. Bald zeigten sie sich lernbereit und aktiv. Montessori sah darin den Beweis, dass Kinder von sich aus lernen können und wollen. Infolge dieser und ähnlicher Beobachtungen war sie von der Existenz eines „inneren Bauplans" des Kindes überzeugt. Dieser Bauplan leite die Entwicklung des Kindes, Pädagogen müssten diesen durch Beobachtung erforschen und die Kinder unterstützend begleiten. Auf der Basis dieser Annahmen entwickelte Maria Montessori eine eigenständige Pädagogik, die viele Anhänger gefunden hat. Bis heute findet die Montessoripädagogik in eigenen Montessorischulen und -kindertagesstätten europaweit statt. Darüber hinaus haben Montessoris Überlegungen auch Einfluss auf die schulpädagogische Theoriebildung gewonnen.

Die Montessoripädagogik folgt dem Grundsatz: **„Hilf mir, es selbst zu tun!"** Kinder sollen in einer vorbereiteten Umgebung selbst lernen und sich entwickeln können. Entscheidend für Montessori ist, dass diese Umgebung tatsächlich kindgerecht vorbereitet ist, sich also nach kindlichen Bedürfnissen richtet. In der „Freiarbeit" entscheiden die Kinder selbst, was oder wie sie lernen wollen. Nach Montessori werden die Kinder so als Individuen geachtet und können sich individuell nach ihren Fähigkeiten, Möglichkeiten und Interessen entwickeln und entfalten. Unterschiedliche Materialien werden den Kindern zur freien Auswahl angeboten: Sinnesmaterialien, Sprachmaterialien, Materialien für Übungen des praktischen Lebens, Mathematikmaterialien, Materialien für die „kosmische“ Erziehung. Die Kinder sollen mit allen Sinnen lernen können. Sie sollen nicht nur denken, sondern auch aktiv handeln können (berühren, fühlen, sich bewegen). Stilleübungen sollen ihnen helfen, sich zu konzentrieren. Des Weiteren sollen Materialien des praktischen Lebens ihr schulisches Lernen mit der alltäglichen Lebenswelt verknüpfen.

Darüber hinaus wollte Montessori die Kinder vorbereiten, nach der „Ordnung“ der Welt oder des Kosmos zu fragen (z. B. mithilfe von Bildern und Erzählungen). Auch strebte sie auf diesem Wege eine moralische Erziehung der Kinder an.

Während Montessori Zeugnisnoten für Kinder ablehnte, weil sie keine Konkurrenz unter den Kindern fördern wollte, akzeptieren Montessorischulen heute die staatliche Vorgabe, Zeugnisnoten ab der 3. Klasse zu vergeben. Sie ergänzen diese Noten aber um Wortgutachten. In sog. Pensenbüchern werden die Aktivitäten und Leistungen der Kinder kontinuierlich dokumentiert.

Faktisch findet in heutigen Montessorischulen auch „klassischer Unterricht“ statt. Die Freiarbeit ergänzt diesen Unterricht. In der Freiarbeit wird darauf geachtet, dass Kinder nicht nur einseitig bestimmte Interessen verfolgen. Häufig werden ihnen in der Freiarbeit begrenzte Vorgaben gemacht. Sie können aber frei entscheiden, wann sie diesen Vorgaben nachkommen wollen.

Montessorischulen erfreuen sich großer Beliebtheit. Auch in vielen staatlichen Regelschulen findet mittlerweile Freiarbeit statt. Übereinstimmend wird erklärt, Freiarbeit fördere nachhaltig die Lernmotivation. Überdies zeigten sich Kinder in Freiarbeitsklassen selbstständiger, sie könnten und wollten diszipliniert lernen, kooperierten miteinander und verfolgten gezielt ihre eigenen Interessen. Nicht zuletzt seien weniger Disziplinprobleme als in staatlichen Regelschulen zu beobachten. Montessorischulen werden tatsächlich als „Häuser für Kinder" erlebt. Aber auch in Montessorischulen zeigen Kindern nach einigen Jahren unterschiedliche Fähigkeiten, Leistungsanforderungen zu bewältigen. Selektion und Allokation finden insofern auch in Montessorischulen statt, wenn auch nicht direkt. Zu diskutieren wäre, ob in der Freiarbeit Kinder, die familiär wenig kulturelle Förderung erfahren haben, jetzt besondere kulturelle Fähigkeiten ausbilden oder es bei den begrenzten Fähigkeiten bleibt. Nicht auszuschließen ist, dass in der Freiarbeit sich die Kinder besonders entfalten können, die ohnehin in einem Umfeld der kulturellen Förderung aufwachsen. Wäre dies der Fall, würden Montessorischulen ungewollt zu einer Verfestigung sozialer Ungleichheit beitragen.

Grundsätzlich bleibt zu fragen, ob Kinder in Montessorischulen hinreichend auf die gesellschaftlichen Qualifikationsanforderungen vorbereitet werden. Indem staatliche Lehrpläne eingehalten werden, werden diese Qualifikationsanforderungen zweifellos beachtet. Es könnte dennoch sein, dass manche Kinder in der Freiarbeit gerade solche Aufgaben vermeiden, die dieses Lernen vertiefen.

In welchem Ausmaß können Kinder sich Sachverhalte tatsächlich selbst aneignen? Ist nicht gezieltes Lehren durch Lehrerinnen und Lehrer gerade dann sinnvoll, wenn Sachverhalte komplex und schwierig zu erfassen sind? In der Montessoripädagogik wird das gezielte Lehren durch Lehrende vielfach durch Materialien ersetzt, die Aufgaben beinhalten. Nicht alle Schülerinnen und Schüler setzen sich mit allen Materialien auseinander, während im klassischen Unterricht gesichert ist, dass alle Schülerinnen und Schüler mit bestimmten Anforderungen konfrontiert werden. Sicherlich finden in Montessorischulen auch aus diesem Grund klassischer Unterricht und Freiarbeit im Wechsel statt.

Freiarbeit soll möglich machen, dass Kinder sich als Individuen entwickeln. Indem Kinder Materialien frei wählen oder bearbeiten, können sie ihrer Individualität Ausdruck verleihen. Nach

Herbart entsteht Individualität erst im Kontext der Ausbildung einer Vielseitigkeit des Interesses. Erst der Schüler und die Schülerin, die sich mit vielen Fächern, Themen und Inhalten auseinandergesetzt hätten, könnten wirklich „frei" wählen und ihre Individualität ausbilden. Wenn sich Kinder in Montessorischulen lange Zeit nur bestimmten Interessen widmen, besteht die Gefahr, dass sie ein „vielseitiges Interesse" zu wenig ausbilden.
Nach der 6. Jahrgangsstufe wird Freiarbeit vielfach durch Projektarbeit ersetzt. Die Aufgaben und Anforderungen werden anspruchsvoller und lassen sich oft nicht mehr mit einfachen Materialien verknüpfen. Man kann daraus nicht unbegründet folgern, dass Freiarbeit eher für Kinder als für Jugendliche eine sinnvolle Methode darstellt. Es hat sich aber gezeigt, dass Freiarbeit für Jugendliche, die Schwierigkeiten haben, schulischen Lernanforderungen nachzukommen, neue Motivation und weitreichendes Lernen ermöglicht. Diese Jugendlichen, die (relativ) frei bestimmen wollen, was sie lernen wollen, entwickeln nach langer Zeit der Schulverdrossenheit Arbeitsbereitschaft und Lerneifer.
Schülerinnen und Schüler von Montessorischulen lernen von Beginn der Schulzeit an, selbst zu entscheiden und einzuschätzen, was sie tun wollen und was sie tun können. Diese Schüler sind in der Lage, konzentriert und ausdauernd Ziele zu verfolgen oder Aufgaben zu bearbeiten. Sie erwerben damit bedeutende Kompetenzen für die Bewältigung einer Welt, die sich durch plurale „Angebote" kennzeichnet.
Hingegen lässt sich fragen, ob in Montessorischulen die qualifikatorischen Anforderungen der differenzierten Welt der Moderne hinreichend berücksichtigt werden. So wäre zu prüfen, ob innerhalb von schulischer Projektarbeit sich tatsächlich alle Schülerinnen und Schüler vielfältige Qualifikation aneignen. Oder eignen sich nur einige Schüler während der Projektarbeit bestimmte Qualifikationen an, während andere nur solche Aufgaben übernehmen, die nicht mit dem Einüben bestimmter Fähigkeiten verbunden sind?

Waldorfschulen: Pädagogische Alternative zur Regelschule

Auch Waldorfschulen beanspruchen, Schülerinnen und Schüler auf ein Leben in der gesellschaftlichen Wirklichkeit vorzubereiten. Allerdings orientiert sich das Lernen in Waldorfschulen nicht an staatlichen Richtlinien und Lehrplänen. Der Lehrplan der Waldorfschule richtet sich vielmehr an Auffassungen und Postulaten der „Anthroposophie" Rudolf Steiners aus. Anthroposophie will mehr sein als Anthropologie: Anthroposophie will den „ganzen Menschen" erkennen, und zwar auch im kosmischen und metaphysischen Sinne.
Rudolf Steiner (1861–1925) begreift den Menschen als Wesen der Sinnes-, Verstandes- und der Geisteswelt. In Metamorphosen entwickle sich ein Mensch immer mehr zum Geistesmenschen. Steiner glaubt, dass die menschliche Entwicklung in „Jahrsiebten" stattfindet. Er unterscheidet vier Leiber des Menschen: **physischer Leib** (0–7 Jahre), **Ätherleib** (7–14 Jahre) oder Lebensleib, **Astralleib** bzw. Empfindungsleib (14–21 Jahre), **Ich-Leib** (ab 21 Jahre). Der Mensch strebe danach, die Stufe des „exakten Hellsehens" zu erreichen und sich von einer begrifflich-materiellen Erkenntnisweise zunehmend lösen zu können. „Frei" kann nach Steiner nur der Mensch sein, der diese letzte höchste Stufe erreicht hat. Darum bedürfen Kinder in der Waldorfschule nach Steiner der Führung durch eine liebende Autorität. Erst im Jugendalter, also im dritten Jahrsiebt, will Steiner Schülerinnen und Schüler eine gewisse eigene Reife und eine eigene Urteilsbildung zugestehen.
Waldorfschulen begreifen sich als Schulen, die die Entwicklung von Kindern und Jugendlichen im Sinne der Anthroposophie fördern wollen. Sie bestehen seit 1919 und sollten nach dem Ersten Weltkrieg ein friedliches gemeinsames Lernen von Kindern aller sozialen Schichten ermöglichen. Die erste Schule wurde von der Zigarettenfabrik Waldorf-Astoria mitgetragen. Sie gab den Schulen den Namen, den sie bis heute haben.

Waldorfschulen gewinnen ihre Attraktivität durch ihr Bestreben, sich an der tatsächlichen Entwicklung von Kindern und Jugendlichen auszurichten und sie nicht voreilig mit gesellschaftlichen Qualifikationsanforderungen zu konfrontieren.
Der Lehrplan und die Unterrichtsorganisation unterscheiden sich wesentlich von denen staatlicher Schulen. Acht Jahre lang findet der Unterricht im Klassenverband statt. Für die gesamte Zeit werden die Schülerinnen und Schüler vom gleichen Lehrer oder von der gleichen Lehrerin begleitet. Die Zusammensetzung der Klassen erfolgt nicht willkürlich, Herkunft, Charakter oder auch Reifegrad der Kinder werden berücksichtigt. Der Klassenlehrer soll die Kinder nicht einfach nur begleiten, sondern als „natürliche Autorität" führen und geistig leiten. Ihm wird zugetraut, dass er die Entwicklungsmöglichkeiten oder Begabungen eines Kindes „aufspüren" und so jedes Kind gezielt und individuell in seiner Entwicklung fördern kann. Der Lehrer entscheidet weitestgehend über die konkreten Themen, die im Unterricht Behandlung finden sollen. Schulbücher finden in Waldorfschulen kaum Verwendung. Die Unterrichtsmaterialien werden von den Lehrern selbst eingebracht oder sogar erstellt.
Im Bemühen, den Kindern individuell gerecht zu werden, sollen die Lehrer auch die jeweiligen „Temperamente" eines Kindes berücksichtigen. Steiner unterscheidet in der Tradition der Antike vier grundlegende menschliche Temperamente: **Melancholiker**, **Choleriker**, **Sanguiniker** und **Phlegmatiker**. Lehrerinnen und Lehrer sollen die Kinder und Jugendlichen in Anerkennung ihrer jeweiligen angeborenen Temperamente fördern. Dies soll z.B. dadurch geschehen, dass in Gruppen Menschen gleichen Temperaments zusammenkommen und sich gemeinsam entwickeln können.
Der unterrichtliche Alltag der Waldorfschulen unterscheidet sich von dem in Regelschulen insbesondere dadurch, dass **Bewegung**, **Ästhetik**, **Sinnesschulung** täglich Berücksichtigung finden. Waldorfschulen verweisen darauf, dass nicht nur intellektuelle Fähigkeiten, sondern auch Kreativität und Teamfähig-

keit gefördert werden. Schülerinnen und Schüler sitzen weit weniger im Unterricht auf Stühlen und vor Tischen, um Aufgaben zu lösen oder neue Inhalte zu erarbeiten. Sie erleben dies häufig als Befreiung von strengen Verhaltensvorgaben.
Weiterhin findet der Unterricht kaum als Fachunterricht (z. B. im 45-Minuten- oder 60-Minuten-Takt), sondern als Epochenunterricht statt. So wird beispielsweise Geschichte im Zeitraum einer Epoche von mehreren Wochen täglich unterrichtet. Dann folgt Epochenunterricht für ein anderes Fach und wieder ein anderes Fach.
Bewegung und Sinnesschulung werden in Waldorfschulen in den Fachunterricht integriert. Das Lernen des Schreibens und Rechnens ist in Waldorfschulen mit rhythmischen Bewegungen verbunden. Lernen soll harmonisch stattfinden können. Dazu dient besonders die **Eurythmie**. Eurythmie ist „Bewegungskunst", die festen Regeln folgt. Für jeden Buchstaben und jeden Ton gibt es bestimmte Gebärden. In der Lauteurythmie stellen Schüler dar, was in einem Gedicht an Lauten lebt. Ähnlich wird in der Toneurythmie zum Ausdruck gebracht, was in den Tonintervallen einer musikalischen Komposition lebt. Schülerinnen und Schüler erleben so eine Einheit und einen Zusammenhang von Worten, Klängen und Gebärden und erfahren so „Ganzheitlichkeit". Darin drückt sich der Anspruch aus, den „ganzen Kosmos" erleben und begreifen zu können. Dieser Anspruch schließt Fachunterricht nicht aus. Auch in Waldorfschulen bestehen Unterrichtsfächer wie Mathematik oder Latein. Darüber hinaus aber finden sich viele Unterrichtsfächer, die in der Regelschule nicht angeboten werden, z. B. Handarbeit, Stenographie, Singen, Handwerk und Gartenbau oder Feldmessen und Spinnen. In diesem Sinne versprechen Waldorfschulen eine sehr viel vielseitigere Bildung als Regelschulen. 6
Ganzheitlichkeit, Harmonie, Öffnung für „kosmisches" Erleben sollen nach Steiner auch zur religiösen Entwicklung beitragen. Rudolf Steiner sieht sich in der Tradition des Christentums, allerdings ohne kirchliche Bindung. Für Steiner resultiert aus re-

ligiöser Orientierung Achtung vor allem Leben und vor allen „Geschöpfen" Gottes. Diese Achtung soll auch im Unterricht Berücksichtigung finden, z. B. im Fach Biologie.
Da Waldorfschulen in Deutschland nicht nach staatlichen Lehrplänen und Richtlinien den Unterricht organisieren, werden sie vom Staat nur begrenzt unterstützt. Das wiederum hat die Folge, dass ein nicht unerheblicher Betrag an Schulgeld aufgebracht werden muss. Dennoch bestehen allein in Deutschland über 150 Waldorfschulen, in Europa sind es mehr als 300. Diese Schulen finden also vielfach Akzeptanz und Unterstützung. Man muss aber fragen, ob es nicht Menschen höherer sozialer Schichten vorbehalten ist, ihre Kinder auf Waldorfschulen zu schicken. Das Motiv vieler Eltern für den Schulbesuch besteht in dem Wunsch, dass sich ihre Kinder ohne erdrückende Zwänge und ohne fragwürdige Leistungskonkurrenz in der Schule entwickeln und entfalten können. Dass in Waldorfschulen keine Notenzeugnisse geschrieben werden, bestätigt dieses Motiv. Stattdessen werden Leistungsberichte geschrieben, die nicht nur den Leistungsstand konstatieren, sondern die auch von den Schülern als motivierend erlebt werden. So schließen diese Berichte oft mit einem persönlichen, vom Lehrer oder der Lehrerin verfassten Spruch, der das Kind besonders ansprechen und ermutigen soll.
Im Schonraum Waldorfschule werden Kinder nicht nur vor frühen und einseitigen gesellschaftlichen Qualifikations- und Leistungsanforderungen „geschützt", sondern auch vor frühzeitigen multimedialen Einflüssen. Elektronische Medien kommen in Waldorfschulen nur in Ausnahmefällen zum Einsatz. Das gilt auch für unterrichtsfreie Zeiten. Die Schule fordert die Eltern sogar auf, dass die Kinder zu Hause keinen oder kaum Zugang zu diesen Geräten haben. Kinder sollen zunächst einen „natürlichen" Zugang zur Welt und zum Leben finden und nicht schon in jungen Jahren multimedialen Einflüssen ausgesetzt sein. Sie sollen die Welt harmonisch erfahren, bevor sie sich mit Disharmonien auseinandersetzen müssen.
Waldorfschulen streben eine enge Kooperation mit dem Eltern-

haus an. Eltern beteiligen sich an Aktionen oder Arbeitskreisen und sind gehalten, im Familienleben die Prinzipien der Waldorfpädagogik zu achten. Familien und Schulen können und sollen auf diese Weise die Erziehung und die Bildung der Kinder unterstützen.

Der Vorwurf, dass Waldorfschulen nicht auf die Anforderungen der wirklichen Welt vorbereiten würden, lässt sich nur schwer halten. Waldorfschüler sind hinsichtlich ihrer staatlich anerkannten Abschlüsse genauso erfolgreich wie Absolventen staatlicher Regelschulen. In Waldorfschulen werden die Schüler im letzten Jahr ihrer Schulzeit gezielt auf die Abschlussprüfungen vorbereitet. Die Prüfungen müssen sie extern bewältigen, also nicht bei ihren eigenen Lehrerinnen und Lehrern. Da der Besuch von Waldorfschulen für die Eltern mit hohen Kosten verbunden ist, besuchen nur wenige Kinder der unteren sozialen Schichten diese Schulen. Insofern kann bezweifelt werden, dass Waldorfschulen wesentlich dazu beitragen, soziale Ungleichheiten und deren Folgen für das gesellschaftliche Leben zu vermindern.

Aus pädagogischer Perspektive ergeben sich weitere Fragen und Einwände. Die Tatsache, dass im zweiten Lebensjahrsiebt insbesondere der Lehrer bestimmt, was die Schülerinnen und Schüler lernen, bedeutet, dass die Inhalte des Unterrichts nicht öffentlich legitimiert und begründet werden. Schülerinnen und Schüler müssen sich den entsprechenden Vorgaben unterwerfen.

BEISPIEL Die Eurythmie schreibt den Kindern und Jugendlichen vor, wie sie sich bewegen müssen, und zwar ungeachtet der Frage, ob dies den Bedürfnissen und Wünschen der Kinder entspricht. Kreativität der Schülerinnen und Schüler darf nur innerhalb eines engen vorgegebenen Rahmens Ausdruck finden.

Die enge Kooperation zwischen Schule und Elternhaus setzt voraus, dass die Eltern sich an die schulischen Vorgaben anpassen und bereit sind, die anthroposophische Weltanschauung anzuerkennen.

Auch eine Charakterbildung, innerhalb derer sich die Jugendlichen kritisch auch mit dem eigenen Charakter auseinandersetzen können, findet kaum statt. Kinder werden von Beginn an nach ihren Temperamenten beurteilt und gefördert. Aus pädagogischer Sicht sollen Kinder und Jugendliche schrittweise selbst bestimmen, wer sie sind und sein wollen.
Steiners Einteilung der menschlichen Entwicklungsstufen nach Jahrsiebten ist nicht wissenschaftlich begründet, sondern beruht auf Einschätzungen eigener subjektiver Erfahrungen. Was Kinder in welchem Alter können oder nicht können oder welche Konflikte sie in welcher Phase durchlaufen, wird von Steiner nicht systematisch bedacht.
Die Tatsache, dass Kindern bis zum Alter von 14 Jahren der Umgang mit elektronischen Medien verboten oder strikt beschränkt wird, stellt in gewisser Weise eine Abkoppelung von der realen gesellschaftlichen Welt dar.
Trotz dieser Einwände können Waldorfschulen auf Absolventen verweisen, die sich im gesellschaftlichen Leben erfolgreich durchsetzen und sich in besonderer Weise gesellschaftlich engagieren. Führende Vertreter in Wirtschaft und Politik haben Waldorfschulen besucht. Des Weiteren lässt sich nicht behaupten oder belegen, dass alle ehemaligen Waldorfschülerinnen und -schüler Vertreter der Anthroposophie Rudolf Steiners wären. Diese Tatsache spricht gegen den Vorwurf einer affirmativen Bildung im Sinne vorgegebener weltanschaulicher Überzeugungen.
Offenbar erleben viele Waldorfschüler ihre Schulzeit als Zeit der Ermutigung zum Lernen und des Sichentwickelns. Sie erfahren, dass sie Fähigkeiten haben und sie ausbilden können. Sie erleben sich im Schonraum der Schule sicher und beheimatet. Sie werden vor vielen Einflussnahmen „geschützt", die Entwicklungsprozesse ihres Denkens, Fühlens und Handelns behindern könnten. Dadurch, dass sie weniger Einflüssen ausgesetzt sind, müssen sie weniger auswählen und entscheiden.
Möglicherweise bilden Waldorfschüler eine psychische Struktur

aus, die sie befähigt, am Ende der Schulzeit anstrengende und belastende Anforderungen leicht zu bewältigen. Denkbar ist auch, dass sie ein solches Selbstbewusstsein entfalten konnten, welches sie dazu befähigt, später (selbst)kritisch mit Fragen, Forderungen und Aufgaben umgehen zu können.
Es bleibt allerdings der Zweifel, dass ungleiche Lern- und Entwicklungsbedingungen, die primär soziale Ursachen haben, in Waldorfschulen weniger folgenreich sind als in staatlichen Schulen. Möglicherweise wirken sie dort sogar noch stärker, da diese Problematik nicht reflektiert wird.
Offen bleibt auch, inwieweit Schülerinnen und Schüler aufgefordert werden, sich mit sich selbst und der sozialen und gesellschaftlichen Welt kritisch auseinanderzusetzen. Möglicherweise schafft die Waldorfschule die Voraussetzungen für ihre Schülerinnen und Schüler, sich im Sinne Kants erfolgreich „zivilisiert" in der Gesellschaft bewegen zu können. Ob die Waldorfschule ihre Schüler aber aufgefordert hat, sich darüber hinaus zu „moralisieren", ist schwer zu entscheiden. Sicherlich vermittelt die Waldorfschule auch Werte und Lebenseinstellungen. Ob die Schüler aber auch lernen, alle Werte und Einstellungen selbst zu „bewerten", bleibt offen.
Möglicherweise besteht die größte Problematik der Waldorfschulen darin, dass ein kritsches Nachdenken der Schülerinnen und Schüler über die Maximen der Anthroposophie nicht gewollt wird. Das würde die Möglichkeit beinhalten, dass sie diese verwerfen. Konfessionelle Schulen etwa zwingen Schülerinnen und Schüler nicht zur Übernahme von Glaubensüberzeugungen und lassen zu, dass im Unterricht die jeweils eigene Religion und Konfession auch kritisch hinterfragt wird.
Aus pädagogischer Sicht lassen Waldorfschulen Defizite erkennen. Das aber gilt zweifellos auch für staatliche Regelschulen. Dennoch: Staatliche Regelschulen oder staatlich anerkannte Privatschulen müssen sich im demokratischen Staat öffentlich legitimieren und werden von entsprechenden Institutionen des demokratischen Staates kontrolliert. Für Waldorfschulen gilt das

nur begrenzt: Sie müssen ihre grundlegenden Orientierungen, aus denen ihre pädagogischen Maximen erwachsen, nicht öffentlich legitimieren. Aus dieser Tatsache können Gefahren, z. B. der einseitigen Manipulation, erwachsen.

Schule und öffentliche Rechtfertigung

Benner und Kemper haben solche Gefahren am Beispiel der Reformschulen Peter Petersens erläutert. Petersen begründete eine „neue Gemeinschaftsschule". Er verspricht, die Anlagen der Individuen in einer Weise zur Entfaltung zu bringen, dass damit Anforderungen innerhalb des Gemeinschaftslebens sinnvoll bewältigt werden. Er strebt an, „dass nicht Masse, Gesellschaft und Individuum, sondern Gemeinschaft, Dienst und Persönlichkeit Grundbegriffe pädagogischen Denkens und Handelns sind". Petersen stellt so in Aussicht, gesellschaftliche Erwartungen und individuelle Entwicklungsmöglichkeiten sinnvoll aufeinander beziehen zu können. Petersen findet auch damit Zustimmung, dass er den Menschen von Natur aus für „gut" erklärt:

„Die Menschheit als solche ist von Anbeginn gut (...) Das Böse ist nichts Anderes als das verdeckte oder in seiner Entwicklung gehemmte Gute, und zwar stets deswegen verdeckt oder gehemmt, weil es seine Darstellung in einem Körper mit tierischen Bedürfnissen finden muss: es muss essen und trinken und sich fortpflanzen. Und alles, was wir böse nennen, ist nichts anderes als Wucherung dieser tierischen Triebe." (Vgl. Benner/Kemper, 213 f.)

Petersen will eine Erziehung zu „innerer Freiheit", zur „Persönlichkeit", die das Individuum „nur als für die Gemeinschaft" finde. Auch Steiner glaubt, dass jeder Mensch sich von „materiellen" Orientierungen frei machen müsse. Ähnlich wie Steiner glaubt Petersen, Kinder bedürften einer „reifen Führerpersönlichkeit", Steiner spricht von „Autorität". Während Steiner die Kinder und Jugendlichen mit einer „Harmonie" bis in kosmische Ausmaße vertraut machen will, zeigt sich bei Petersen, dass er einen Gemeinschaftsbegriff propagiert, der gerade nicht das Ziel einer Entfaltung aller menschlichen Individuen beinhaltet:

> *„Das Gesunde hat nicht nur ebenso viel, sondern mehr Recht auf Pflege und Schutz und tägliche Förderung als das Kranke, das Anormale und all das, was auf dem Schlachtfeld des Lebens [ohnedies] zu verbluten droht." (Zit. n. Benner/Kemper, 225)*

Zwar hat Petersen keine rassistische Auffassungen propagiert. Er war aber bereit, Menschen mit Blick auf die Gemeinschaft unterschiedliche Wertigkeit zuzusprechen und grenzte sich damit nicht eindeutig von fragwürdigen erzieherischen Zielen im nationalsozialistischen Staat ab. Faktisch stellte er so die „Gemeinschaftsschule" in den Dienst einer fragwürdigen Ideologie.
Das Beispiel der Gemeinschaftsschule Peter Petersens führt die Gefahren vor Augen, die entstehen können, wenn schulische Postulate und Ziele nicht im öffentlichen und demokratischen Diskurs legitimiert werden: Schülerinnen und Schüler werden nach bestimmten Maximen gebildet und erzogen, ohne dass sie diese Maximen kritisch hinterfragen können.

6.7 Zusammenfassung: Pädagogische Institutionen

Pädagogische Institutionen können niemals nur nach pädagogischen Maximen eingerichtet werden. Das gilt nicht nur für die Schule. Soziale gesellschaftliche Ungleichheit wirkt sich auch auf alle pädagogischen Institutionen aus. Mit rein pädagogischen Mitteln lässt sich soziale Ungleichheit in der Gesellschaft nicht aufheben. Es lässt sich nicht einmal sagen, ob und in welchem Ausmaß und in welcher Weise gesellschaftliche Ungleichheit überwunden oder vermindert werden sollte.
Ziel sozialpädagogischer Einrichtungen ist in diesem Sinne immer auch Anpassung der Menschen an Erwartungen und Bedingungen in einer Welt der sozialen Ungleichheit. Kriminelle, de-

viante oder gewalttätige Menschen gefährden langfristig die gesellschaftliche „Ordnung“. Das gilt auch für psychisch oder sozial überforderte Menschen und für Kinder und Jugendliche, die in ihrem Alltag Ausstoßung und Vernachlässigung erfahren.

Indes darf sich auch Sozialpädagogik nicht darauf beschränken, Menschen wieder in den gesellschaftlichen Alltag „einzupassen“. Sie ist verpflichtet, Menschen darin zu unterstützen, sich als Individuen – gemeinsam mit Mitmenschen – entfalten zu können.

Im demokratischen Staat müssen alle pädagogischen Institutionen öffentlich legitimiert und staatlich kontrolliert werden. Das schließt nicht aus, dass Menschen in diesen Institutionen lernen, staatliche Maßnahmen kritisch zu hinterfragen.

Eine Orientierung an Einsichten und Verfahren der Wissenschaft kann helfen, einseitige oder fragwürdige Richtungen in pädagogischen Institutionen zu vermeiden. Allerdings können aus der Wissenschaft keine direkten Verhaltensorientierungen für den pädagogischen Alltag abgeleitet werden.

Welche pädagogische Förderung in welchen Institutionen für wen sinnvoll oder sogar notwendig ist, muss immer wieder neu herausgefunden werden. Das schließt die selbstkritische Frage ein, wann auf besondere Förderung in pädagogischen Institutionen verzichtet werden sollte. Erziehung und Bildung in Institutionen müssen immer darauf abzielen, dass Menschen am Ende gelernt haben, den Prozess der (Selbst-)Erziehung und Bildung selbst und ohne pädagogische Hilfen fortzusetzen. Darum endet für Jugendliche in einem bestimmten Alter die Schulzeit. Pädagogische Institutionen, die Menschen mit Schwierigkeiten im alltäglichen Leben begleiten, sollten ebenfalls anstreben, dass Menschen lernen, ihr Leben ohne pädagogische Unterstützung zu bewältigen. Das pädagogische Ziel aller pädagogischen Institutionen bleibt „Mündigkeit“. Mündigkeit zeigt sich nicht zuletzt darin, pädagogischer Unterstützung nicht mehr zu bedürfen.

Subjektwerden als Bildung

7.1 Bedingungen des Subjektwerdens

Der Mensch kommt als ein Wesen auf die Welt, das lernen muss, „Mensch“ zu werden. Im Vergleich zu Tieren verfügt er über keine biologisch vorprogrammierten Verhaltensweisen, die das Überleben der Art und die Selbsterhaltung des Einzelnen sichern. Der Mensch ist nicht mit bestimmten, durch seine Natur festgelegten Triebzielen oder Werthaltungen ausgestattet. Die Anthropologen kennzeichnen ihn deshalb als instinktreduziert und weltoffen. Wenn man ihn mit den Spezialisten im Tierreich vergleicht, zeigt sich, dass er organisch unspezialisiert und unfertig auf die Welt kommt: „(...) ohne natürliche Waffen, ohne Angriffs- oder Schutz- oder Fluchtorgane, mit Sinnen von nicht besonders bedeutender Leistungsfähigkeit“ (Gehlen, 46). Diese organischen „Mängel“ gleicht der Mensch durch ein komplex strukturiertes Gehirn aus, das ihm eine enorme Lernfähigkeit ermöglicht. Im Vergleich zu Tieren wird er zu früh geboren, ist hilflos und nicht in der Lage zu überleben. Er muss von Geburt an (fast) alles lernen – er kann das aber auch dank der neuronalen Plastizität des Veränderungsvermöges seines Gehirns, das sich in Abhängigkeit von der Verwendung verändern kann. Aufgrund dieser biologischen Bedingungen ist der Mensch in den ersten Lebensjahren auf die Unterstützung und Pflege durch andere angewiesen.

Erziehen antwortet auf das Bedürfnis des Kindes nach Hilfe und auf seine Fähigkeit zu lernen. Es ist eingebettet in das helfende und pflegende Umsorgen. Das Kind verlangt nach Nahrung, es schreit. Die Eltern (oder andere Bezugspersonen) sind gezwungen, Entscheidungen zu treffen: Soll es sofort etwas zu essen bekommen? Was soll es essen? Wird es gefüttert oder übernimmt es die Nahrungszufuhr selbst? Welche Hilfen bekommt es dabei? Indem sie gezwungen sind Entscheidungen zu treffen und bewusst zu handeln, beginnen die Eltern mit dem Erziehen. Sie wirken auf das Lernen der Kinder ein. Das Kind wächst auf diese Weise in sozial tradierte Rituale, Umgangsformen und Wertvorstellungen hinein. Bevor es „Ich“ sagen kann, ist es ein soziales Wesen. Die sozial geprägten Einstellungen und Gewohnheiten bilden eine vorbewusste Basis seines Welt- und Selbstverständnisses. Wir bleiben zwar in erlernte kulturelle Vorstellungen und Lebensformen verstrickt, werden aber nicht durch sie determiniert. Damit das so ist, sind Erziehungs- und Bildungsprozesse nötig. Im Verlaufe der Entwicklung des Kindes wird seine Erziehung immer mehr ausdifferenziert.

Für diese Erziehungs- und Bildungsprozesse nutzt das pädagogische Denken und Handeln Wissen, das die Entwicklungspsychologie bereitstellt. Psychologische Entwicklungstheorien beschreiben die im Laufe der Zeit eintretenden Veränderungen in verschiedenen Verhaltensbereichen (Sprache, Denken, Motorik etc.). Sie untersuchen auch die Beziehungen, die zu bestimmten Zeitpunkten zwischen den Verhaltensbereichen existieren, und erklären, wie Veränderungen zustande kommen. Der pädagogische Nutzen liegt darin, die pädagogischen Interaktionen entwicklungsgerecht gestalten zu können, z. B. Über- oder Unterforderungen zu vermeiden. Dabei reicht der Anspruch einer pädagogischen Entwicklungstheorie über den der psychologischen Theorien hinaus. Das wird nachvollziehbar, wenn man sich das Ziel pädagogischen Handelns vergegenwärtigt, so wie es zu Beginn der Neuzeit von Denkern wie Rousseau, Kant, Humboldt, Herbart und Schleiermacher formuliert worden ist. In vorneuzeitlichen Bildungstheorien wird unterstellt, dass die Welt ein geordnetes Gefüge ist, das seine Bestimmung durch „Gott“ oder „Natur“ erhalten hat. Aufgabe von Erziehung und Bildung ist es, die Heranwachsenden in diese Ordnung bzw. in die ihm zukommende Position zu führen und einzugewöhnen. Die Lebensläufe der Menschen sind mit ihrer Geburt vorgegeben. Das neuzeitliche Denken erkennt, dass solche Ordnungen von Menschen selbst hervorgebracht werden. Aufgabe des pädagogischen Handelns wird es nun, die heranwachsenden Menschen dazu zu befähigen, sich mit Vernunft selbst zu bestimmen. Das kann nur gelingen, wenn der Heranwachsende die Möglichkeit erhält, an seiner Bestimmung mitzuwirken. Voraussetzung dafür ist, dass sich Erzieher und zu Erziehender gegenseitig in ihrer „Bildsamkeit" anerkennen, d. h. in ihrer Aufgabe und ihrem Anrecht, sich selbst zu bestimmen. In der modernen Welt, die sich seit dem späten 18. Jahrhundert entwickelt, wird als eigenständige pädagogische Aufgabe erkannt:

> *„Der unbestimmten Bildsamkeit und Freiheit des heranwachsenden Menschen vermag die Erziehung nur gerecht zu werden, wenn sie, anstatt den Heranwachsenden durch die Geltungskraft der bestehenden Sitte und Lebensform zu bestimmen und zu regieren, durch vielseitigen Unterricht dessen selbsttätige Urteilskraft herausfordert, fördert und leitet. (…) Bildsamkeit und Mündigkeit sind seit dieser Zeit gleichsam zwei Seiten derselben Medaille, insofern Bildsamkeit die (…) Voraussetzung und Mündigkeit das Ziel und den Zweck einer nichtaffirmativen Erziehung und Bildung bezeichnen." (Brüggen, S. 117f.)*

Eine affirmative Erziehung verpflichtet dagegen die Kinder und Jugendlichen auf Zwecke, die ihnen vorgegeben werden, ohne dass sie Möglichkeit erhalten, sie mitzubestimmen. Aufgabe einer nicht-affirmativen (nicht-festlegenden) Erziehung ist es, die Kinder und Jugendlichen zu befähigen, sich kritisch prüfend mit den sachlichen und moralischen Geltungsansprüchen auseinanderzusetzen, mit denen sie sich konfrontiert sehen, und zugleich selbst solche Geltungsansprüche zu begründen.

Damit wird der Unterschied zwischen den psychologischen und pädagogischen Vorstellungen von Entwicklung markiert. Pädagogische Vorstellungen von Entwicklung fragen nach der Rolle des Subjekts, das sein Welt- und Selbstverhältnis im Entwicklungsprozess aktiv mitgestaltet. Im Sinne des Prinzips der Bildsamkeit sehen sie den Heranwachsenden als ein Wesen, das an seiner eigenen Menschwerdung mitwirkt. Dies geschieht in einem andauernden Prozess der Auseinandersetzung um die Kenntnis der Sachen und die Bestimmung ihres Wertes für den Einzelnen und die Gesellschaft. Damit sind die Positionen der Entwicklungspsychologie überwunden, die Entwicklung als bloße Entfaltung natürlicher Kräfte bzw. Fähigkeiten sehen oder als Übernahme gesellschaftlich wünschenswerter Eigenschaften.

Dieses Verständnis von Erziehung und Bildung kann sich erst in offenen und demokratischen Gesellschaften entfalten, die seit dem Ende des 18. Jahrhunderts zuerst in Westeuropa und Nordamerika entstehen. In vorneuzeitlichen Verhältnissen ist die Bestimmung der Gesellschaft und der Individuen vorbestimmt. Die Kinder lernen das, was sie zum Leben in der Gesellschaft gebrauchen, in ihrem nahen sozialen Umfeld. Die Sitten und Gebräuche, die handwerklichen Fertigkeiten werden in Anwendungssituationen erworben und ausgeführt. In der neuzeitlichen Welt können Kinder nicht mehr im unmittelbaren Umgang mit Mitmenschen die Fähigkeiten ausbilden und das Wissen erwerben, das sie benötigen, um ihr Leben zu bewältigen. Darum werden sie in entsprechenden Institutionen planmäßig zum Lernen angeleitet. Es muss entschieden werden, was und wie die Kinder und Jugendlichen lernen sollen. Diese Aufgabe betrifft nicht nur pädagogische Institutionen wie den Kindergarten oder die Schule. Mit dem Bewusstsein, dass Menschen auf die Entwicklung und das Lernen von Kindern Einfluss nehmen können, stellt sich diese Aufgabe auch für Eltern.

Mit der Herausbildung von Schulen und anderen Bildungseinrichtungen entsteht Pädagogik als wissenschaftliche Disziplin. Sie geht systematisch den Fragen nach, wie und mit welchem Ziel Kinder und Jugendliche erfolgreich gefördert werden können. In demokratischen Gesellschaften erkennt die Pädagogik dabei das Eigenrecht anderer Teilpraxen (Wirtschaft, Politik, Religion, Kunst etc.) an. Sie erwartet von diesen Praxen aber auch die Anerkennung der nicht ersetzbaren, eigenständigen pädagogischen

Aufgabe, nicht nur in Traditionen und gesellschaftliche Verhältnisse einzuführen, sondern zur kritischen Prüfung aufzufordern. Angesichts der Aufgaben und Herausforderungen der Zeit wird Bildung als Selbstbestimmung verstanden.
Die Pädagogik weiß, dass Kinder und Jugendliche lernen müssen, sich mit der bestehenden gesellschaftlichen Wirklichkeit auseinanderzusetzen. Diese kann von der Pädagogik nicht in eigener Vollmacht gesetzt werden. So kann sie nicht die ständig wachsende Rolle der elektronischen Datenverarbeitung oder des Internets in der Arbeitswelt ignorieren, weil diese aus pädagogischer Sicht als schädlich einzuschätzen sind. Im erziehenden Unterricht kann sie aber den Anspruch dieser neuen Mächte brechen, indem sie nicht einfach in die Medientechnologien mit dem Ziel ihrer effektiveren Beherrschung einführt. Das wäre Training oder Schulung, wie sie von Betrieben mit wirtschaftlichem Interesse für die Mitarbeiter organisiert wird. Ein auf Bildung verpflichteter Unterricht wird dagegen das kritische Urteil der Heranwachsenden über den Wert der Neuen Medien herausfordern. Die Pädagogik ergreift damit ihre Chance, über Erziehung und Bildung die Menschen im gesellschaftlichen Leben nicht nur handlungsfähig werden zu lassen, sondern sie zugleich zu befähigen, aktiv gestaltend an ihm teilhaben zu können. Der erziehende Unterricht in pädagogisch verantworteten Institutionen führt die Heranwachsenden aus der Begrenzung ihrer Herkunftsverhältnisse hinaus und eröffnet ihnen Perspektiven für ein selbstbestimmtes, sinnvolles Leben, in dem sie sich als individuelle und einmalige Menschen in der Gesellschaft entfalten können.
Das bedeutet nicht, dass die Pädagogik gesellschaftliche Bedingungen und Zwänge übersieht. So gilt für jede Gesellschaft, dass sie nur funktionieren kann, wenn bestimmte Normen und Regeln gelten und geachtet werden. Normen und Regeln führen zu Beschränkungen der menschlichen Entfaltungsmöglichkeiten. Umgekehrt sichern sie auch Entfaltungsmöglichkeiten. Wir können nur deshalb relativ sicher Auto fahren, weil es Verkehrsregeln

gibt. Diese Regeln funktionieren aber nur, wenn sie von jedem eingehalten werden. Gesellschaftliche Regeln oder Normen sind immer Vereinbarungen auf Zeit. Das gilt besonders für unsere Gegenwart der Moderne bzw. Postmoderne. Darum müssen Menschen lernen, Regeln und gesellschaftliche Ordnungen kritisch befragen zu können. Aus pädagogischer Perspektive ergibt sich dabei eine spezielle Fragerichtung: Die gesellschaftlichen Verhältnisse können dazu beitragen, dass die Lern- und Entwicklungsmöglichkeiten von Kindern oder Jugendlichen eingeschränkt oder behindert werden. Eine pädagogische Gesellschaftskritik prüft die politischen, ökonomischen, religiösen Praxen und ihre gesamtgesellschaftliche Ordnung. Der Maßstab dabei ist Bildung als Selbstbestimmung.
Einige gesellschaftliche Entwicklungen führen in unserer Zeit zu besonderen Herausforderungen, die die Pädagogik kritisch und konstruktiv aufzugreifen hat:

- Menschen müssen heute lernen zu wählen. In dem Maße, in dem die verhaltensleitende Kraft der Traditionen schwindet, können und müssen Menschen sich zwischen unterschiedlichsten Lebensentwürfen entscheiden. Diese Entscheidungen wirken auf ihre Lebens- und Entfaltungsmöglichkeiten in den sich ändernden gesellschaftlichen Verhältnissen zurück. Um selbstständig entscheiden zu können, müssen Heranwachsende in Lern-, Entwicklungs- und Sozialisationsprozessen eine kritische Urteilsfähigkeit ausbilden. Sie ermöglicht ihnen, in pädagogisch nicht mehr geschützten, nicht antizipierbaren Situationen selbstbestimmt zu handeln. Dieses Handeln kann und will die Pädagogik nicht vorwegnehmen und bestimmen. Beim Handeln in außerpädagogischen Zusammenhängen gibt es keine Schüler oder Lehrer mehr. Es bleibt ein Wagnis, das den nachwachsenden Generationen nicht abgenommen werden kann. Irgendwann gibt es die ältere Generation nicht mehr und die Jüngeren müssen selbst bestimmen, wie sie ihr Leben gestalten wollen.

- Diese Herausforderung wird durch die Tatsache gesteigert, dass in den letzten 50 Jahren die kulturellen Differenzen in unserer Gesellschaft rasant zugenommen haben. Das ist vor allem durch Einwanderung von Menschen aus sehr unterschiedlichen Kulturen geschehen. Darüber hinaus versetzt der zunehmend verbreitete und einfache Zugang zu modernen Medien und Technologien Menschen in die Lage, weltweit zu kommunizieren. Damit aber werden sie mit vielfältigsten „Angeboten“ und Orientierungen konfrontiert.
- In der bürgerlichen Gesellschaft besteht Ungleichheit, insbesondere sozial und ökonomisch. Das ist insofern notwendig und gewollt, als der gesellschaftliche Status nicht mehr durch die Geburt, sondern über individuelle Leistung erreicht werden soll. Ob Leistungen gerecht belohnt werden, ist in demokratischen Gesellschaften eine Frage, die öffentlich diskutiert wird und werden muss. Die Ungleichheit wirkt sich auf die Erziehung und Bildung der Kinder und Jugendlichen aus. Sie werden in ihren Familien unterschiedlich intensiv gefördert. Abhängig von der sozialen Schicht werden ihnen verschiedene Zugänge zu kulturellen Kompetenzen oder kulturellem Wissen eröffnet. Kindergärten und Schulen, die allen Kindern und Jugendlichen gleichermaßen offenstehen, können diese Differenzen vermindern, nicht aber vollständig kompensieren.

Wie kann und soll das Werden des Subjekts angesichts solcher Herausforderungen gestaltet werden?
Wie können Kinder und Jugendliche aufgefordert werden, überhaupt selbst Subjekte werden zu wollen? Welches Wissen und welche Kompetenzen müssen ihnen pädagogisch vermittelt werden, damit sie in ihrem Leben selbst urteilen, werten, wählen und entscheiden können?
Wie kann es gelingen, Kindern und Jugendlichen mit unterschiedlichen Voraussetzungen pädagogisch gerecht zu werden?

7.2 Ökonomisierung, Ästhetisierung und Politisierung des Subjektwerdens

Ökonomisierung

Die Globalisierung der Wirtschaft verlangt flexible Arbeitnehmer: Menschen, die bereit und in der Lage sind, sich schnell auf neue Aufgaben einzustellen, die räumlich mobil sind und je nach Marktlage Arbeitszeiten und -rhythmen ändern können. Der flexible Mensch der modernen Arbeitswelt benötigt neben Fachwissen auch „Schlüsselqualifikationen", sog. Soft Skills. In der Wochenzeitschrift „Focus" heißt es z. B.: „Erfolg im Arbeitsleben basiert zu 50 Prozent auf Fachkompetenz. Das belegen internationale Studien. Die andere Hälfte hängt von den sog. Soft Skills wie Kommunikations- und Teamfähigkeit ab. Die wachsende Bedeutung sog. weicher Faktoren wie soziale Kompetenz, Fähigkeit zur Problemlösung, Mobilität und Flexibilität stellt auch Wolfgang Henniger, Vermittler bei der Zentralstelle für Arbeitsvermittlung, fest. Man produziert anders als früher, hat flachere Hierarchien und ist teamorientierter (...)." Als weitere karriereförderliche Schlüsselqualifikationen werden „Zielstrebigkeit", „Innovationsfreude" oder „Durchsetzungsfähigkeit" genannt. Auf solche Fähigkeiten hin soll der Mensch sich selbst als „Unternehmer seines Lebens" oder „Ich-AG" organisieren. Dazu werden in einschlägigen Seminaren und Ratgebern psychologische Techniken angeboten, die oft auf der Grundlage eines radikalen Konstruktivismus dem „Selbstmanagement" dienen sollen. Danach besitzen wir kein objektives Abbild der Welt, sondern eine subjektive Konstruktion, in der das Sinnesmaterial, das von außen kommt, und die Gedächtnisinhalte individuell unterschiedlich verarbeitet werden. Das „neurolinguistische Programmieren" folgert daraus, dass man nur die richtige Brille aufsetzen müsse, um sich und sein Leben durch „mentales Training" in eine gewünschte Richtung zu verändern. Man könne Erfolg willentlich herbeiführen, indem man bewusst bestimmte innere Eindrücke und Vorstellungen hervorrufe und mit körperlichen Befindlichkeiten kopple.

BEISPIEL Negative, den Erfolg behindernde Gedanken und Situationen werden aufgerufen und durch positive ersetzt. „Setzen Sie sich im Geiste ins Kino und schauen Sie sich das negative Ereignis wie in einem Film an. Was haben Sie damals gedacht? Wie haben Sie sich gefühlt? Welche körperlichen Empfindungen hatten Sie?“ Im nächsten Schritt werden solche Situationen und Gedanken „ausgeblendet“, indem das vorgestellte Kinobild verkleinert wird, um sodann durch positiv besetzte Bilder überblendet zu werden. Ein Kandidat, der Prüfungsangst hat oder vor einem Vorstellungsgespräch steht, soll auf diese Weise in der Lage sein, seine Angstzustände zu überwinden, indem er demütigende Situationen durch solche überblendet, in denen er sich erfolgreich und souverän gefühlt hat. Der Einzelne soll sich auf die Erfolgsspur bringen können, indem er die dazu notwendigen Einstellungen und Verhaltensweisen selbst hervorbringt.
Gegen solche Strategien des „Selbstmanagements“ ist aus pädagogischer Sicht einzuwenden, dass Wahrheits- und Sinnfragen vollständig ausgeblendet werden. „Wirklichkeit“ wird zu einer willkürlich formbaren Masse, die nach Wunsch und Nutzen beliebig modelliert werden kann. Es ist leicht nachvollziehbar, dass dies flexible, anpassungsfähige, erfolgsorientierte Menschen formen kann. Von Bildung im pädagogischen Sinne unterscheiden sich Konzepte des „unternehmerischen Selbst“ dadurch, dass sie Anpassungsstrategien bereitstellen, die die Auseinandersetzung um die Wahrheit des Wissens über die Welt ausschalten.

Ästhetisierung

In anderen Ansätzen, die in den letzten Jahren Einfluss gewonnen haben, wird von „multiplen Identitäten“ oder „Patchworkidentitäten“ gesprochen. Im Unterschied zu den ökonomisch ausgerichteten Selbstmanagement-Konzepten wird die Ästhetik

zur „postmodernen“ Leitdisziplin. Notwendig sei heute vor allem die Fähigkeit, Unterschiede (Pluralität, Widerstreit, Nichtübereinstimmung) wahrzunehmen. „Ästhetik“ meint hier „Wahrnehmungsfähigkeit“ und wird damit weiter gefasst, als es üblich ist („Theorie der Kunst“). Die Erfahrung von Kunst liefert allerdings das Modell für die postmoderne Lebensform, denn sie bringt ein Wahrnehmungsvermögen für Vielfalt hervor, die Fähigkeit, sich irritieren zu lassen, die eingespielten Muster der Wahrnehmung zu verändern, ins Ungewisse vorzugreifen und das Andere mit seinen Ansprüchen zu erspüren. Bezogen auf das Selbst führt das zur Überwindung der als Zwang empfundenen Einheit. Statt sich selbst treu bleiben zu müssen, lässt sich das Ich lustvoll auf neue Erfahrungen ein und gleitet von einem Zustand zum nächsten. Statt Ordnung und Regelhaftigkeit sind Spiel und Experiment die bevorzugten Lebensformen, in der das postmoderne Selbst zum Künstler wird, der sich selbst gestaltet.
In ihren radikalen Ausprägungen ist die Ästhetisierung des Selbst ähnlich zu beurteilen wie seine Ökonomisierung. Auch hier besteht die Gefahr, dass Sach-, Sinn- und Wertfragen ausgeblendet werden und in einem Relativismus, der alles gelten lässt, verschwinden. Gegen die unkritische Wertschätzung des „Anderen“, „Nichtidentischen“, „Abweichenden“ ist bildungstheoretisch darauf zu verweisen, dass auch dies der kritischen Prüfung bedarf. Die Maßstäbe der Wahrheit des Wissens über die Sachen und Menschen sowie das ethische Prinzip, das den Menschen als Selbstzweck sieht, sind zur Prüfung des „Anderen“ anzulegen. Das „Andere“ oder „Abweichende“ ist eben nicht deshalb richtig und gut, weil es vom Normalen und Identischen abweicht.

Politisierung

Moderne Gesellschaften stellen ihre Mitglieder vor herausfordernde Aufgaben. Das Leben in einer Gesellschaft, die durch fortschreitende Pluralität, Entwertung von Traditionen und eine nicht vorhersehbare wissenschaftliche, technische und kulturelle

Dynamik gekennzeichnet ist, verlangt stark entwickelte Fähigkeiten, mit Widersprüchen umzugehen, sich selbst immer wieder neu zu verorten, nicht mehr tragfähige Überzeugungen und Lebensformen aufzugeben, neue auszuhandeln, Veränderungen mitzugestalten. Viele Menschen überfordert das.

Eine Antwort ist „Identitätspolitik“: Gegen die unübersichtlichen Verhältnisse und rasanten Veränderungen werden Identitäten festgeschrieben, die Orientierung und Zugehörigkeit garantieren sollen. In Einwanderungsgesellschaften, in denen Menschen mit unterschiedlichen kulturellen und ethnischen Hintergründen zusammenleben, gibt es z. B. Bestrebungen der Mehrheit, die traditionellen nationalen Identitäten zu reaktivieren. Auch eingewanderte Minderheiten können sich „re-ethnisieren“, d. h. ihre nationalen Herkunftsidentitäten starkmachen. Das Ergebnis ist eine gegenseitige Abgrenzung („wir Deutsche – ihr Türken“ und umgekehrt). Die zugehörigen Subjekte werden auf bestimmte Eigenschaften verpflichtet, von denen behauptet wird, dass sie zum Wesen der Gruppe, des Volkes, der Nation gehören. Damit unterstellt man, dass die Angehörigen von Nationen oder Völkern bestimmte Eigenschaften gemeinsam haben, die ihre Identität ausmachen. Angehörige von Minderheiten machen z. B. oft die Erfahrung, dass ihr „kulturelles Kapital“ (Bourdieu) von der Mehrheitsgesellschaft nicht anerkannt wird. Ihre Primärsprache bringt ihnen in Schule und Beruf keine Vorteile, wird sogar als Erfolgshindernis abqualifiziert. Die tradierten Sitten und Lebensformen lösen Befremden und Ablehnung aus und die im Herkunftsland erworbenen beruflichen Qualifikationen werden nicht anerkannt. Solche Erfahrungen können, besonders wenn sie politisch ausgenutzt werden, zu einer Rückorientierung auf die vermeintlichen kollektiven Eigenschaften der Menschen des Herkunftslandes führen.

Die identitätsstiftenden Vorstellungen, die gegen die Anforderungen einer dynamischen, pluralisierten Gesellschaft gerichtet sind, können einer erziehungs- und bildungstheoretischen Kritik nicht standhalten. Sie repräsentieren Gegenmodelle zur Bildung und führen zu Un-Bildung, indem sie die kritische Auseinandersetzung mit den aufgenötigten Identitätskonzepten unterbinden wollen. Bildung würde sich aber gerade darin bewähren, nicht nur solche Angebote zu befragen und zu dekonstruieren, sondern sich auch selbst in Frage zu stellen. Die Konsequenz solcher Auseinandersetzung mit den gesellschaftlich produzierten Sinnangeboten und dem eigenen Verhältnis zu ihnen kann eine selbst- und gesellschaftskritische Einsicht sein, die dazu führen kann, nicht nur sich, sondern auch die gesellschaftliche Praxis zu verändern. Damit ist die Richtung angedeutet, die ein pädagogisch gerechtfertigter Umgang mit den Herausforderungen heutiger Gesellschaften auszeichnet.

7.3 Die pädagogische Perspektive auf das Subjektwerden: Bildung und Mündigkeit

In pädagogischer Perspektive ist der Mensch als bildsames Wesen anzuerkennen, das in pädagogischen Interaktionen dazu aufgefordert wird, an seiner Bestimmung mitzuwirken. Dies setzt voraus, dass die Anforderungen der nicht-pädagogischen Teilpraxen (wie Wirtschaft oder Politik) in pädagogische Anforderungen umgewandelt werden. Die pädagogische Aufgabe besteht dann z. B. nicht darin, die Wirtschaft darin zu unterstützen, aus Jugendlichen fleißige Konsumenten zu machen. Vielmehr sollen die Heranwachsenden befähigt werden, sinnvoll und kritisch zu konsumieren. Dazu benötigen sie Einsichten in die Interessen und Strategien der zum Konsumieren auffordernden Wirtschaftsunternehmen. Zugleich ist ein kritisches Selbstverhältnis zu den eigenen Wünschen und Bedürfnissen notwendig. Auch dazu will pädagogisches Handeln seinen Adressaten verhelfen. Ziel ist ein mündiges Handeln als Konsument.
Damit ist der Begriff genannt, der seit der Aufklärung das Ziel pädagogischen Handelns bezeichnet: Mündigkeit. In Kants berühmter Definition aus dem Jahre 1784 heißt es: „Unmündigkeit

ist das Unvermögen, sich seines Verstandes ohne Anleitung eines anderen zu bedienen." Seit Kant ist Mündigkeit in diesem Sinne („sich seines Verstandes ohne Anleitung eines anderen zu bedienen") das Ziel pädagogischen Handelns. Daran anknüpfend hat Schleiermacher in seinen Vorlesungen zur Pädagogik die damit gesetzte eigentümliche Zeitstruktur von Erziehung und Bildung herausgestellt:

> *„Der Begriff Mündigkeit meint eine Zweck- und Grenzbestimmung der erzieherischen Einwirkungen der älteren Generation auf die jüngere. Diese Einwirkungen finden ihren Zweck in der Befähigung der nachwachsenden Generation zu selbstständigem Denken und Handeln, und exakt darin liegt auch ihre Grenze, insofern Erziehung, Bildung und Unterricht weder zeitlich noch sachlich beliebig ausgedehnt werden dürfen. Wenn nämlich der Endpunkt der Erziehung nach Schleiermacher darin besteht, dass die Erziehung ‚allmählich verschwindet' und in das Selbsterziehungsverhältnis des erwachsenen Menschen überführt wird, dann bringt er damit die zeitliche oder temporale Verlaufsstruktur der modernen Erziehung überhaupt zum Ausdruck." (Brüggen, 120)*

Theodor W. Adorno (1903–1969) hat kurz vor seinem Tod auf die enormen Schwierigkeiten hingewiesen, unter den damaligen gesellschaftlichen Bedingungen Mündigkeit zu verwirklichen.

> *„Der Grund dafür ist natürlich der gesellschaftliche Widerspruch, dass die gesellschaftliche Einrichtung, unter der wir leben, nach wie vor heteronom (fremdbestimmt) ist, das heißt, dass kein Mensch in der heutigen Gesellschaft wirklich nach seiner eigenen Bestimmung existieren kann; dass, solange das so ist, die Gesellschaft durch ungezählte Vermittlungsinstanzen und Kanäle die Menschen so formt, dass sie innerhalb dieser heteronomen, dieser ihr in ihrem eigenen Bewusstsein entrückten Gestalt alles schlucken und akzeptieren." (Adorno, 144)*

Adorno spielt hier auf das an, was er an anderer Stelle „Kulturindustrie“ nennt, ein durch wirtschaftliche Interessen gesteuertes System von kulturellen Produkten, die sich an die Massen richten. Gemeint sind z. B. Fernsehserien, Casting-Shows oder Musikstile, die über die Massenmedien vermarktet werden. Nach Adorno bringen sie Fremdbestimmung und Konformismus hervor: eine Ausrichtung auf Wertvorstellungen und Verhaltensmuster, die sich profitabel ausnutzen lassen. Man lernt, ohne es bewusst zu merken, welche Musik „man“ hört, welche Kleidung angesagt ist, welches Verhalten „cool“ ist, wann Körper schön sind etc.
Aus heutiger Sicht sind Mächte, die fremdbestimmtes Verhalten und Interessen steuern, heute effektiver am Werk als zu Adornos Zeiten. Gibt es überhaupt eine Chance für mündige Selbstbestimmung?

Es lassen sich einige Merkmale von Mündigkeit zusammenstellen, die unter heutigen Bedingungen Geltung haben können:

- **Mündigkeit bedeutet Fähigkeit zu kritischer Selbstreflexion.** Das hatte bereits Adorno betont. In seinem Aufsatz „Erziehung nach Auschwitz“ sieht er in der Ausbildung dieser Fähigkeit den wichtigsten Beitrag, den Pädagogik zur Entbarbarisierung leisten kann. Kritische Selbstreflexion bezeichnet ein Verhältnis zu sich, das bestrebt ist, die eigenen, auch unbewussten Antriebe herauszuarbeiten. Wer dazu fähig ist, schließt sich nicht blind Kollektiven an, widersteht manipulativen Zugriffen und entwickelt Empathie.
- **Mündigkeit bedeutet die Fähigkeit, auch gegen Mehrheiten seine Auffassungen argumentativ zu vertreten.** Damit ist zunächst gemeint, dass der Einzelne seine moralischen Entscheidungen nicht an andere übergeben kann, sondern selbst verantwortlich ist. Um nicht in die Fallen manipulativer Fremdsteuerung zu geraten, ist weiterhin eine Wachheit und Bewusstheit notwendig, mit der der Einzelne sich und seinen Umgang mit der sozialen und natürlichen Welt beobachtet.

- **Mündigkeit bedeutet Einsichtsfähigkeit.** Gemeint ist Bewusstheit im Hinblick auf die „grundsätzliche Geschichtlichkeit, Bedingtheit und Perspektivität unseres Denkens und Handelns" (Brüggen, 123 f.). Diese Einsicht kann ein Bewusstsein von der „Kontingenz" unseres Denkens und Handelns hervorbringen. Kontingenz heißt: Es ist so möglich, aber nicht notwendig, es könnte auch anders sein, wenn die historischen, kulturellen und sozialen Bedingungen unseres Lebens anders wären. Menschen mit anderen soziokulturellen Hintergründen oder in anderen Lebenswelten sehen anders auf die Welt als ich.
- **Mündigkeit bedeutet „Öffentlichkeitsfähigkeit"** (Brüggen, 124). Das hatte bereits Schleiermacher im Blick. Brüggen schreibt dazu:
  „Er hatte das allmähliche Verschwinden der erzieherischen Einwirkung an den rechtlich nicht fixierbaren Zeitpunkt gebunden, zu dem die nachwachsende Generation selbsttätig an der Erfüllung der sittlichen Aufgabe der älteren Generation ‚mitwirkend' gleichsteht. Solcherart Mitwirkung bezieht sich schon bei Schleiermacher nicht allein auf die Übernahme von Aufgaben in Beruf und Familie, sondern meint die schrittweise Beteiligung der nachwachsenden Generation am Prozess öffentlicher Selbstverständigung über die differenzierten und pluralen Lebensformen und Lebensgrundlagen in der modernen Gesellschaft. Die pädagogische Aufgabe, solcherart Mitwirkungsprozesse erzieherisch zu ermöglichen, setzt freilich die Wirksamkeit einer Öffentlichkeit voraus, die um die Differenzierung zwischen ihrer Idee und ihrer jeweiligen Wirklichkeit weiß. Die Pädagogik kann eine solche Öffentlichkeit von sich aus nicht erzeugen oder erzeugen wollen; sie ist vielmehr auf sie angewiesen. Die Pädagogik kann und muss sich aber an deren Selbstverständigung beteiligen, wenn die Ideen von Mündigkeit und Bildsamkeit als Prinzipien der Eigenstruktur der Erziehung ebenso wie des pädagogischen Grundgedankenganges weiterhin Anerkennung finden sollen." (Brüggen, 124).

- **Mündigkeit ist durch eine inter-subjektive (über das Subjekt hinausgehende) Dimension gekennzeichnet.** Mündigkeit bedeutet immer auch Sensibilität für die Verletzbarkeit des Anderen. Der kategorische Imperativ Kants verlangt das Beachten der anderen, deren Interessen prinzipiell gleichwertig mit meinen sind. Jedes pädagogische Handeln sollte deshalb nicht nur das Individuum, sondern auch die gesamte Menschheit im Blick haben. Pädagogische Handeln ist seinem Anspruch nach der Menschheit verpflichtet. Diesem Anspruch in einer widersprüchlichen Welt nachzukommen, stellt eine zentrale pädagogische Aufgabe dar. Helmut Peukert hat in diesem Zusammenhang auf die Verletzbarkeit von Menschen hingewiesen: „Pädagogisch sensibel zu sein hieße also, eine Ahnung davon zu haben, was es bedeutet, verletzbarer Mensch zu sein und in verletzbaren kommunikativen Strukturen Mensch zu werden, und zwar in einer Gesellschaft, in der es Tendenzen gibt, solche Strukturen zu stören und zu zerstören." (Peukert 2000, 521) Pädagogisch geht es darum, dass Menschen lernen können, sich zu entfalten, ohne dass sie sich selbst oder Mitmenschen „verletzen" müssen. Vor dem Hintergrund dieser Überlegung wird deutlich, warum die von Lothar Krappmann postulierten „identitätsfördernden Fähigkeiten" (Rollendistanz, Role-taking, Ambiguitätstoleranz, Identitätsdarstellung) hohe Bedeutung gewinnen, wenn Menschen sich als einmalige Individuen in gesellschaftlichen Kontexten entfalten. Krappmann hat in diesem Zusammenhang erklärt, Ziel menschlicher Erziehung sei der „autonome Mensch", der auch für die „Autonomie anderer" eintrete. Das liegt in der Logik seines Ansatzes. Krappmann will ein „kommunikatives Handeln zwischen Partnern, die einander den Anspruch auf zu wahrende Identität zugestehen" (Krappmann 2000, 83). Somit unterstreicht auch er, dass pädagogisch jeder Mensch sowohl als Individuum als auch als Mensch mit mitmenschlichen, sozialen und gesellschaftlichen Bezügen anerkannt werden muss.

7.4 Mündigkeit und Identitätsbildung: Subjektwerden als Personalisation

Unter Personalisation (oder Personwerdung) versteht man den Prozess der Entwicklung eines Menschen zu einer unverwechselbaren Person. Personalisation ist von Sozialisation zu unterscheiden. Es geht ihr nicht um die Internalisierung von gesellschaftlichen Verhaltenserwartungen, Werten, Normen und Haltungen, sondern um die selbstständige Auseinandersetzung mit ihnen. Es geht darum, als Einzelner sein Leben sinnvoll und gültig zu gestalten. In der sozialwissenschaftlichen und pädagogischen Literatur spiegelt sich dieser Prozess im Begriff „Identität" wider. In Identitätstheorien werden die Schwierigkeiten und Chancen, unter den heutigen gesellschaftlichen und kulturellen Bedingungen zu einer „Person", zu einem unverwechselbaren Individuum zu werden, diskutiert. Eine der zentralen Fragen ist, ob „Identität" überhaupt noch ausgebildet werden kann und soll. Für Helga Bilden ist es unter den heutigen Bedingungen weder möglich noch sinnvoll, sich den Zwängen einer Identität zu beugen, die über die unterschiedlichen Lebenssituationen und -phasen durchgehalten wird. Stattdessen gelte: „Ich bin viele." Dem unvoreingenommenen Blick auf sich selbst offenbare sich die Vielzahl der Selbste:

- der biographischen Selbste der Vergangenheit, die im Verlaufe eines Lebens eingenommen und überwunden wurden;
- der Rollen-Selbste, die in der Gegenwart in verschiedenen Bereichen oder Beziehungen gelebt werden;
- der in die Zukunft projizierten möglichen Selbste, die häufig Ich-Ideale repräsentieren;
- der abgelehnten Schatten-Selbste, die verdrängt werden.

Für Bilden produziert die Einsicht in diese Pluralität positive Wirkungen.

„Die Vielzahl der Selbste, auch die ungeliebten und abgelehnten, als Teile des eigenen Selbst-Systems anzuerkennen, keine hie-

rarchische Ordnung, keine bleibende, eindeutige Zentrierung zu schaffen, ungelebte Möglichkeiten nicht abzuschneiden, erhöht sicher die adaptive Fähigkeit, mit vielfältigen und neuen Situationen umzugehen. Jenseits der einheitlichen Identität ist reichere Entfaltung und Erweiterung der Ressourcen zur Lebensbewältigung möglich." (Bilden, 242)

In Eriksons Terminologie könnte man formulieren, dass Identitätsdiffusion nahezu unvermeidbar geworden ist und sogar als positiv betrachtet werden muss.
Dem ist widersprochen worden. Nach Armin Bernhard nehmen Konzepte der „multiplen Identitäten" kritiklos die pluralisierten, krisenhaften gesellschaftlichen Verhältnisse hin und machen aus der gesellschaftlichen Not eine pädagogische Tugend: Weil Einheit nicht mehr möglich ist, soll Vielfalt der Selbste sein. Das aber bringe genau jene flexiblen Menschen hervor, die der globalisierte Kapitalismus heute benötige. Gegen die propagierten Diffusionskonzepte verweise der Begriff der Identität „sozialisations- und bildungstheoretisch (…) auf eine Persönlichkeit, die in ihrem Kern, trotz vielfältiger Modifikationen und Sozialisationsbelastungen, ein und dieselbe bleibt und sich als solche wahrnimmt und erkennt. Identität meint die Einheit der menschlichen Person, ihre Verantwortungsfähigkeit und die Möglichkeit, sich in allen ihren Zuständen und Verhältnissen als dieselbe (wieder) zu erkennen." (Bernhard, 169) In dieser Perspektive muss zwar bedacht werden, dass Menschen unterschiedliche Lebensformen nach- und nebeneinander praktizieren, dass damit aber die Frage nach der Entwicklung des „Kerns" der Persönlichkeit eines Menschen nicht aufgegeben werden darf. Denn nur eine „Person" kann bewusst und verantwortlich entscheiden, welche Lebensformen sie praktizieren und anerkennen will. Bei Bernhard ist die Absicht erkennbar, in der Nachfolge Adornos und anderer kritischer Theoretiker, das Individuum gegen die Überwältigung durch eine Gesellschaft zu stärken, die Anpassung an wirtschaftliche Interessen weniger Machthaber an-

strebt. „Mehr denn je kommt es darauf an, den untergründigen Vergesellschaftungsmechanismen verstärkte Aufmerksamkeit zu widmen: Innere Widerstandsfähigkeit als Lebenshaltung wäre eine wichtige Perspektive der Erziehung und Bildung." (Bernhard, 159 ff.) Nach Bernhard kann es nur so gelingen, sich dem immer intensiveren Zugriff der Kulturindustrie und Warenästhetik auf die Formung der Psychen und Körper Einzelner zu entziehen.

Kann das überzeugen? Ist die gesellschaftskritische Position einer Gegen-Identität gegen die Gesellschaft nicht pädagogisch problematisch? Sie verpflichtet den Heranwachsenden auf Vorgaben, die der Erzieher festgesetzt hat: eben dass die gesellschaftlichen Verhältnisse falsch und zu überwinden sind. Eine nicht-affirmative Erziehung würde dies als Frage dem Urteilsvermögen des Heranwachsenden überlassen.

Weitere Fragen drängen sich auf: Übernimmt „Identität" hier nicht die Funktion der letzten Sinninstanz in einer „verdorbenen" Welt? Soll nicht der verloren gegangene Endzweck von Natur, Gesellschaft und Einzelnem kompensiert werden? Wenn das, was ich bin, was meine Bestimmung ist, nicht mehr von Gott, Natur oder Gesellschaft vorgegeben wird, dann soll nunmehr meine Lebensgeschichte sagen, wer ich eigentlich bin. Das ist eine Position, die auch in psychologischen Identitätstheorien vertreten wird. Wenn ich mich nur in Übereinstimmung mit meiner lebensgeschichtlich geformten Identität verhalte, weiß ich, wer ich bin, weiß ich, was meine Bestimmung ist.

> *„Die Identitätstheorien versuchen, im formalen Prinzip der Konsistenz jene Sicherheit zu finden, die in früheren Zeiten durch die inhaltliche Forderung, dass der Schuster bei seinen Leisten bleiben soll, formuliert war. Gewissermaßen rettet man in den Identitätsforderungen die Zielorientiertheit traditionaler Gesellschaften in eine Welt, in der Ziele nicht mehr allgemein verbindlich bestimmt werden können." (Ladenthin/Schulp-Hirsch, 53)*

Aus pädagogischer Sicht können sowohl Positionen einer Vervielfältigung des Ichs als auch die einer festgefügten Identität nicht überzeugen. Es kann durchaus vorkommen, dass sichere Identitäten sachlich nicht haltbar oder sogar sittlich verwerflich sind. Ein fremdenfeindlich eingestellter Mensch kann sich mit sich im Reinen fühlen, ebenso ein Betrüger, der andere um ihr Vermögen bringt.

> *„Es könnte sein, dass wir Dinge lernen, die unser bisheriges Leben – also unsere Identität – in den Grundfesten erschüttern. (…) Unterricht (und Erziehung) haben nicht die Aufgabe, die bisherige Identität der Schülerinnen und Schüler zu bewahren oder auch nur, sie sich bewähren zu lassen. Die Schülerinnen und Schüler sollen lernen, richtig zu denken und gut zu handeln: Unter Umständen kann dies zum Bruch mit ihrer bisherigen Identität führen.“ (Ladenthin/Schulp-Hirsch, 52)*

Mit welchem Ergebnis allerdings die mündig und erwachsen gewordenen Menschen, die ehemaligen Schülerinnen und Schüler, diese Fähigkeiten einsetzen, um ihr Leben sinnvoll zu gestalten, kann und will die Pädagogik nicht bestimmen. Hier endet ihre Verantwortung.

Literaturverzeichnis

Adorno, Theodor W. (2008, 21. Auflage): Erziehung zur Mündigkeit. Frankfurt/M.

Artelt, Cordula/Stanat, Petra/Schneider, Wolfgang/Schiefele; Ulrich (2001): Lesekompetenz. Testkonzeption und Ergebnisse. In: Baumert, Jürgen u. a. (2000): PISA 2000. Basiskompetenzen von Schülerinnen und Schüler im internationalen Vergleich. Opladen. 69–137.

Bandura, Albert (1965): Influence of model's reinforcement contingencies on the acquisition of initiative response. In: Journal of Personality and Social Psychology (1965) I. 589–595.

Beck, Ulrich (1986): Risikogesellschaft. Frankfurt/M.

Beck-Gernsheim, Elisabeth (2006): Die Kinderfrage heute. München.

Benner, Dietrich (1986): Die Pädagogik Herbarts. Eine problemgeschichtliche Einführung in die Systematik neuzeitlicher Pädagogik. Juventa Verlag, Weinheim/München.

Benner, Dietrich (1990): Wilhelm von Humboldts Bildungstheorie. Eine problemgeschichtliche Studie zum Begründungszusammenhang neuzeitlicher Bildungsreform. Juventa Verlag, Weinheim/München.

Benner, Dietrich (2005, 5. korrigierte Auflage): Allgemeine Pädagogik. Eine systematisch-problemgeschichtliche Einführung in die Grundstruktur pädagogischen Denkens und Handelns. Weinheim/München.

Benner, Dietrich/Kemper, Herwart (2003): Theorie und Geschichte der Reformpädagogik, Teil 2: Die pädagogische Bewegung von der Jahrhundertwende bis zum Ende der Weimarer Republik. Basel/Weinheim.

Bernhard, Armin (2001): „Multiple Identitäten" als neues Persönlichkeitsideal? Der sozialwissenschaftliche Diskurs über Identität und seine möglichen Folgen für die Pädagogik. In: Bernhard, Armin: Bildung und Erziehung: Grundlagen emanzipativer Subjektwerdung. Beiträge zur kritischen Bildungstheorie und Pädagogik. Kiel. 159 ff.

Bettelheim, Bruno (1971): Die Kinder der Zukunft. München/Wien/Zürich.

Beyer, Klaus/Pfennings, Andreas (1984): Erziehen im Interesse des Edukanden. In: Beyer, Klaus/Knöpfel, Eckehardt/Pfennings, Andreas (Hrsg.): Einführung in pädagogisches Denken und Handeln, Bd. 1. Paderborn. 12 f.

Beyer, Klaus (1997): Handlungspropädeutischer Pädagogikunterricht. Eine Fachdidaktik auf allgemeindidaktischer Grundlage, Teil I: Aufgaben, Prinzipien und Lernziele. Baltmannsweiler.

Bilden, Helga (1997): Das Individuum – ein dynamisches System vielfältiger Teil-Selbste. Zur Pluralität in Individuum und Gesellschaft. In: Keupp, Heiner/Höfer, Renate (Hrsg.): Identitätsarbeit heute. Klassische und aktuelle Perspektiven der Identitätsforschung. Frankfurt/M. 229–243.

Bohle, Hans Hartwig/Heitmeyer, Wilhelm/Kühnel, Wolfgang/Sander, Uwe (1997): Anomieentwicklungen in der funktional differenzierten Gesellschaft. In: Heitmeyer, Wilhelm (1997): Was treibt die Gesellschaft auseinander? Bundesrepublik Deutschland: Auf dem Weg von der Konsens- zur Konfliktgesellschaft, Bd. 1. Frankfurt/M. 29–65.

Bourdieu, Pierre (1997): Die verborgenen Mechanismen der Macht. Hamburg.

Bredenkamp, Karin und Jürgen (1974): Banduras Experiment zum Beobachtungslernen aggressiven Verhaltens bei Kindern. In: Weinert, Franz E. u. a. (1974): Funkkolleg Pädagogische Psychologie, Bd. 2. S. Fischer Verlag. Frankfurt/M. 624.

Brezinka, Wolfgang (1981, 4. Auflage): Grundbegriffe der Erziehungswissenschaft. Basel/München.

Bröckling, Ulrich (2007): Das unternehmerische Selbst. Frankfurt/M.

Brüggen, Friedhelm (1998): Bildsamkeit und Mündigkeit des Subjekts. Bildungsgeschichtliche und bildungstheoretische Überlegungen zu einer (nicht nur) pädagogischen Idee. In: Franz-Fischer-Jahrbuch für Philosophie und Pädagogik: Werte II – Humanität und Wissenschaft. 111–125.

Burkard, Franz-Peter/Weiß, Axel (2008): dtv-Atlas Pädagogik. München.

Comenius, Johann Amos (1657): Große Didaktik. Die vollständige Kunst, alle Menschen alles zu lehren. In: Kemper, Herwart (1984) (Hrsg.): Theorie und Geschichte der Bildungsreform. Eine Quellensammlung von Comenius bis zur Gegenwart. Königstein. 63–70.

Condorcet, M.J.A. de (1792): Bericht und Entwurf einer Verordnung über die allgemeine Organisation des öffentlichen Unterrichtswesens. In: Kemper, Herwart (1984) (Hrsg.): Theorie und Geschichte der Bildungsreform. Königstein. 70–77.

Deutsches PISA-Konsortium (2001): PISA 2000. Basiskompetenzen von Schülerinnen und Schülern im internationalen Vergleich. Opladen.

Döbert, Rainer (1987): Horizonte der Kohlberg orientierten Moralforschung. In: Zeitschrift für Pädagogik, 33. Jg., 207–222, 491–511.

Dollase, Rainer (2009): Gewalt in Familie und Schule – Ursachen und Überwindungsmöglichkeiten. In: Pädagogikunterricht, 29. Jg., Heft 1. 10–19.

Eisenberg, Götz (1993): Amok – Kinder der Kälte. Über die Wurzeln von Wut und Hass. Reinbek.

Eisenberg, Götz (2002): Die Innenseite der Globalisierung. Über die Ursachen von Wut und Hass. In: Aus Politik und Zeitgeschichte, 4. November 2002. 21–28.

Erikson, Erik H. (1966): Identität und Lebenszyklus. Frankfurt/M.

Erikson, Erik H. (1970): Jugend und Krise. Die Psychodynamik im sozialen Wandel. Frankfurt/M.

Erikson, Erik H. (1971, 4. Auflage): Kindheit und Gesellschaft. Stuttgart.

Fischer, Wolfgang/Löwisch, Dieter J./Ruhloff, Jörg (1978) (Hrsg.): Schule als parapädagogische Organisation.

Focke, Harald/Reimer, Uwe (1979): Alltag unterm Hakenkreuz. Wie die Nazis das Leben der Deutschen veränderten. Reinbek.

Freud, Sigmund (1972): Abriß der Psychoanalyse. Das Unbehagen in der Kultur. Frankfurt/M.

Freud, Sigmund (1978): Das Ich und das Es und andere metapsychologische Schriften. Frankfurt/M.

Gamm, Hans-Jochen (1984, 2. Auflage): Führung und Verführung. Pädagogik des Nationalsozialismus, Frankfurt/M.

Garz, Detlef (1989): Sozialpsychologische Entwicklungstheorien. Von Mead, Piaget und Kohlberg bis zur Gegenwart. Opladen.

Gehlen, Arnold (1986): Anthropologische und sozialpsychologische Untersuchungen. Reinbek.

Gröner, Horst (1992) (Hrsg.): Nicht zu glauben – Das bin ich? Psycho-Begriffe in Bildern, gezeichnet von Thomas Plassmann. Basel/München.

Günther, Karl-Heinz (1976, 12. Auflage): Geschichte der Erziehung. Berlin.

Heitger, Marian (1972): Pädagogische Führung. In: Heitger, Marian (Hrsg.): Pädagogik. Darmstadt. 61–92.

Heitmeyer, Wilhelm u. a. (1995, 3. Auflage): Gewalt. Schattenseiten von Individualisierungsprozessen bei Jugendlichen aus unterschiedlichen Milieus. Weinheim/München.

Hitler, Adolf (1938): Rede in Reichenberg zur Erziehung der deutschen Jugend (04.12.1938).

Hobmair, Hermann (1989) (Hrsg.): Pädagogik. Köln/München.

Holzbrecher, Alfred (1997): Wahrnehmung des Anderen. Zur Didaktik des interkulturellen Lernens. Opladen.

Holzbrecher, Alfred (2004): Interkulturelle Pädagogik. Berlin.

Humboldt, Wilhelm von: Vorschläge für die Organisation des preußischen Bildungssystems. In: Baumgart, Franzjörg (2001, 2. durchgesehene Auflage) (Hrsg.): Erziehungs- und Bildungstheorien. Bad Heilbrunn. 111–117.

Hurrelmann, Klaus (2007, 9. aktualisierte Auflage): Lebensphase Jugend. Juventa Verlag, Weinheim/München. 64–71.

Kant, Immanuel (1784): Beantwortung der Frage: „Was ist Aufklärung?" Essay in: Berlinische Monatszeitschrift. Dezember-Heft. 481–494.

Kant, Immanuel (1785): Grundlegung zur Metaphysik der Sitten. Akademieausgabe, Bd. IV. Berlin/New York. 385–463.

Kant, Immanuel (1803): Vorlesung über „Pädagogik". In: Groothoff, Hans-Hermann (1963): Kant, I., Ausgewählte Schriften zur Pädagogik und ihrer Begründung. Paderborn. 9–59.

Kemper, Herwart (2001): Schulpädagogik. Eine problemgeschichtliche Einführung. Weinheim/München.

Key, Ellen (1900): Die Seelenmorde in den Schulen. In: Baumgart, Franzjörg (2001) (Hrsg.): Erziehungs- und Bildungstheorien. Bad Heilbrunn. 144–151.

Key, Ellen (1978): Das Jahrhundert des Kindes. Königsstein/Ts.

Klafki, Wolfgang (2004): Kritisch-konstruktive Didaktik zu Beginn des 21. Jahrhunderts. In: Beyer, Klaus: Planungshilfen für den Fachunterricht. Die Praxisbedeutung der wichtigsten allgemeindidaktischen Konzeptionen. Baltmannsweiler. 20–39.

Klingberg, Lothar (1974): Einführung in die Allgemeine Didaktik. Vorlesungen. Berlin.

Klöden, Karl Friedrich (1978): Von Berlin nach Berlin. Erinnerungen 1786–1824. Berlin.

Kohlberg, Lawrence (1974): Zur kognitiven Entwicklung des Kindes. Drei Aufsätze. Frankfurt/M.

Kohlberg, Lawrence/Turiel, Elliot (1978): Moralische Entwicklung und Moralerziehung. In: Portele, Gerhard (Hrsg.): Sozialisation und Moral. Neuere Ansätze zur moralischen Entwicklung und Erziehung. Basel/Weinheim.

Kohlberg, Lawrence (2001): Moralstufen und Moralerwerb. Der kognitv-entwicklungstheoretische Ansatz. In: Edelstein, Wolfgang/Oser, Fritz/Schuster, Peter: Moralische Erziehung in der Schule. Basel/Weinheim. 35–61.

Korczak, Janusz (1970, 3. Auflage): Das Recht des Kindes auf Achtung, hrsg. von Elisabeth Heimpel und Heinz Roos. Göttingen.

Korczak, Janusz (1978): Verteidigt die Kinder! Erzählende Pädagogik. Gütersloh.

Korczak, Janusz (1979): Von Kindern und anderen Vorbildern. Mit einem Vorwort von Peter Härtling und einer Einleitung von Erich Dauzenroth und Adolf Hampel. Gütersloh.

Korczak, Janusz (1983, 8. Auflage): Wie man ein Kind lieben soll, hrsg. von Elisabeth Heimpel und Heinz Roos. Mit einer Einleitung von Igor Newerly. Göttingen.

Krappmann, Lothar (1972): Soziologische Dimensionen der Identität. Strukturelle Bedingungen für die Teilnahme an Interaktionsprozessen. Stuttgart.

Kristeva, Julia (1990): Fremde sind wir uns selbst. Frankfurt/M.

Ladenthin, Volker (2005): Werterziehung im Pädagogikunterricht. In: Pädagogikunterricht, 25. Jg., Heft 4. 2–9.

Ladenthin, Volker (2008): Argumentation in der Grundschule. In: Grundschulmagazin 6. 8–11.

Ladenthin, Volker/Schulp-Hirsch, Gabriele (12/1998): Identitätsprobleme. Pädagogische Schwierigkeiten mit einem Begriff. In: Schulmagazin 5 bis 10. 51–54.

Meyers Neues Lexikon (1973, 2., völlig neu erarbeitete Auflage): Freie Deutsche Jugend. Bd. 5. Leipzig. 131 f.

Montada, Leo (2002): Die geistige Entwicklung aus der Sicht Jean Piagets. In: Montada, Leo/Oerter, Rolf (Hrsg.) (2002, 5. vollständig überarbeitete Auflage): Entwicklungspsychologie. © Beltz PVU in der Verlagsgruppe Beltz. Weinheim/Basel. 418–442.

Müller, Karl Valentin (1956): Begabung und soziale Schichtung in der hochindustriellen Gesellschaft. Köln/Opladen.

Nieke, Wolfgang (2008): Interkulturelle Erziehung und Bildung. Wertorientierungen im Alltag. Wiesbaden.

Nolting, Hans-Peter (1978): Lernfall Aggression. Wie sie entsteht – wie sie zu vermindern ist. Reinbek.

Oerter, Rolf/ Montada, Leo: Entwicklungspsychologie, © 6. Auflage 2008 Beltz Psychologie in der Verlagsgruppe Beltz, Weinheim/Basel

Pestalozzi, Johann Heinrich: Ausgewählte Schriften, hrsg. von Wilhelm Flitner, neu durchgesehen und ergänzt von Udo Grün (2001). Basel/Weinheim.

Peukert, Helmut (2000): Reflexionen über die Zukunft der Bildung. In: Zeitschrift für Pädagogik, 46. Jg., Heft 4. 507–524.

Peukert, Helmut (1992): Die Erziehungswissenschaft der Moderne und die Herausforderung der Gegenwart. In: Benner, Dietrich/Lenzen, Dieter/Otto, Hans-Uwe: Erziehungswissenschaft zwischen Modernisierung und Modernitätskrise. Zeitschrift f. Pädagogik, 29. Beiheft. Basel/Weinheim. 113–127.

Piaget, Jean (1974): Theorien und Methoden der modernen Erziehung, Frankfurt/M.

Piaget, Jean (1975): Das Erwachen der Intelligenz beim Kinde. Stuttgart.

Piaget, Jean/Inhelder, Bärbel (1980): Die Psychologie des Kindes. Stuttgart.

Piaget, Jean (1986): Das moralische Urteil beim Kinde. Einführung von Hans Aebli. München.

Portmann, Adolf (1969): Biologische Fragmente einer Lehre vom Menschen. Basel.

Prange, Klaus (2009): Schlüsselwerke der Pädagogik, Bd. 2: Von Fröbel bis Luhmann. Stuttgart.

Reinhard, Sybille (1987): Was heißt „Anwendung" von Sozialwissenschaften in der schulischen Praxis? In: Zeitschrift für Pädagogik, 33. Jg. 207–222.

Sailer, Johann Michael (1962): Über Erziehung für Erzieher. Paderborn.

Schad, Johann Baptist (1828): Johann Baptist Schads Lebensgeschichte, von ihm selbst beschrieben. In: Hardach-Pinke, Irene/Hardach, Gerd (1981) (Hrsg.): Kinderalltag. Deutsche Kindheiten in Selbstzeugnissen. 1700–1900. Reinbek. 85–92.

Schleiermacher, Friedrich (1826): Texte zur Pädagogik. Kommentierte Studienausgabe, Bd. 2: Grundzüge der Erziehungskunst (2000), hrsg. von Michael Winkler und Jens Bachmann. Frankfurt/M.

Sextro, Heinrich Philipp (1968): Über die Bildung der Jugend zur Industrie. Ein Fragment. Neudruck der Ausgabe Göttingen 1785. Frankfurt/M.

Skowronek, Helmut (1997, 6. Auflage): Lernen und Lernfähigkeit. München.

Stierlin, Helm (1997): Familie und Familientherapie. In: Universum, Nr. 612. 533 ff.

Sutterlüty, Ferdinand (2003): Gewaltkarrieren. Jugendliche im Kreislauf von Gewalt und Missachtung. Frankfurt/M.

Sutterlüty, Ferdinand (2006): Dynamik der Gewalt. Wie Ohnmachtsgefühle sich in einen Machtrausch verkehren können. In: Die Zeit, 6. April 2006, Nr. 15. 49.

Terhart, Ewald (2002): Nach Pisa. Bildungsqualität entwickeln. Hamburg.

Weinert, Franz E. (1998): Entwicklung, Lernen, Erziehung. In: Rost, Detlef H.: Handwörterbuch Pädagogische Psychologie. Weinheim. 91–99.

Welsch, W. (1995): Transkulturalität, In: Zeitschrift für Kulturaustausch, 45. Jg., Heft 1. 39–44.

Zedlitz, Karl Abraham von (1787): Vorschläge zur Verbesserung der preußischen Schulen. In: Baumgart, Franzjörg (1997) (Hrsg.): Erziehungs- und Bildungstheorien. Bad Heilbrunn, 70–73.

Zimmer, Dieter E. (1987): Kain und Konsorten. Über die Wurzeln der Aggression. In: Zimmer Dieter E.: Experimente des Lebens. Wilde Kinder, Zwillinge, Kibbutzniks und andere aufschlussreiche Wesen. Zürich. 215–255.

Internetquellen

Zeit online (30.03.2007): Spaltung droht. Ein Gespräch mit dem Sozialwissenschaftler Wilhelm Heitmeyer über wachsende Gewalt. Abstiegsängste der Mitte und den Einfluss der Rechtsradikalen. www.zeit.de/online/2007/15/gewalt-heitmeyer

Verordnung über Pflichten und Rechte der Lehrkräfte der Volksbildung und Berufsbildung (1979): www.ddr-schulrecht.de/Schulrechtssammlung%20-%20DDR-Dateien/pdf/1979-a.pdf

Focus online: Erfolgsgaranten Soft Skills (26.01.2007): www.focus.de/karriere/management/softskills/schluesselqualifikationen/schluesselqualifikation_aid_6113.html

Register